中國學術思想

研究輯刊

二一編

林慶彰 主編

第 9 冊

《鬼谷子》思想新解（中）

林仁政 著

花木蘭文化出版社

國家圖書館出版品預行編目資料

《鬼谷子》思想新解（中）／林仁政 著 — 初版 — 新北市：花
木蘭文化出版社，2015〔民 104〕
目 6+200 面；19×26 公分
（中國學術思想研究輯刊 二一編；第 9 冊）
ISBN 978-986-404-049-0（精裝）
1. 鬼谷子 2. 研究考訂

030.8   103027152

中國學術思想研究輯刊

二一編 第 九 冊   ISBN：978-986-404-049-0

《鬼谷子》思想新解（中）

作　　者　林仁政
主　　編　林慶彰
總 編 輯　杜潔祥
副總編輯　楊嘉樂
編　　輯　許郁翎
出　　版　花木蘭文化出版社
社　　長　高小娟
聯絡地址　235 新北市中和區中安街七二號十三樓
　　　　　電話：02-2923-1455／傳眞：02-2923-1452
網　　址　http://www.huamulan.tw 信箱 hml810518@gmail.com
印　　刷　普羅文化出版廣告事業
封面設計　劉開工作室
初　　版　2015 年 3 月
定　　價　二一編 27 冊（精裝）台幣 50,000 元

《鬼谷子》思想新解(中)

林仁政　著

目次

本　論

第一章 《鬼谷子》之陰陽理論

第一節 陰陽思想之濫觴

鬼谷子思想，大量的使用陰陽理論，例如《鬼谷子》開宗明義之第一章〈捭闔第一〉：

> 「諸言法陽之類者，皆曰『始』；言善以始其事。諸言法陰之類者，皆曰『終』；言惡以終其謀。捭闔之道，以陰陽試之。故與陽言者，依崇高。與陰言者，依卑小。以下求小，以高求大。由此言之，無所不出，無所不入，無所不可。可以說人，可以說家，可以說國，可以說天下。為小無內，為大無外；益損、去就、倍反，皆以陰陽禦其事。陽動而行，陰止而藏；陽動而出，陰隱而入；陽還終陰，陰極反陽。以陽動者，德相生也。以陰靜者，形相成也。以陽求陰，苞以德也；以陰結陽，施以力也。陰陽相求，由捭闔也。此天地陰陽之道，而說人之法也。為萬事之先，是謂圓方之門戶。」

以上陰陽兩字，光在〈捭闔第一〉一篇裡面，就出現多次，計「陽」字 13 次、「陰」字亦達 13 次。《鬼谷子》將「陰、陽」巧妙完美的，應用於心理、遊說、計謀……等理論策略之建構上。我們在春秋、戰國時期的子書上，會發現到不僅是鬼谷一家，使用「陰陽」理論來充實自己的學說，其它之九流十家可說或多或少，無不稱心愉快得加以採用，以至於毫無懷疑之餘地。

其實「陰、陽」兩字之起源，已很難加以考定了，但至少已在殷墟出土的甲骨上發現。對於「陰、陽」概念，現在我們大概只能表示：應源自於我

國古代人民的自然觀。「陰、陽」兩字的古義是背日和向日，起初並無任何哲學內涵。爾後，經過古時的智者，持續觀察，天地、日月、晝夜、寒暑、男女、上下、內外……等自然現象相互影響的奧妙，才廣泛的歸納出「陰、陽」於自然界中，各種既對立又統一的概念。我們先從解釋《歸藏易》與《連山易》與《乾坤易》，我國之最古老的書籍《三墳》[1]一書之中，也看出了有關使用到陰陽的詞句：「陰」一字達 58 次；「陽」一字達 52 次；「陰陽」二字同時出現達 7 次；「陽陰」二字同時出現達 2 次。由《太古河圖代姓紀》文字記錄「伏犧氏、燧人子也，……雨降，日河汎，時龍馬負圖，蓋分五色，……天皇始畫八卦，皆連山名易，君臣、民物、陰陽、兵象始明於世」；以上文章清清楚楚的交代，是因降雨汜濫，才會有龍馬背負五色之圖出現。伏羲氏受其啓示，才據之以制八卦，《連山易》從此誕生，才有「陰陽」明文之於世。非常合乎邏輯，並非是無中生有。

　　之後解釋天的起源，從混沌之名「太始」起，經「太極」、「太易」、「太初」。由上可知，天地並非一開始，即有陰陽參與其中之變化。即排到第四順序，才用上了「陰陽」兩字以之形容之，所以古人並非胡亂使用「陰陽」之義。其文曰：「太易者、天地之變也，……兩儀者、陰陽之形也，謂之太初。」[2]。太初後，直到天地變化成「太素」，「三才之始也，太素之數三，三盈易，

---

[1] 三墳 孔安國《尚書傳序》：「伏義、神農、黃帝之書，謂之以三墳；少昊，顓頊，高辛，唐，虞之書，謂之五典；八卦之書，謂之八索；九州之志，謂之九丘。」左丘明春秋昭公十二年傳成「左史倚相能讀三墳，五典，八索，九丘」可見此等文籍，當時確有，孔子據以修訂，而名爲經。又《尚書序》言「三墳，三皇之書，伏犧（義）、神農、黃帝之書，謂之《三墳》，言大道也」。《文心雕龍宗經》：「皇世三墳，皇，三皇，指庖犧，女媧，神農」；《史記・三皇本紀》謂：「天皇，地皇，人皇」。「墳」有大的意思.《三墳》裡的「墳」字，可能指當時的圖書載體和文字載體是用土製成的，可能類似兩河流域的泥版，也可能是陶版。從廣義的角度來說，土也包括石頭，因此《三墳》之書，也可能採用石板載體。其實，人類很早就懂得製作泥土以及岩壁及石頭上作畫寫字，例如：直接在泥地上刻畫（傳說我國文字的發明，係受到鳥獸足跡的啓發），在洞穴上和岩石上作畫，在卵石上寫字。西亞的蘇美人文明約 3400 BC 左右的楔形文字（箭頭字），也是刻劃在泥版上；古希臘人所說的象形文字的本意，是指埃及人刻在石頭上的聖字；摩西在西奈山從上帝那裡獲得的《十戒》，也是刻寫在石板上的。由此推論，中國漢字的「墳」，將之解釋爲有文字的泥版，著土坑埋石於其上基部墳起，以「墳」代指，此當作一說。

[2] 文自《太古河圖代姓紀》：「清氣未升，濁氣未沉，遊神未靈，五色未分。中有其物，冥冥而性存，謂之混沌。混沌爲太始。太始者、元胎之萌也，太始之數一，一爲太極，太極者、天地之父母也。一極易，天高明而清，地博厚而濁，謂之太易。太易者、天地之變也，太易之數二，二爲兩儀，兩儀者、陰陽之形也，謂之太初。太初者、天地之交也，太初之數四，四盈易，四象變而成萬物，謂之太素。太素者、三才之始也，太素之數三，三盈易，天地孕而生男女，謂之三才。三才者、天地之備也，遊神動而靈，故飛走潛化，動植蟲魚之類必備於天地之間，謂之太古」。《淮南子》〈詮言訓〉：「洞同天地，渾沌爲樸，未造而成物，謂之太

天地孕而生男女」。由此之後，才有人類的出現。如此事件，竟被確切寫在本子裡，說它是神話嗎？還眞是無法如此搪塞得了。

以上是《山墳》一部分，在《氣墳》上「昔在天皇肇脩文教，始畫八卦，明君臣、民物、陰陽、兵象以代結繩之政，出言惟辭，制器惟象，動作惟變，卜筮惟占」（《人皇神農氏政典》）；也僅是再次交代，伏羲氏（天皇）畫八卦一事。此階段神農氏的《歸藏易》，從象卦上看並未用上「陰陽」兩字一詞。之後《形墳》的紀錄上，在《地皇軒轅氏乾坤易爻卦大象》及《傳》上出現有「雲天成陰」、「陰形月」、「氣月冥陰」、「陽形日」，象徵著將氣候因素列入卦象裡面。以上證明陰陽理論之起源，實在可說是相當之早。

我們再從學界均孰悉的《尙書》記載得知，早在周武王十三年（1122BC）滅殷後，殷商遺臣箕子爲之講述治國的〈洪範九籌〉，九個大法[3]中除了養民育

一。同出於一，所爲各異，有鳥、有魚、有獸，謂之分物。方以類別，物以群分，性命不同，皆形於有。隔而不通，分而爲萬物，莫能及宗，故動而謂之生，死而謂之窮。皆爲物矣，非不物而物物者也，物物者亡乎萬物之中。稽古太初，人生於無，形於有，有形而制於物」。《白虎通、天地》：「始起之天，始起先有太初，後有太始，形兆既成，名曰太素。混沌相連，視之不見，聽之不聞，然後剖判清濁。既分，精出曜布，度物施生。精者爲三光，號者爲五行。行生情，情生汁中，汁中生神明，神明生道德，道德生文章。故《乾鑿度》云：『太初者，氣之始也。太始者，形兆之始也；太素者，質之始也。陽唱陰和，男行婦隨也』」。以《太古河圖代姓紀》爲最早之古書，指稱天地之名其演化爲：「1.太始、2.太極、3.太易、4.太初、5.太素、6.太古」。而《淮南子》〈詮言訓〉將之精簡，還另稱爲：「太一、4.太初」成兩項，言太初才有人；到了《白虎通、天地》只簡化爲三者，但順序卻是原先的 4、1、5：「4.太初、1.太始、5.太素」。太素始有人，男女出現。

3　洪範九籌是《尙書、洪範》提出的治理國家必須遵循的九條大法。在儒家的傳統經典裡，這一篇算是我國管理史學上的最高指導，也是民本思想的來源。內容：初一曰：**五行**（即：水、火、木、金、土。水的屬性「潤下」，其味酸；金的屬性「從革」可以隨意改變形狀，其味辛；土的屬性可以種植與收穫，其味甘等。）次二曰：**敬用五事**（態度要恭謹就嚴肅；說話要和順，說話和順辦事就順利；認識要清楚就能辯別是非；聽事要聰敏謀事就能成功；思慮要通達，思慮通達就能聖明。）次三曰：**農用八政**（即管理民食、財貨、祭祀、建築，教育、司法、外賓、軍務）次四曰：**協用五紀**（歲、月、日、星辰、歷數協調一致。）次五曰：**建用皇極**（樹立皇極的威信，建立選賢與能、賞罰的標準。）次六曰：**義用三德**（治理眾民要以『正直』爲本，同時在必要時又要剛柔並用，或者以剛制勝，或者以柔制勝。）次七曰：**明用稽疑**（通過龜卜筮占以探詢上天的旨意，同時，參照卿士、人民和自己的意見做出判斷和決定。）次八曰：**念用庶徵**（就是通過雨、晴、暖、寒、風等的氣候變化以判斷年景和收成。）次九曰：**饗用五福、威用六極**（通過壽、富、康寧、親近有德、善終等「五福」勸導人誣向善；通過夭折、多病、憂愁、貧窮、醜惡、懦弱等「門極」警戒和阻止人們從惡。）以上「九籌」中所述的，除第一籌是我們熟悉的「五行」：水、火、金、木、土。不僅是基本物質的分類系統，還具備「相生相剋」這一關係推演系統，此體系最大特徵是在於「行」一字上，體現了生滅流轉、變化不息的宇宙觀。另外八籌包括政治、天文、氣象、修養、道德和人生幸福。在哲學中，範疇（希臘文爲 κατηγορια）（亞里士多德是範疇論的開山祖師。他在《範疇篇》著作中列舉並且討論了十大基本存在）概念被用於對所有存在的最廣義的分類。比如說時間，空間，數量，質量，關係等都是範疇。在分類學中，範疇是最高層次的類

民的民本思想外，就得知有陰陽思辨、五行辯證及其金、木、水、火、土五行官之建置。另外《詩經》[4]，《易經、傳》與《老子》、《莊子》、鄒衍……等

的統稱。它既不同於學術界對於學問按照學科的分門別類，又有別於百科全書式的以自然和人類爲中心的對知識的分類，範疇論是著眼於存在的本質區別的哲學分類系統，因而範疇論屬於形上學的本體論分支。所有的人和所有的行星都屬於類。在行星類裡，有水星、金星、地球，還有其它可能散佈在宇宙中的行星。除了「類」中成員，類本身經常被認爲是一種存在。在某種意義上說，行星類是存在的。類通常被認爲是一種抽象的存在，有如集合。「類」在意義上幾乎等同「集合」。《鬼谷子》也相當程度上強調「類與度」，基本上就已有，科學哲學與邏輯上的重要傾向。

[4] 「陰陽」於《尚書》中，大多指謂爲方向。〈夏書、與禹貢〉：「內方至於大別；岷山之陽，……導河積石，至於龍門，南至於華陰，……入於海」；卷十〈商書、說命上〉：「王宅憂亮陰三祀。旣免喪，其惟弗言」；卷十一：〈周書、武成〉：「王來自商至於豐。乃偃武修文。歸馬於華山之陽，放牛於桃林之野，示天下弗服」；卷十六〈周書、無逸〉「其在高宗，……爰暨小人。作其即位，乃或亮陰，三年不言」；唯卷十六〈周書、君奭〉出現：「立太師、太傅、太保。茲惟三公，論道經邦，變理陰陽」；然亦有其它之所指，如〈洪範〉：「嗚呼！箕子。惟天陰騭下民，相協厥居，我不知其彝倫攸敘。」《孔傳》：「騭，定也。夫不言而默定下民」；又《呂氏春秋》〈審分覽、君守〉：「惟天陰騭下民。陰之者，所以發之也。……不爲者，所以爲之也。此之謂以陽召陽，以陰召陰」；據《呂氏春秋通詮》：考「陰騭」，原指默默地使安定，轉指陰德。查薛頌留主編《新編中國辭典》：「騭：雄馬、排定」（《說文》、《爾雅、釋畜》），「陰騭：暗中由天所定的吉凶禍福」道教中有《文昌帝君陰騭文》，簡稱《陰騭文》。乃勸人多積陰功、陰德，爲善不欲人知、不貪名養，又於獨處之時也不作惡，如此就會得到神明暗中庇佑，而獲賜福祿壽。
《詩經、國風》於〈召南、殷其靁〉「殷其靁在南山之陽」；〈邶風、谷風〉「習習谷風、以陰以雨」；〈王風、君子陽陽〉「君子陽陽、左執簧、右招我由房」；〈唐風、采苓〉「采苓采苓、首陽之巔。采苦采苦、首陽之下」，〈秦風、渭陽〉「我送舅氏、曰至渭陽」；〈豳風、七月〉「春日載陽/我朱恐陽」《詩經、小雅》〈鹿鳴之什、杕杜〉「有杕之杜、有睆其實。王事靡盬、繼嗣我日。日月陽止、女心傷止、征夫遑止」；〈詩經、大雅〉〈生民之什、卷阿〉「鳳凰鳴矣、于彼高岡。梧桐生矣、於彼朝陽。菶菶萋萋、雝雝喈喈」；《詩經、頌》〈周頌、載見〉「載見辟王、曰求厥章。龍旂陽陽、和鈴央央」；其中「君子陽陽」則指洋洋貌，高興狀。「龍旂陽陽」表示王廟前旂旗、車服等均明亮欣榮。先言其來朝稟受法度、其車服之盛如此其它大抵指天氣陽光和陰霾之謂。唯一陰陽兩字合併出現，在《詩經、大雅》〈公劉〉之「篤公劉……相其陰陽」，只表勘定方位（《朱熹集傳》〈詩經卷之八〉），尚無哲理上抽象思維之意思。
《莊子》內篇、外篇、雜篇共有23處提到「陰陽」二字，將之整理如下，〈天下〉：「易以道陰陽」；〈人間世〉：「事若不成，則必有人道之患；事若成，則必有陰陽之患。若成若不成而後無患者，唯有德者能之。……吾未至乎事之情，而旣有陰陽之患矣；事若不成，必有人道之患」；〈人間世〉：「陰陽於人，不翅於父母」；〈在宥〉：「人大喜邪，毗於陽。大怒邪，毗於陰。陰陽並毗，四時不至，寒暑之和不成，其反傷人之形乎！」；「黃帝曰……吾欲官陰陽，以遂群生。爲之奈何？……天地有官，陰陽有藏，愼守女身，物將自壯」；〈天運〉：「一盛一衰，文武倫經；一清一濁，陰陽調和，流光其聲；……吾又奏之以陰陽之和，燭之以日月之明；」「吾求之於陰陽，十有二年而未得。」，「龍合而成體，散而成章，乘乎雲氣而養乎陰陽」；〈繕性〉：「古之人在混芒之中，與一世而得澹漠焉。當是時也，陰陽和靜，鬼神不擾，四時得節，萬物不傷，群生不夭，人雖有知，無所用之，此之謂至一。當是時也，莫之爲而常自然」；〈秋水〉：「自以比形於天地而受氣於陰陽」；〈知北遊〉：「陰陽四時運行，各得其序。……此之謂本根，可以觀於天矣」；〈庚桑楚〉：「寇莫大於陰陽，無所逃於天地之間。非陰陽賊之，心則使之也」；〈則陽〉：「陰陽者，氣之大者也」「陰陽相照、相蓋、相治，四時相代、相生、相殺」，「陰陽錯行，則天地大絯，於是乎有雷有霆，水中有火，乃焚大槐」；

五經與子書裡，也都發現參予「陰、陽」理論發揚與建構，影響我國學術思想哲學體系，至為深遠。還有從大陸最近出土的《保訓》竹簡，曰：「測陰陽之物，咸順不逆。」[5]乃是周文王於病危前幾天，對武王的訓勉中的一句話。可見「陰陽」二字，早已被皇室家庭列為傳家至寶。從〈保訓〉這篇三千多年前的佚文，證實「陰陽」理論，已從原本是古人認識與解釋自然世界的規律，結合易理演變成治國治民之原則；乃至於成為父傳子嗣的「恐墜寶訓」之一，而成為人文意識的主要內涵，豐富與深化了中華民族的理性思維。其實文王提到「陰陽」並不奇怪，因為殷商早就有了「陰陽」觀念，古文字學家黃天樹說：「殷人已能定方位，辨陰陽，有了陰陽的觀念。」(《古文字論集》)所以，之後才有可能產生，文王與《周易》的關係。雖然這項理論其邏輯（綜合法），未能如西方邏輯（分類法）之嚴密，與發展成為現代西方文明之科學基石，但卻真實引導中國式學術、政治與百姓生活文明達數千年之久。只因各家學說與歷史上的菁英，被制約於統治者的利益集團的嚴密組織裏頭，也因戰亂頻繁無暇兼顧科學的發展，大多將心思發揮與侷限於「修身、齊家、治國、平天下」之上。始終遺憾的是，缺乏歐美各類學科競賽與巨額獎金的

〈說劍〉：「制以五行，論以刑德，開以陰陽，持以春夏，行以秋冬」；〈漁父〉：「陽不和，寒暑不時，以傷庶物」，「離內刑者，陰陽食之」。

《春秋》：「襄公二十八年，春，無冰。」《左傳》註：「襄公二十八年，春，無冰。」梓慎曰：「今茲宋、鄭其饑乎，歲在星紀，而淫於玄枵，以有時菑，陰不堪陽。蛇乘龍。龍，宋、鄭之星也。宋、鄭必饑，玄枵，虛中也。枵，耗名也，土虛而民耗，不饑何為。」以上，筆者試舉儒家典籍氣候異象，陰陽被用於氣象之解釋。

梁啓超謂：「陰陽二字意義之劇變，蓋自老子起」。以上參閱鄺芷人著《陰陽五行及其體系》第一章〈陰陽五行概念考釋〉，第二節〈陰陽的意義〉，頁 10。臺北，文津出版社，1992 年 12 月出版。

5　《清華簡、尚書》〈保訓〉：「惟王五十年，不豫，王念日之多曆，恐墜寶訓，戊子，自靧水，己丑，昧[爽]……[王]若曰：『發，朕疾壹甚，恐不汝及訓。昔前人傳寶，必受之以詞，今朕疾允病，恐弗念終，汝以書受之。欽哉，勿淫！昔舜舊作小人，親耕於歷丘，恐求中，自稽厥志，不違於庶萬姓之多欲。厥有施於上下遠邇，乃易位邇稽，測陰陽之物，咸順不逆。舜既得中，言不易實變名，身茲備惟允，翼翼不懈，用作三降之德。帝堯嘉之，用受厥緒。嗚呼！發，祗之哉！昔微假中於河，以複有易，有易服厥罪，微無害，乃歸中於河。微志弗忘，傳貽子孫，至於成唐，祗備不懈，用受大命。嗚呼！發，敬哉！朕聞茲不舊，命未有所延。今汝祗備毋懈，其有所由矣。不及爾身受大命，敬哉，勿淫！日不足，惟宿不詳。』」(據《中國史研究》2009 年第 3 期，李學勤〈清華簡<保訓>釋讀補正〉乙文表示：「〈保訓〉為周文王（姬昌）臨終前，對其子武王名發遺囑。」李先生認為〈保訓〉出現「中」一字達四次，是《論語、堯曰》篇的「允執其中」；以及《中庸》篇的：「用其中於民」；《尚書、大禹謨》：「人心惟危，道心惟微，惟精惟一，允執厥中」，十六字心傳等傳世典籍有關，為周文王作《易經》傳子武王之「中道」思想。對此還些學者有不同看法，但也離不開是堯傳舜之政治核心思想。

環境，與學術發表的榮耀光環。

　　本篇文章旨在探討《鬼谷子》特殊之見解與用法，與有別於諸子百家對於「陰陽」理論之發展。較有理論形成者，首先如老子在《道德經》書上說：「道生一，一生二，二生三，三生萬物。萬物負陰而抱陽，沖氣以爲和」[6]。以及《易繫辭》〈上〉說：「一陰一陽之謂道，繼之者善也，成之者性也」，「陰陽不測之謂神」，「夫易，廣矣大矣，……廣大配天地，變通配四時，陰陽之義配日月，易簡之善配至德」；《易繫辭》〈下〉：「乾，陽物也；坤，陰物也；陰陽合德，而剛柔有體」；〈說卦〉：「觀變於陰陽而立卦，發揮於剛柔而生爻」[7]；原本於老子學說中也只是對立統一，至此孔門解《易經》「陰、陽」時，才有了尊卑之分野。

　　「陰陽」學說認爲，宇宙間所有事物皆有「陰、陽」兩個屬性，且兩者蘊含著相互依靠、相互制約、相互轉化的關係。《淮南子》〈天文訓〉[8]講天地的起源和演化問題，認爲天地未分以前，混沌既分之後，輕清者上升爲天，重濁者凝結爲地；天爲陽氣，地爲陰氣，二氣相互作用，產生萬物。可見，「陰陽」是中國古人所主張，認爲此兩種是構成，所有物質與能源之力量的基礎。中國的傳統學術中，有所謂「孤陰不生，獨陽不長」及「無陽則陰無以生，無陰則陽無以化」的觀念；《莊子》〈外物篇〉亦指明：「陰陽錯行，則天地大絞」。

　　「陰陽」不僅已經演變爲中國哲學思想的主流，更可看出該理論「不但是個哲學問題，……在中國哲學思想史上影響極大。從方法論的觀點看，……乃屬系統性思考表現」[9]；又「陰陽更明顯爲一對相反又相成的本體論或宇宙論的普遍原則」[10]；然而我們在《論語》書中卻找不到「陰陽」一詞，《孟子》

---

[6]　參見《新譯老子讀本》〈第四十二章〉，余培林注譯，臺北，三民書局，2006 年初版 19 刷，頁 89。

[7]　語見〈說卦〉：「昔者聖人之作《易》也，幽贊於神明而生著，參天兩地而倚數，觀變於陰陽而立卦，發揮於剛柔而生爻，和順於道德而理於義，窮理盡性以至於命。」

[8]　《淮南子》西漢劉安輯撰，卷三〈天文訓〉：「天墜未形，馮馮翼翼，洞洞灟灟，故曰太昭。道始生虛廓，虛廓生宇宙，宇宙生氣。氣有涯垠，清陽者薄靡而爲天，重濁者凝滯而爲地。清妙之合專易，重濁之凝竭難，故天先成而地後定。天地之襲精爲陰陽，陰陽之專精爲四時，四時之散精爲萬物。積陽之熱氣生火，火氣之精者爲日；積陰之寒氣爲水，水氣之精者爲月；日月之淫爲精者爲星辰受日月星辰，地受水潦塵埃。」陳惟直譯，重慶出版社，2007 年 7 月。

[9]　同上，第一節引言，頁 7。

[10]　同上，頁 10。

一書也未曾出現過。僅於〈萬章上〉：「禹崩。三年之喪畢，益避禹之子於箕山之陰」；及在〈公孫丑上〉上引《詩經》〈豳風、鴟鴞〉：說「迨天之未陰雨，徹彼桑土，綢繆牖戶。今此下民，或敢侮予」；前者之「陰」一字表南方，後者天候作陰雨解。又「陽」一字，出現七次，卻是表人名：一次是陽虎，三次是陽貨；表地名者：二次，或〈告子下〉：「一戰勝齊，遂有南陽」；〈萬章上〉：「禹避舜之子於陽城」；或〈滕文公上〉：「江漢以濯之，秋陽以暴之」。以上「陰、陽」個別意思（僅是名詞指稱）與本文所欲討論「陰陽」之實質意義，可說完全毫無相關。

　　而《荀子》則在〈王制〉及〈天論〉中有所回應：「列星隨旋乃是陰陽大化，唯聖人爲不求知天」、「所志於陰陽者，自有官人守天」[11]。以上，荀子說天上墜落的星體或是木頭鳴響，只是天地間之一種陰陽的變化，怪之可也，但畏懼就不必了。於此可以瞭解到，以關心內聖外王之心性修養與政治思想之道統，除孔子《繫辭》外，儒家之後對於陰陽之道，春秋戰國時期僅止於「政事與人事」之推演；西漢《禮記》[12]卻出現陰陽：「是月也，日長至，陰陽爭，死生分」、「夫禮，吉凶異道，不得相干，取之陰陽也」、「玄冕齋戒，鬼神陰陽也」……等有 24 處[13]之多，這就是先秦之後，體與用之差別。

---

[11]《荀子》〈王制〉：「相陰陽，占祲兆，鑽龜陳卦，主攘擇五卜，知其吉凶妖祥，傴巫跛擊之事也。」〈天論〉：「列星隨旋，日月遞炤，四時代御，陰陽大化，風雨博施，萬物各得其和以生，各得其養以成，不見其事，而見其功，夫是之謂神。皆知其所以成，莫知其無形，夫是之謂天功。唯聖人爲不求知天。」「故大巧在所不爲，大智在所不慮……所志於陰陽者，已其見和之可以治者矣。官人守天，而自爲守道也。」「夫星之隊，木之鳴，是天地之變，陰陽之化，物之罕至者也；怪之，可也；而畏之，非也。」

[12]《禮記》西漢、戴聖對秦漢以前各種禮儀著作加以輯錄，編纂而成，共 49 篇。是戰國以後及西漢時期社會的變動，包括社會制度、禮儀制度和人們觀念的繼承和變化，儒家經典著作之一。它闡述的思想，包括社會、政治、倫理、哲學、宗教等各個方面，其中《大學》《中庸》《禮運》等篇有較豐富的哲學思想。東漢末年，著名學者鄭玄爲《小戴禮記》作了出色的註解；後來這個本子便盛行不衰，並由解說經文的著作逐漸成爲經典，到唐代被列爲〈九經〉之一，到宋代被列入〈十三經〉之中，爲士者必讀之書。

[13]《禮記》共有 24 處分別於〈月令〉有二處：「是月也，日長至，陰陽爭，死生分。」、「是月也，日短至。陰陽爭，諸生蕩。君子齋戒……事欲靜，以待陰陽之所定。」〈禮運〉三處：「故人者，其天地之德，陰陽之交，鬼神之會，五行之秀氣也。故天秉陽，垂日星；地秉陰，竅於山川。」、「故聖人作則，必以天地爲本，以陰陽爲端」、「是故夫禮，必本於大一，分而爲天地，轉而爲陰陽，變而爲四時，列而爲鬼神。」〈禮器〉：「大明生於東，月生於西，此陰陽之分、夫婦之位也。」〈郊特牲〉有六處：「饗禘有樂，而食嘗無樂，陰陽之義也。凡飲，養陽氣也；凡食，養陰氣也。」、「樂由陽來者也，禮由陰作者也，陰陽和而萬物得。」、「鼎俎奇而籩豆偶，陰陽之義也。……所以交於旦明之義也」「鼎俎奇而籩豆偶，陰陽之義也。……言酌於中而清明於外也。」「故祭，求諸陰陽之義也。殷人先求諸陽，周人先求諸陰。」〈樂記〉：「地氣上齊，天氣下降，陰陽相摩，天地相蕩，鼓之以雷霆，……如此則樂者天地之和

　　《白虎通義》[14]於〈卷四〉中，有四處談到「陰陽」，分別爲〈諫諍〉言：「陰陽不調，五穀不熟，故王者爲不盡味而食之」；〈三軍〉：「月者，群陰之長也。十二月足以窮盡陰陽備物成功」；〈鄉射〉：「所以必因射助陽選士者，所以扶助微弱而抑其強，和調陰陽，戒不虞也」；〈災變〉：「霜之爲言亡也，陽以散雲。雹之爲言合也，陰氣專精，積合爲雹」。

　　以上「陰陽」理論之發展，當從「天道」之解釋進入「人道」之後，我們可以從《白虎通義》中對於「陰、陽」之用，發現有更多的敘述，由對於「自然天」之定律而制定出更多對於龐大帝國的管理規矩來：「夫禮者，陰陽之際也，百事之會也，所以尊天地，儐鬼神，序上下，正人道也。」發揚《春秋繁露》比附的手法，將君臣、父子、夫婦之義與天地星辰、陰陽五行等各種自然現象相比附，用以神化封建秩序和等級制度。於〈卷八〉中認爲，如〈天地〉言：「子順父，妻順夫，臣順君，何法？法地順天」；進而以「人格天」應用於人間世，如〈日月〉：「三綱之義，日爲君，月爲臣也」；〈卷三〉之〈五行〉言：「君有眾民，何法？法天有眾星也」；又〈卷五〉之〈封襌篇〉言：「天下太平符瑞所以來至者，以爲王者承統理，調和陰陽，陰陽和，萬物序，休氣充塞，故符瑞並臻，皆應德而至」；〈卷七〉之〈三綱六紀〉：言：「君臣法天，取象日月屈信（伸），歸功天也。父子法地，取象五行轉相生也。夫

也。」、「及夫禮樂之極乎天而蟠乎地，行乎陰陽而通乎鬼神；」〈祭義〉：「陰陽長短，終始相巡，以致天下之和。」、「昔者，聖人建陰陽天地之情，立以爲《易》。易抱龜……教不伐以尊賢也。」〈祭統〉：「夫祭也者，……八簋之實，美物備矣；昆蟲之異，草木之實，陰陽之物備矣。……外則盡物，內則盡志，此祭之心也。」〈儒行〉：「儒有居處齊難，其坐起恭敬，言必先信，行必中正，道塗不爭險易之利，冬夏不爭陰陽之和」〈鄉飲酒義〉：「賓主象天地也；介僎象陰陽也；……四面之坐，象四時也。」〈喪服四制〉：「凡禮之大體，體天地，法四時，則陰陽，順人情，故謂之禮。」

[14] 東漢、漢章帝建初四年（79 AD）朝廷召開「白虎觀會議」，由太常、將、大夫、博士、議郎、郎官及諸生、諸儒在白虎觀（洛陽北宮）陳述見解，「講議五經異同」，意圖彌合今、古文經學異同。漢章帝親自裁決其經義奏議，會議結論作成「白虎議奏」。再由班固寫成《白虎通義》一書，簡稱《白虎通》。全書十卷，共彙集 43 條名詞解釋。《白虎通》是以今文經學爲基礎，初步實現了經學的統一。蔡邕曾獲賜「白虎議奏」。清代陳立寫有《白虎通疏証》。《白虎通義》作爲官方欽定的經典刊佈於世，肯定了「三綱六紀」，並將「君爲臣綱」列爲三綱之首，使封建綱常倫理系統化，同時還把當時流行的讖緯與儒家經典糅合爲一，使儒家思想神學化。《白虎通義》肯定了儒家經典的非凡特殊價值和特殊地位：「經，常也，有五常之道，故曰五經。《樂》仁、《書》義、《禮》禮、《易》智、《詩》信也。人情有五性，懷五常，不能自成，是以聖人象天五常之道而明之，以教人成其德也。」《四庫全書總目》評論《白虎通》曰：「方漢時崇尚經學，咸兢兢守其師承，古義舊聞，多存乎是，洵治經者所宜從事也。」《白虎通義》用陰陽五行等概念，普遍解釋當時世界的一切事物，並使五行思想成了當時人們認識世界的鑰匙。

婦法人，取象六合陰陽，有施化端也」[15]。故《含文嘉》曰：「三綱者何謂也？謂君臣、父子、夫婦也。……『君爲臣綱，父爲子綱，夫爲妻綱。』……人皆懷五常之性，有親愛之心，是以綱紀爲化，若羅網之有紀綱而萬目張也」[16]；這個原屬於中國哲學思想的邏輯問題。於此，也就漸漸不多加以談論與研究了，成了一種規矩與規範，或是一種公式，固定的被加以應用、解釋。如本文註解的「理陰陽」，而至此已被僵化住，成了障礙。

　　《鬼谷子》對於「陰陽」之用於三綱六紀上，並未多加發揮引述，只稍言及：「父子離散，乖亂反目」僅表示爲亂象。爾後提出遊說謀略，遂有了更不一樣的主張，如對於「君臣之義」主張：「上無明主……君臣相惑，……或

---

[15] 東漢之班固言：「三綱者，何謂也？謂：『君臣、父子、夫婦也。』六紀者，謂『諸父、兄弟、族人、諸舅、師長、朋友也』。故《含文嘉》曰：『君爲臣綱，父爲子綱，夫爲妻綱。』又曰：『敬諸父兄，六紀道行，諸舅有義，族人有序，昆弟有親，師長有尊，朋友有舊。』何謂綱紀？『綱者，張也，紀者，理也；大者爲綱，小者爲紀，所以張理上下，整齊人道也。』人皆懷五常之性，有親愛之心，是以綱紀爲化，若羅網之有紀綱而萬目張也。《詩》云：『亹亹文王，綱紀四方。』右總論綱紀君臣，父子，夫妻，六人也，所以稱三綱何？『一陰一陽謂之道』，陽得陰而成，陰得陽而序。剛柔相配，故六人爲三綱。」之後文接「右論三綱之義，右論六紀之義」之兩段文，係出自《白虎通》此處不載）。

[16] 《含文嘉》出自《古微書》（又名《刪微》，緯書集匯，三十六卷）。明、清間孫瑴（jue）編，字子雙，又稱雙甫，自號賁居子。生於明季，湖南華容人，事蹟與成書年代均不詳。他從《十三經注疏》、二十一史書志、《太平禦覽》、《玉海》、《通典》、《通考》、《通志》諸書中摘引緯書佚文，加以編排，三十六卷，輯緯書共七十餘種。曾經雜采舊文，分爲四部，總稱《微書》。一曰《焚微》，輯秦以前逸書；一曰《線微》，輯漢、晉間箋疏；一曰《闕微》，征皇古七十二代之文；一曰《刪微》，即今天所說的《古微書》。《刪微》輯有十種緯書，《尚書緯》置首、《春秋緯》第二、《易緯》第三、《禮緯》第四、《樂緯》第五、《詩緯》第六、《論語緯》第七、《孝經緯》第八、《河圖緯》第九、《洛書緯》最後。孫瑴認爲，地南北爲經，東西爲緯，經存而緯亡，是有南北而無東西，而且聖人之言，理數具舉，因而不能只師其理而忘其數。所以孫瑴編輯《微書》意在全面師從聖人理數俱備的經典。（浙江吳玉墀家藏本）。目錄後有題詞曰，已上天鏡、地鏡、人鏡，皆萬物變異，但有所疑，無不具載。此乃三才之書，共六十篇，易名《禮緯含文嘉》三卷。紹興辛巳十一月二十九日，東南第三正將觀察使張師禹授。考宋兩朝《藝文志》曰，今緯書存者獨《易》。而《含文嘉》乃後人著爲占候兵家之說，與諸家所引禮緯乖異不合，故以易緯附經，以含文嘉入五行云云，則其書實出南宋初。然張師禹記特稱易名《禮緯含文嘉》，則此名實師禹所改，原本稱即其本書。兩朝《藝文志》疑其乖異不合，蓋偶未詳核也。朱彝尊《經義考》既歷引諸書所引含文嘉，證其不合，又云所見凡二本，一本畫雲氣星輝之象，而附以占詞，一本分天鏡、地鏡、人鏡。皆非原書，而於含文嘉標目之下仍注存字，則舛誤甚矣。（以上資料取自百度百科等）有評曰：「苦心窮集古微書，文化承繼有宏謨；如若沒有孫子雙，後人誰識識緯書？」。有關緯書木前有《緯書集成》我國爲上海古籍出版社編（另有日本學者安居香山、中村璋八輯，六卷八冊。1994 年 12 月，河北人民出版社出版精裝三冊，仍用舊名《緯書集成》。），1994 年 6 月出版，精裝二冊。該書爲諸家讖緯輯佚書的彙編，將元末以來有關讖緯之書的輯本加以彙集，並將未經刊佈的三種輯佚書的稿本也一併收入付印，共收錄緯書輯本十三種及有關資料五種，元末以來的主要讖緯輯本都收錄其中，是一本內容豐博的大型讖緯資料叢書。

抵反之，或抵覆之」[17]；《白虎通義》雖強調臣絕對服從君的主調之下，但在卷三之〈五行篇〉中，則提出臣對「無道之君」可以推翻的思想。

「火陽，君之象也；水陰，臣之義也。臣所以勝其君何？此謂無道之君也，故爲眾陰所害，猶紂王也。是使水得施行，金以蓋之，土以應之，欲溫則溫，欲寒，亦何從得害火乎？」又「善稱君、過稱己何法？法陰陽共敉共生，陽名生，陰名煞。臣有功歸於君何法？法歸明於日也。」

以上，「無道之君」除受儒家思想所及，這可能是受到鬼谷子思想「可取而代之」之影響。因爲記錄東漢「白虎觀會議」的這個重要文本─《白虎通義》，係在「繼承先秦尤其是西漢儒生之所謂的社會秩序思想基礎上，再結合當時的社會變遷，提出了「三綱六紀」思想，所加以發展成儒家完善的社會秩序觀。」[18]以上觀之，鬼谷子明顯僅借用「陰陽」，以發展爲遊說術之理論「事陰陽」所用，並不涉及迷信以及自然天道，或將「陰陽」從人際關係之階級中死死的加以規範上下之對待，反而認爲可以由人之自由意識，經自我努力而變化。在儒家是認爲暴君可加推翻，國家是以人爲本，國君要仁民愛物。（此處所指：並非是鬼谷子要改變人之倫常「人陰陽」，而是指出君臣之領導關係位置是可變化的）。這可說是鬼谷子，之後所言之「變動陰陽」，對中華民族的學問思想上，即時是曇花一現（遠離學術、宮廷查禁、民用術士），但卻也是一項很偉大的發明。

〈繫辭上〉：「一陰一陽之謂道，……仁者見之謂之仁，知者見之謂之知。百姓日用而不知，……通變之謂事，陰陽不測之謂神」[19]；〈繫辭〉所說的：

---

[17] 語見《鬼谷子》〈抵巇第四〉：「天下紛錯，上無明主，公侯無道德，則小人讒賊、賢人不用、聖人竄匿，貪利詐偽者作；君臣相惑，土崩瓦解而相伐射，父子離散，乖亂反目，是謂萌牙巇罅。聖人見萌牙巇罅，則抵之以法。世可以治，則抵而塞之；不可治，則抵而得之；或抵如此，或抵如彼；或抵反之，或抵覆之。五帝之政，抵而塞之；三王之事，抵而得之。諸侯相抵，不可勝數，當此之時，能抵爲右。」

[18] 語見張造群《三綱六紀與儒家社會秩序觀的形成》導論：「作爲記錄東漢白虎觀會議的重要文本，《白虎通義》在繼承先秦尤其是西漢儒生社會秩序思想的基礎上，結合社會變遷提出了『三綱六紀』思想，發展完善了儒家的社會秩序觀。一是將儒家著重調整的社會關係由君臣、父子、夫婦三種關係延伸到以君臣、父子、夫婦爲主，包括諸父、兄弟、族人、諸舅、師長、朋友在內的九種關係，進一步擴大了社會控制的範圍；二是突出了君主的絕對權威，『六紀』從屬於『三綱』，而『三綱』之中『父子、夫婦』又從屬於『君臣』，有利於中央集權專制統治；三是強調道德在維護社會秩序中的主導作用，在標示社會等級的『名號器物』、『禮樂制度』等方面，賦予道德意蘊。此外，白虎觀會議綜合當時流行的各種理論、學說及文化資源，並採用皇帝『裁定』的形式，使這一思想具有了神聖不可侵犯的至上性。因此，『三綱六紀』思想的提出，標誌著深深影響古代中國的儒家社會秩序觀的形成。」（廣東省社會科學院、當代馬克斯主義研究所論文）位於廣州市。

[19] 語見〈繫辭上〉：「一陰一陽之謂道，繼之者善也，成之者性也。仁者見之謂之仁，知者見之謂之知。百姓日用而不知，故君子之道鮮矣。顯諸仁，藏諸用，鼓萬物而不與聖人同憂，盛

仁者見到此陰陽之道，則說它是人倫的原則原理，規律變化之根本；智者見到此陰陽之理，則說成辨別區分「人、事、地、物」之成敗，其影響與構成的大道理。「陰、陽」是天地萬有的「道」，一種二分法的辯證，最直接的一種元素，最早爲我國人發現與使用，爾後才被更多的衍生與賦予更多的意義，爲政治功能與社會作用……等，以各種角度視野，進行倡導。

　　譬如《孫子兵法》：「道者，令民與上同意，可與之死，可與之生，而不畏危也。……知之者勝，不知者不勝」[20]；孫子以兵家之眼光看到了「道」，說它可以讓百姓爲處上位的領導者，在戰爭中將個人死生置之於度外，從不會懼怕艱難呀！如果知道這個道理的，就能夠於戰事上取得勝利；反之不知此妙用者，便難以取得勝利成功了。武侯問進兵之道，吳子回答說：「先明四輕、二重、一信」、「明知陰陽，則地輕馬。……此勝之主也」[21]；表示要打勝戰得瞭解「地、馬、車、人」之相互間的關鍵關係：如天地兩候的陰陽變化，就會影響戰馬的機動力；平日飼馬之糧草進食有節有時訓練有素，如此健康強壯的馬，戰時便不會畏懼車重與路途顛簸；車的軸心潤滑做好，駕駛於沙場便能縱橫有餘輕鬆自在；武器裝備銳利精良，兵士便不畏戰；接著重賞重罰，以信，這就是制勝的主因。陰陽之道對於主張透過戰爭，便能消滅敵方的軍事專家，在戰場上也一樣的好用與神奇，但未若《鬼谷子》所詮釋出之「陰陽」，而綜合著政治與非軍事活動之「軟辦法」（遊說、心理、計謀、外交、經濟、貿易），以及僅只是軍事活動之「硬辦法」（刀兵、血腥、暴力）等，來得兼施好用！

　　在《鬼谷子》之哲學體系，縱橫家則如兵家一樣，充份的利用「陰陽」相反相成之變化的大道理，加以系統性的建構，以完成自家學派的理論基礎。簡單說：縱橫學的基本觀念，就是「陰陽對待」的變化。因爲「陰陽」所代表的是自然定律中之一個相對的概念「理」，即「物」之「天地、寒暑、雌雄、

德大業至矣哉。富有之謂大業，日新之謂盛德。生生之謂易，成象之謂乾，效法之爲坤，極數知來之謂占，通變之謂事，陰陽不測之謂神。」

[20] 語見〈始計篇〉：「道者，令民與上同意，可與之死，可與之生，而不畏危也。天者，陰陽，寒暑，時制也。地者，遠近，險易，廣狹，死生也。將者，智、信、仁、勇、嚴也。法者，曲制，官道，主用也。凡此五者，將莫不聞，知之者勝，不知者不勝。」

[21] 語見《吳子》〈治兵〉武侯問曰：「進兵之道何先？」起對曰：「先明四輕、二重、一信。」曰：「何謂也？」對曰：「使地輕馬，馬輕車，車輕人，人輕戰。明知陰陽，則地輕馬。芻秣以時，則馬輕車。膏鐗有餘，則車輕人。鋒銳甲堅，則人輕戰。進有重賞，退有重刑。行之以信。令制遠，此勝之主也。」

剛柔、高下、有無、大小、前後、強弱、輕重」，鬼谷子將其轉變為「事」，
即是人文世界裡的「盈虛、消長、生死、禍福、善惡、貴賤、貧富、是非……」
[22]。我們所屬的宇宙，就是以此相反而相成的，也是《易經》中所謂的「剛柔
相摩、八卦相盪」[23]，如此演繹出人世間之萬事萬物，一切錯綜複雜的現象。
將伏羲八卦三爻，以「陰陽」變化道理表示；及《易傳》將「陰陽」稱兩儀
「易有太極，是生兩儀，兩儀生四象，四象生八卦」，推向萬物相生相剋（另
加入五行要素，由於全本《鬼谷子》不談五行，故本文也不提五行）之途；《道
德經》更把天道「陰陽」與政治領導相連結；而鬼谷子則將之統合起來，建
構為遊說謀略之政治活動，以及充分應用於個人意志鍛鍊，與追求名利成功
的規律之運用。

　　這項偉大的創建，是由於鬼谷子處於混亂時代，不忍人間疾苦的，特將
《易經》「陰陽」其「既對立又統一」的特性，在〈捭闔第一〉開宗名義裡納
入，說：「粵若稽古聖人之在天地間也，為眾生之先，觀陰陽之開闔以名命物；
知存亡之門戶，籌策萬類之終始，達人心之理，見變化之朕焉，而守司其門
戶。」可以明白發現鬼谷子從自然之「天」、「地」、「眾生」（指有生命而言），
到人之「人心」及事務、理念、抽象、無形或器物、具象、有形……等之「萬

---

[22] 〈捭闔第一〉：「故言長生、安樂、富貴、尊榮、顯名、愛好、財利、得意、喜欲，為陽，曰
始。故言死亡、憂患、貧賤、苦辱、棄損、亡利、失意、有害、刑戮、誅罰，為陰，曰終。」
[23] 語見《繫辭傳上》：「天尊地卑，乾坤定矣。卑高以陳，貴賤位矣。動靜有常，剛柔斷矣。方
以類聚，物以群分，吉凶生矣。在天成象，在地成形，變化見矣。是故，剛柔相摩，八卦相
盪。鼓之以雷霆，潤之以風雨。日月運行，一寒一暑。乾道成男，坤道成女。乾知大始，坤
作成物。乾以易知，坤以簡能。易則易知，簡則易從。易知則有親，易從則有功。有親則可
久，有功則可大。可久則賢人之德，可大則賢人之業，易簡而天下之理得矣。天下之理得，
而易成位乎其中矣。」
　　剛柔相摩 指陰陽的剛柔之感應、親合的交互作用；「摩」，有直接與間接的影響或接觸義。「八
卦相盪」，道物演化運行，八卦指「天地、風雷、水火、山澤」，皆乾坤所化，八卦之間的相
互作用即相盪；「盪」即碰撞；「鼓」者，動以施之，強健之謂，故狀曰「雷霆」，鼓表其動之
勁猛，此指陽，陽物性動而剛健；潤者，靜以受之，和順之謂，故狀曰「風雨」，潤表其和以
溫柔，此指陰，陰物性靜而柔順。雷動則風雨隨之，即同於陽物動則必有陰柔從之，言陰陽
二物，在「運化、交合」過程中，相伴相隨，而又各自有各自的情形與特點。此言八卦陰陽
之間所以相盪而能運化之理，與後之「六爻之動，三極之道也」句相應。日月，為陰陽之代；
運行，即出沒往來變化；一寒一暑，指日出為暑月出為寒，陰陽總是不停地交互運行。寒為
陰暑為陽，寒而暑，暑而寒即是陰極而陽，陽極而陰。此言易卦的陰陽運動，沒有停止之時，
從而引起事物由小到大、循環往復的發展變化。而所以能牢固長久，是因為賢人本來就有相
合不散之性；而所以能越化越成就卓著，是因為賢人本來就能夠建功立業。賢人，在這裡為
乾坤二者之代，因二者都是先天道物，故喻為賢、聖。這是由於一者可久，一者可大的緣故。
道物的運化至於久、大，即是一個生命或一件事物已經逐漸形成，並且達到相當壯大的地步。
以上一系列的由來，追其根源就在於道物本身具有的「易與簡」，即「無為」是然之本性。

類」（無生命而言），其「空間與時間」（在天地間也）之「終與始」（籌策萬
類之終始），其變化之兆門（自然─天與地之成住壞空、人與動植物之生老病
死、人爲的事理器物之生成毀壞之徵兆），讓「陰陽」對立統合此哲理全給包
括在內。使天道與陰陽觀念（被觀察者的能量之物理化學組成法則），由傳統
充斥於外在的「巨大宏觀的天地間」具體存在；及大家都熟識的萬事萬物，
客觀之理「籌策萬類之終始」（排列組合的物理化學原理原則）；而後進入了
人的內在主觀心理層面，變化多端的細微之處（觀察者的一種新工具），而這
個能夠成功於幕後與幕前理性操作的推手，就是鬼谷子所謂的「聖人」。他的
新工具就是「人事陰陽」；已非「自然陰陽」[24]了，即老子所謂的「萬物負陰
而抱陽」。當然並非其首創，但在理論應用上專業得淋漓盡致，則屬他是第一
人。鬼谷子帶引縱橫家弟子，不僅要見天地之大、也要見自我生命之制約、
更要下山去見眾生之悲苦。

　　《鬼谷子》應用樸素的辨證法思想，以萬事萬物的對立與矛盾「變化無
窮，各有所歸，或陰或陽，或柔或剛，或開或閉，或弛或張。」等法則，應
用於「人類行爲語言」上，並將人「道」之「說話」術，融進至大無上的天
「道」之層面而靠攏，他說：「道之大化，說之變也。必豫審其變化，吉凶大
命繫焉。口者，心之門戶也。心者，神之主也。志意、喜欲、思慮、智謀，
此皆由門戶出入」；一如《黃帝內經》般，將「陰陽」推向人體健康與疾病之
「預防、保健、醫療」的辨證理論上，或是陰陽家將「陰陽」作爲「天文地
理、國事戰事、吉凶禍福」之解釋。又說「捭闔之道，以陰陽試之。故與陽
言者，依崇高。與陰言者，依卑小。以下求小，以高求大」、「益損、去就、
倍反，皆以陰陽禦其事」；以上可說《鬼谷子》將「陰陽」之應用，有如《易

---

[24] 爲區分與釐清鬼谷子，所建立之遊說謀略理論陰陽學說架構，筆者特別將「道陰陽」，再分
類爲「理陰陽」、「物陰陽」、「器陰陽」、與屬人的「事陰陽」。才能方便與清楚表明鬼谷子於
《鬼谷子》首篇〈捭闔〉上，特別用力闡釋陰陽與天道與聖人用意之苦心。先有自然即生存
界（本體）之陰陽法則存在，如有正負電子之一般「理陰陽」；再有動植礦物，如公母「物
陰陽」；再則人類應用陰陽之理，完成器物工具之本質「器陰陽」；接著才是老子、鬼谷子，
發現陰陽之理「人事陰陽」，包含「人陰陽」與「事陰陽」，但先簡稱爲「事陰陽」，如此才
可以成功完美的套用於《鬼谷子》所有人事遊說謀略理論之上，因以稱之。老子曰：「樸散
則爲器」正是理散物生，物散生。老子曰：「大制不割」，但我們卻將理分爲物，再分物爲
器，再因有人，再分理而出事。老子曰：「常德不離」，但人卻失其常，不能「爲天下谷」而
致無法「常德乃足」。乃使陰陽一直分化，延生出許多困難，老子希望大家要「復歸於樸」，
但當今天下已大亂，鬼谷子則只能反向操作「知其雄」、「爲無爲」，找出並強化事陰陽，再
一次返回，直至理陰陽、道陰陽本質之中。使「道生一、一生二、二生三、三生萬物」從無
到有，則是世界亂源，是否能夠復歸於一「復歸於嬰孩」。

經》、《內經》，成功的開創出一個全新之局面與領域。我們說它們都帶引新的「陰陽」走進入間世，真是所謂的利樂民生。影響往後中國幾千年來的政治思維、社會規律、生活習俗、為人處事，至廣至巨呀！雖然已進入以西方文明為主的世紀，但「陰陽」之思維觀念，在中國人的生活上永遠是揮之不去。

處於戰亂頻繁與社會巨變時代的鬼谷子，為將過去長期以來，被禁錮偏向於安靜又消極的封建人生思維模式的「陰陽」理論（前期陰陽）下的人們解放出來；於是特別將《易經》「陰陽消息」相生相剋的天地人變化理論，融合老子政治哲學，莊子的自然人生，與兵家軍事哲學戰爭人生，戰鬥思維模式的「陰陽」理論；轉化為更積極的政治人生，競爭思維模式的「陰陽」理論（中期陰陽）。在秦始皇統一六國之前，還是維持一個尚力又尚智謀的現實世界，基本上沒變化；但在統一六國之後，那已具備朝向穩固極端的個人人生，精彩躍進思維模式的「陰陽」理論，卻開始受到抑制之中。直到西漢初期與文景之治和竇太后的黃老之治的堅持之下，屬於初期社會人生的「陰陽」理論，雖沒演化成功，但基本上沒什麼變化。也就是因為政府不干涉人民活動，所以依附於人民活動的「陰陽」思維模式，大致上並不多受干擾。

可惜這項成就，被董仲舒給徹底改變。他將被禁錮達百餘年的儒家文化復興了，還繼承思孟學派和陰陽家鄒衍的學說，並將各家各派的思想融會貫通，整合為一個嶄新的思想體系《春秋繁露》。其哲學基礎是「天人感應」學說，認為天是至高無上的人格神，不僅創造了萬物，也創造了人。因此，認為天是有意志的，和人一樣「有喜怒之氣，哀樂之心」。他以「天人合一」的思想加上「五行」是天道的表現，並進而把這種「陽尊陰卑」與「盡心、知性、知天」的理論套進社會，如此而推論出「三綱五常」[25]為

---

[25] 三綱 是：「君為臣綱，父為子綱，夫為妻綱」，即「君臣義、父子親、夫婦順」；五常指：「仁、義、禮、智、信」。《春秋繁露》〈基義〉：「凡物必有合。……陰者陽之合，妻者夫之合，子者父之合，臣者君之合。物莫無合，而合各有陰陽。陽兼於陰，陰兼於陽，夫兼於妻，妻兼於夫，父兼於子，子兼於父，君兼於臣，臣兼於君。君臣、父子、夫婦之義，皆取諸陰陽之道。君為陽，臣為陰；父為陽，子為陰；夫為陽，妻為陰。陰道無所獨行。其始也不得專起，其終也不得分功，有所兼之義。是故臣兼功於君，子兼功於父，妻兼功於夫，陰兼功於陽，地兼功於天。舉而上者，……少而不至絕，多而不至溢。陰陽二物，終歲各壹出。壹其出，遠近同度而不同意。陽之出也，常懸於前而任事；陰之出也，常懸於後而守空處。此見天之親陽而疏陰，任德而不任刑也。是故仁義制度之數，盡取之天。天為君而覆露之，地為臣而持載之；陽為夫而生之，陰為婦而助之；春為父而生之，夏為子而養之；秋為死而棺之，冬為痛而喪之。王道之三綱，可求於天。天出陽，為暖以生之；地出陰，為清以成之。不暖不生，不清不成。……。聖人之道，同諸天地，蕩諸四海，變易習俗。」

漢武帝新帝制之雄心萬丈而服務。也就是完全的帝國思維模式的「陰陽」理論已焉形成，從此中國朝野上下，正式進入了筆者所謂的「後期陰陽」期，直到宋朝完全達到最高峰。我國從此與極端個人人生，精彩躍進思維模式的「陰陽」理論可說完全無緣，被隔離杜絕了。直到滿清末年受到西潮之影響，才有此契機。不過，離開鬼谷子已千年之久了！人民在宛如非常有秩序又安全的棋盤世界中天人合一了，近二千年來被妥善管理與保護著，享受著安貧樂道的生活。除非朝廷無道或天災人禍，使百姓無以為生，否則天下始終太平、相安無事。

　　鬼谷子如何將之改變，成為全民皆更有動能改造的力量呢？如何可能，於國家社會人事應用上，能夠更積極的，為各自之自我所控制？又如何可能，得以表現出精彩得淋漓盡致的自由人生之思維模式？於是，他提出了「陰陽」轉環、依存之妙用，於〈忤合第七〉中說明：「凡趨合背反，計有適合。化轉環屬，各有形勢，反覆相求，因事為制」，將之揭露出來。鬼谷子並從陰陽變化之中，觀察體會出「陽動而行，陰止而藏；陽動而出，陰隱而入；陽還終陰，陰極反陽」；如果應用於人事上，那無不就能夠讓人得心應手。明白於此，所以鬼谷子最後下了個大定律說：「此天地陰陽之道，而說人之法也」；它是我們「為人處事」之前，首要做的第一件事，所以說是：「為萬事之先」。於是鬼谷子將「陰陽」重新變造起個濫觴（所謂的老店新開），拿來替「遊說術」給個全新的大理論，「由此言之，無所不出，無所不入，無所不可」；及一頂光彩奪目的大帽子，更把縱橫家帶上寬廣無比的宏觀大道上「可以說人，可以說家，可以說國，可以說天下」；鋪陳完整之後，不僅使遊說者有條好走的道路，並且還擁有了一件光鮮亮麗的新衣服！〈忤合第七〉：「是以聖人居天地之間，立身、禦世、施教、揚聲、明名也」；於是乎，便有了充滿光明的未來：「故聖人之在天下也，自古至今，其道一也」。

　　以上，鬼谷子從古人自然之觀察，得出天文、地文的變化法則，所謂「陰陽之道」，《易經》曰：「觀變於陰陽而立卦，……立天之道曰陰與陽」[26]；體認出用之於人文「陰陽無情、唯人能變動之」（筆者謂）。〈捭闔第一〉上說：「捭闔者，以變動陰陽」；因為陰陽所代表的法則是死的「化轉環屬，各有形

---

[26] 語出《易經》〈說卦〉：「昔者聖人之作《易》也，幽贊於神明而生蓍，參天兩地而倚數，觀變於陰陽而立卦，發揮於剛柔而生爻，和順於道德而理於義，窮理盡性以至於命。昔者聖人之作《易》也，將以順性命之理，是以立天之道曰陰與陽，立地之道曰柔與剛，立人之道曰仁與義。兼三才而兩之，故《易》六畫而成卦。分陰分陽，迭用柔剛，故《易》六位而成章。」

勢」，而人事是活的「反覆相求，因事爲制」。如李筌[27]說：「天圓地方，本乎陰陽。陰陽既形，逆之則敗，順之則成。蓋敬授農時，非用兵也。……則知陰陽不能勝敗、存亡、吉凶、善惡，明矣！……人謀成敗，豈陰陽所變之哉」[28]；所以冷靜觀看鬼谷子千年之前，受到「自然之道靜，故天地萬物生；天地之道浸，故陰陽勝；陰陽相推，變化順矣」[29]（《黃帝陰符經》）的重大啓示。千年後的今夜，發現他體悟出變動陰陽道理時，嘴角上揚的笑容之前，不就應驗著「分陰分陽，迭用柔剛」[30]、又「陰陽合德，而剛柔有體，以體天地之撰，以通神明之德」[31]之而將之天道的鑰匙，交到我們此一時代的炎黃子孫的

---

[27] 李筌 號達觀子，唐隴西（今甘肅境內）人，生卒年不詳。道教思想理論家，政治軍事理論家，隱士。少年時喜好神仙之道，曾經隱居於嵩山的少室山多年。約活動於唐玄宗至肅宗時。唐玄宗開元（713～741 AD）年間，任江陵節度副使、禦史中丞（一說爲荊南節度判官，一說爲荊南節度使、仙州刺使），杜光庭《神仙感遇傳》中謂筌「時爲李林甫所排，位不大願意，入名山訪道，後不知其所也」。據傳「至嵩山虎口岩，得《黃帝陰符經》、《本經》、《素書》朱漆軸，緘以玉匣，題曰：『大魏眞君元年（440 AD）七月七日上清道士寇謙之藏諸名山，用傳同好。』抄讀數千遍，竟不曉其理。因入秦，至驪山下，逢一老母與筌說「《陰符》之義」。唐肅宗時出仕，先爲荊南節度副使（或荊南節度判官；一說江陵節度副使），後爲鄧州刺史（或雲仙州刺史）。此後，「竟入名山訪道，後不知其所」。李筌認爲天地萬物均爲陰陽二氣所化生，「天圓地方，本乎陰陽。……夫天地不爲萬物所有，萬物因天地而有之。陰陽不爲萬物所生，萬物因陰陽而生之」。但他認爲陰陽化生萬物也有其條件，人們可以利用它來達到自己的目的。從而強調人們必須「執天之道、奉天而行」，根據陰陽五行的「自然之理」行事。故又謂「陰陽既形，逆之則敗，順之則興」。但並不認爲「自然之理」會自然而然的實現，更不能迷信鬼神的作用，必須依靠與發揮人的作用。他在《太白陰經》中，以戰爭的勝負爲例，強調「凡天道鬼神，視之不見，聽之不聞，索之不得，指虛無之狀不可以決勝負，不可以制生死。」戰爭的勝負，主要決定於人事。其著作有《〈陰符經〉注疏》三卷，《驪山母傳陰符玄義》一卷、《青囊括》各一卷，以及《太白陰經》、《中台志》、《閫外春秋》、《中台志》、《六壬大玉帳歌》各十卷、《孫子注》二卷、《黃帝陰符經集注》一卷等。

[28] 語出《太白陰經》〈天無陰陽篇〉第一：「經曰：天圓地方，本乎陰陽。陰陽既形，逆之則敗，順之則成。蓋敬授農時，非用兵也。夫天地不爲萬物所有，萬物因天地而有之；陰陽不爲萬物所生，萬物因陰陽而生之。天地不仁，以萬物爲芻狗；陰陽之於萬物有何情哉！夫火之性，自炎，不爲焦灼萬物而生其炎；水之性，自濡，不爲漂蕩萬物而生其濡。水火者，一其性，而萬物遇之，自有差殊；陰陽者，一其性，而萬物遇之，自有榮枯。若水火有情，能浮石、沈木、堅金、流土，則知陰陽不能勝敗存亡吉兇善惡明矣！夫春風東來，草木甲坼，而積廩之粟不萌；秋天肅霜，百卉具腓，而蒙蔽之草不傷。陰陽寒署，爲人謀所變；人謀成敗，豈陰陽所變之哉！」

[29] 語出《黃帝陰符經》：「自然之道靜，故天地萬物生。天地之道浸，故陰陽勝。陰陽相推，而變化順矣。是故聖人知自然之道不可違，因而制之。至靜之道，律曆所不能契。爰有奇器，是生萬象。八卦甲子，神機鬼藏。陰陽相勝之術，昭昭乎進乎象矣。」

[30] 語出《易經》〈說卦〉全文請參，註26。

[31] 語出《易經》〈繫辭下〉子曰：「乾坤其易之門邪？乾，陽物也；坤，陰物也；陰陽合德，而剛柔有體，以體天地之撰，以通神明之德，其稱名也雜而不越，於稽其類，其衰世之意邪？」夫易，彰往而察來，而微顯闡幽，開而當名，辨物正言，斷辭則備矣，其稱名也小，其取類也大，其旨遠，其辭文，其言曲而中，其事肆而隱，因貳以濟民行，以明失得之報。」

手上，我們得以從容的進入，解除世事紛擾的實用領域，可以讓我們發光發熱的應用於當今極端複雜險惡的國事、家事，公事、私事……等人事的磨合，是件多麼的神奇與幸福的事。如今，在歷史的餘暉與黎明之中，不就依稀可見到，他那既肯定又得意的燦爛笑容之光彩嗎？

　　故鬼谷子將其推演應用於人文的「意志磨練、遊說計謀、謀略理論」之上。終於《鬼谷子》讓更多的年青人，有此實戰理論的遵循，方便他們（縱橫家子弟）勇敢的大步邁出，懷抱著建立豐功偉業的雄心大志，走向全新的人生臺階，積極的用智慧心力來奉獻，以結束烽火連天的血腥戰國，最後他們終於做到了，即時犧牲性命亦在所不惜。「是以，鬼谷先生述〈捭闔〉、〈揣摩〉、〈飛箝〉、〈抵巇〉之篇，以教蘇秦、張儀遊說於六國而探諸侯之心，於是術行焉」[32]。他們以積極進取的心，對自己的能力做出空前之挑戰，「今臣為進取者也」[33]，「臣有老母於周，離老母而事足下，去自覆之術，而謀進取之道」[34]，「自覆之術，非進取之道也。三王代立，五相蛇政，皆以不復其掌。若以復其掌為可王，治官之主，自覆之術也，非進取之路也。臣進取之臣也，不事無為之主」[35]；「嫂委蛇蒲服，以面掩地而謝曰：見季子位高金多也」，蘇

---

[32] 語出《太白陰經》〈數有探心篇〉第九：「徐守仁義，社稷邱墟。魯尊儒墨，宗廟泯滅。非達奧知微，不能禦敵；不勞心苦思，不能原事；不悉見情偽，不能成名；材智不明，不能用兵；忠實不真，不能知人。是以，**鬼谷先生述〈捭闔〉、〈揣摩〉、〈飛箝〉、〈抵巇〉之篇，以教蘇秦、張儀遊說於六國而探諸侯之心，於是術行焉**！夫用探心之術者，先以道德、仁義、禮樂、忠信、詩書、經傳、子史、謀略、成敗渾而雜說，包而羅之，澄其心，靜其誌，伺人之情，有所愛惡、去就，從欲而攻之，陰應陽發，此虛言而往，彼實心而來，因其心，察其容，聽其聲，考其辭。言不合者，反而求之，其應必出，既得其心，反射其意，符應不失，契合無二，膠而漆之，無使反覆，如養由之操弓，逢蒙之挾矢，百發無不中正，猶設置罘，以罝魚兔，張其會，礫其腰，脅其虛，必沖綱而掛目，亦奚有子遺哉！」

[33] 語見〈蘇代謂燕昭王曰〉：「今有人於此，孝若曾參、**孝己**，信如尾生高，廉如鮑焦、史鰌，兼此三行以事王，奚如？」王曰：「如是足矣。」對曰：「足下以為足，則臣不事足下矣。臣且處無為之事，歸耕乎周之上地，耕而食之，置而衣之。」王曰：「何故也？」對曰：「孝如曾參、孝己，則不過養其親其。信如尾生高，則不過不欺人耳。廉如鮑焦、史鰌，則不過不竊人之財十。**今臣為進取者也**。臣以為廉不與身俱達，義不與生俱立。仁義者，自完之道也，非進取之術也。」

[34] 語見《戰國策、燕策一》〈人有惡蘇秦於燕王者〉：「蘇秦曰：「且夫孝如曾參，義不離秦一夕宿於外，足下安得使之之齊？廉如伯夷，不取素餐，汙武王之義而不臣焉，辭孤竹之君，餓而死於首陽之山。廉如此者，何肯步行數千里，而事弱燕之危主乎？信如尾生，期而不來臨，抱樑柱而死。信至如此，何肯楊燕、秦之威於齊而取大功乎哉？且夫信行者，所以自為也，非所以為人也，皆自覆之術，非進取之道也。且夫三王代興，惡霸迭盛，皆不自覆也。君以自覆為可乎？則齊不益於營丘，足下不逾楚境，不窺於邊城之外。且臣有老母於周，離老母而事足下，**去自覆之術，而謀進取之道**，臣之趣固不與足下合者。足下皆自覆之君也，僕者進取之臣也，所謂以忠信得罪於君者也。」

[35] 語見《戰國縱橫家書》〈蘇秦謂燕王章〉：「謂燕王曰：『今日願藉于王前。（假）臣孝如曾參，

秦喟然嘆曰：「此一人之身，富貴則親戚畏懼之，貧賤則輕易之，況眾人乎」[36]，「蘇秦為從約長，並相六國」[37]蘇秦與張儀也才能脫離貧困，邁向富貴與精彩的人生。

第二節　奇正消長理論之探討

　　鬼谷子的遊說謀略之縱橫理論裡，不僅大量使用陰陽家的「陰、陽」；也擁有兵家的「奇、正」；還有道家的「有、無」；名家的「虛、實」。以上，這些矛盾對立的字眼，不僅只是如：「奇」[38]與「正」[39]，看似只是一相對哲學名

信如尾星，廉如伯夷，節有惡臣者，可毋（慚）乎？』王曰：『可矣。』，『臣有三資者以事王，足乎？』王曰：『足矣。』『王足之，臣不事王矣。孝如曾參，乃不離親，不足而益國。信如尾星，乃不延，不足而益國。廉如伯夷，乃不竊，不足以益國。臣以信不與仁俱徹，義不與王皆立。』王曰：『然則仁義不可為與？』對曰：『胡為不可。人無信則不徹，國無義則不王。仁義所以自為也，非所以為人也。自複之術，非進取之道也。三王代立，五相蛇政，皆以不復其掌。若以複其掌為可王，治官之主，自複之術也，非進取之路也。臣進取之臣也，不事無為之主。臣願辭而之周負籠操舌，毋辱大王之廷。』王曰：『自複不足乎？』對曰：『自複而足，楚將不出睢、章，秦將不出商閹，齊不出呂（隧），燕將不出屋、注，晉將不（逾）泰行，此皆以不復其常為進者。』」

[36] 語見《史記》〈蘇秦列傳〉：「北報趙王，乃行過雒陽，車騎輜重，諸侯各發使送之甚眾，疑於王者。周顯王聞之恐懼，除道，使人郊勞。蘇秦之昆弟妻嫂側目不敢仰視，俯伏侍取食。蘇秦笑謂其嫂曰：「何前倨而後恭也？」嫂委蛇蒲服，以面掩地而謝曰：「見季子位高金多也。」蘇秦喟然嘆曰：「此一人之身，富貴則親戚畏懼之，貧賤則輕易之，況眾人乎！且使我有雒陽負郭田二頃，吾豈能佩六國相印乎！」於是散千金以賜宗族朋友。初，蘇秦之燕，貸人百錢為資，乃得富貴，以百金償之。遍報諸所嘗見德者。其從者有一人獨未得報，乃前自言。蘇秦曰：「我非忘子。子之與我至燕，再三欲去我易水之上，方是時，我困，故望子深，是以後子。子今亦得矣。於是六國從合而並力焉。蘇秦為從約長，並相六國。」

[37] （同上）楚王曰：「寡人之國西與秦接境，秦有舉巴蜀並漢中之心。秦，虎狼之國，不可親也。而韓、魏迫於秦患，不可與深謀，與深謀恐反人以入於秦，故謀未發而國已危矣。寡人自料以楚當秦，不見勝也；內與群臣謀，不足恃也。寡人臥不安席，食不甘味，心搖搖然如縣旌而無所終薄。今主君欲一天下，收諸侯，存危國，寡人謹奉社稷以從。」

[38] 「奇」依《康熙字典》記載：【丑集下】【大字部】、康熙筆劃：八、部外筆劃：五。《廣韻》《集韻》《韻會》渠羈切《正韻》渠宜切，音琦。異也。《莊子、北遊篇》：「萬物一也。臭腐化為神奇，神奇複化為臭腐。」《仙經》：「人有三奇，精，氣，神也。 又秘也。《史記、陳平傳》：「凡六出奇計，其奇秘世莫得聞。」 又姓。 又天神名。《淮南子・地形訓》：「窮奇廣莫，風之所生也」。又四凶之一。《史記、五帝紀》：「少皞氏有不才子，天下謂之窮奇」。《注》窮奇，即共工氏。又獸名。《司馬相如、上林賦》窮奇象犀。《注》狀如牛，蝟毛，音如嘷狗，食人。又江神謂之奇相。《江記》：「帝女也。卒為江神。」又與琦通。又《廣韻》《集韻》《韻會》丛居宜切，音羈。「一者，奇也。陽奇而陰偶。」《易、繫辭》「陽卦奇，亦零數也。」《又》：「歸奇於扐以象閏。」 又只也。《禮、投壺》一算為奇。又餘夫也。《韓非子、十過篇》：「遺有奇人者，使治城郭。」又數奇，「不偶也。」《史記、李廣傳》：「大將軍陰受上誡，以為李廣老數奇，毋令獨當單于。」又奇擻，「一拜也。」《周禮・春官》：「大祝辨九擻，七曰奇擻。又奇車，「奇邪不正之車。」《禮、曲禮》：「國君不乘奇車。」奇衺，「詭異也。」《周禮、地官》：「比長有皋，奇衺則相及。」又《集韻》《韻會》《正韻》丛隱

詞之範疇罷了，它早於春秋、戰國時期之前便已產生，但卻是於此一私學大興時期，學術脫離官學之後，才廣泛且大量的被詮釋與使用著。

　　我們先從其字義來看「奇」之字。本義：是謂「奇特、奇異」之義。也

綺切。與倚通。依倚也。《前漢、鄒陽傳》輪囷離奇。又《字彙補》倚蠲切。同矮，短人也。《後漢、五行志》：「童謠，見一奇人，言欲上天。」又葉古禾切，音戈。《宋玉、招魂》：「娭光眇視，目曾波些。被文服纖，麗而不奇些。」《說文》「從大從可。」別作①。俗作奇，非。①字從大從司。」

39 「正」依《康熙字典》記載：【辰集下】【止字部】 正〔古文〕㱏《唐韻》《韻會》《正韻》之盛切，音政。《說文》是也。從止一以止。《注》守一以止也。《新書・道術篇》方直不曲謂之正。《易、乾卦》剛健中正。《公羊傳、隱三年》：「君子大居正。」又備也，足也。《易、乾、文言》：「各正性命。」《書、君牙》：「咸以正罔缺。又《爾雅、釋詁》正，長也。《郭注》：「謂官長。《左傳・隱六年》翼九宗五正。《杜注》五正，五官之長。又《昭二十九年》木正曰句芒，火正曰祝融，金正曰蓐收，水正曰冥，土正曰後土。又官名。《禮、王制》史以獄成告於正。《鄭注》正，於周鄉師之屬，今漢有正平丞，秦所置。又杙載也。《周禮、夏官》諸子大祭祀，正六牲之體。《注》正謂杙載之。杙，亦作七。又常也。朱子云：物以正為常。又正人，尋常之人也。《書、洪範》凡厥正人。《朱子、語錄》是平平底人。又定也。《周禮、天官》宰夫令羣吏，正歲會，正月要。《注》正，猶定。又決也。《詩、大雅》維龜正之。又治其罪亦曰正。《周禮、夏官》大司馬九伐之法，賊殺其親則正之。《注》正之者，執而治其罪。《王霸記》曰：正，殺之也。又直也。《易、坤、文言》直其正也。《爾雅、釋泉》濫泉正出。正出，直出也。又平質也。《論語》就有道而正焉。《屈原、離騷》指九天以為正。《注》謂質正其是非也。又以物為憑曰正。《儀禮、士昏禮》父戒女，必有正焉，若衣若笄。《注》有正者，以托戒使不忘。又釐辨也。《論語》必也正名乎。又四月亦曰正月。《詩、小雅》正月繁霜。《箋》夏之四月，建巳之月。《疏》謂之正月者，以乾用事，正純陽之月。又《杜預、左傳、昭十七年注》謂建巳正陽之月也。正，音政。又預期也。《孟子》必有事焉而勿正。《公羊傳、僖二十六年》師不正反，戰不正勝。又三正。《史記、曆書》夏正以正月，殷正以十二月，周正以十一月，蓋三王之正若迴圈然。《後漢、章帝紀》王者重三正，慎三微。《注》三正，天地人之正。又人臣之義有六正，謂「聖臣、良臣、忠臣、智臣、貞臣、直臣也」。見《說苑》。又七正，「日月五星也。」《書、舜典》作七政。《史記、律書》作七正。又八正，謂八節之氣，以應八方之風。《史記、律書》律曆，天所以通五行八正之氣。又《大品經說》八正，曰「正見、正思惟、正語、正業、正命、正精進、正念、正定。」《王中、頭陀寺文》憑五衍之軾，拯溺逝川。開八正之門，大庇交喪。又先正，「先賢也。」《書、說命》昔先正保衡。又諡法。《汲塚周書》「內外賓服曰正。」又與政通。《詩、小雅》今茲之正。《禮、月令》「仲春班馬正。皆與政同。」又朝覲曰朝正。《左傳、文三年》「昔諸侯朝正於王。」《杜注》「朝而受其政教也。亦讀平聲。」《杜甫詩》「不見朝正使。」又姓。《廣韻》宋上卿正考父之後。漢有正錦，《後魏志》有正帛。又複姓，漢有正令官。又宗正，星名。《甘氏星經》在帝座東南，主宗正卿大夫。又《廣韻》之盈切。《集韻》《韻會》諸盈切《正韻》諸成切，音征。歲之首月也。《春秋》春王正月。《公羊、谷梁傳注》音征。或如字。今多讀征。又室之向明處曰正。《詩、小雅》噲噲其正。又射侯中曰正。《周禮、夏官》「射人以射法治射儀，王以六耦射，三侯五正。諸侯以四耦射，二侯三正。孤卿大夫以三耦射，一侯二正。士以三耦射，豻侯二正。」《詩、齊風》「終日射侯，不出正兮。」《毛傳》「二尺曰正。」《疏》「正大於鵠，三分侯廣，而正居一焉，其內皆方二尺。」又《儀禮、大射儀鄭注》正者，「正也。」亦鳥名。齊魯之閒名題肩為正。正，鳥之捷點者，射之難中，以中為雋，故射取名焉。又與征通。《周禮、夏官》「諸子有兵甲之事，則授之車馬，以軍法治之，弗正。」《疏》正，音征。謂賦稅也。唐武后作。《公羊傳、僖二十六年》：「師出不出反，戰不正勝。」

有指「單數」而言，偶之對釋義數目不成雙的，與「偶」相對：奇數、奇偶。
奇數是不能被 2 整除的整數，如：1、3、5、7、9、11……等。漢、許慎《說
文》：「奇，一曰不耦」；《白虎通、嫁娶》：「陽數奇」；《儀禮、鄉射禮》：「一
算為奇」；《山海經、海外西經》：「奇肱之國，其人一臂三目，有陰有陽」；《資
治通鑒》：「每奇日，未嘗不視朝」；《核舟記》「舟首尾長約八分有奇」；又如：
「奇日」（奇數之日，即單日）；奇左（僅有左臂）；奇肱（僅有一臂）；奇偏
（偏於一方面、片面）；（又指古代神話中的國名）。又指「非法的」，王維：「衛
青不敗由天幸，李廣無功緣數奇。」但我國諸子百家對於「奇正」哲學思維，
如「奇正相生」，其用途大抵多是實現於兵學理論與軍事作戰管理之上，古代
作戰以對陣交鋒為「正」，設伏、掩襲等為「奇」[40]。

鬼谷子在〈摩篇第十〉中表明：「正者，直也」，「正」指的是正常；「奇」
則是指「非正常」，異也。正與奇有個別之用時，則依用途而有所不同，如《鬼
谷子》〈摩篇第十〉言：「其摩者，有以平，有以正」；〈符言第十二〉：「用賞
貴信，用刑貴正」。若在特殊的狀況下，其功效如何？〈持樞〉：「持樞，天之
正也；……逆之者，雖成必敗」；〈決篇第十一〉：「故夫決情定疑，萬事之機，
以正治亂，決成敗，難為者」，「故說人主者，必與之言奇」。以上，《鬼谷子》
之奇正，不止用在於國君領導、由其是內政之軍政、行政、刑政之管理，與
在外交之遊說等計謀，均面面提及。也才能如《鄧析子》〈無厚〉所言：「廟
算千里，帷幄之奇，百戰百勝，黃帝之師。」

奇正又多為古時兵法術語。《孫子》、〈兵勢第五〉：「戰勢不過奇正，奇正
之變，不可勝窮也」；李筌注：「邀截掩襲，萬途之勢，不可窮盡也」；張預注：
「戰陳之勢，止於奇正一事而已。及其變而用之，則萬途千轍，烏可窮盡也」。
《舊唐書》〈突厥傳上〉：「臣少慕文儒，不習軍旅，奇正之術，多媿前良」；
明、馮夢龍《東周列國志》第三十九回：「一連操演三日，奇正變化，指揮如
意。」

鬼谷子亦直言〈謀篇第十〉說：「正不如奇，奇流而不止者也」；然而「奇」

---

[40] 簡單如在軍事佈署上，擔任正面進攻的部隊為「正」，兩側偷襲的為「奇」；擔任守備的部隊
為「正」，機動部隊為奇；擔任鉗制部隊為「正」，突擊部隊為「奇」。在作戰方式上，對陣
交鋒為「正」，迂回側擊為「奇」。在戰爭原則上，按照常規，運用一般原則的為「正」，按
照特殊情況，靈活應變為「奇」。指以出其不意的冷手、冷招攻擊對手之不備，或使用奇特
的和對手不熟悉的招法，稱做「奇招」；正面進擊，硬打硬拼，或以實力相較的招法，稱做
「正招」。在武術較鬥中，奇招與正招要交替使用，互為誘尊。

與「正」如果能交相應用，則必能相輔相成，能互相轉化，產生出無窮驚人之效用；例如老子〈五十七章〉言：「以正治國、以奇用兵」；《孫子兵法》〈兵勢第五〉：「凡戰者，以正合，以奇勝」[41]，「三軍之眾，可使必受敵而無敗者，奇正是也。兵之所加，如以碬投卵者，虛實是也」[42]；無不說明著「奇正」混用之好處。

　　以上，這些矛盾對立的字眼，不僅只是如：「奇」與「正」，不止於哲學之範疇，卻反而如同是：「正反」、「前後」、「難易」、「長短」、「高低」……等簡單的二元對立，之自然或人事知識之一般，活生生的出現在複雜難解的人間社會裡。那不就是所有身為天下之成年人，所天天皆能知曉的饑餓溫飽、清醒作夢、冷暖風寒、生存死亡，一種再簡單不過，且是輕易就能獲得的感知常識嗎？此消彼長、正順逆亡、我進你退，如同出春、夏、秋、冬之循環一般，乃是自然之道。正是如李衛公曰：「奇正者，天人相變之陰陽。」[43]變動陰陽由奇正出發。

　　以上此句話，也正是鬼谷子如同先秦諸子畢其一生之學問，所要告訴後代子孫簡單的幾句話。顯然的，他是處處以世道人間為考量，才將那些擁有深奧艱澀的大道理之存在，讓它成為：不再抽象、不再神秘，也不再是思想家、政治家或專家們，所能詮釋與把玩的工具。這不就是應證著老子《道德經》所言：「天下皆知美之為美，斯惡已。皆知善之為善，斯不善已」，人們對自己好與不好、善與不善，試問誰會不清楚？「故有無相生，難易相成，長短相較，高下相傾，音聲相和，前後相隨」[44]。以上，老子之意思不就是要告訴我們後人說，那些名詞的觀念之存在與被瞭解，從來不就是如同吃飯或走路一般之簡單，不過都只是輕而易舉之日常行為與意識反應嗎？

---

[41] 語見《孫子兵法》〈兵勢第五〉：「凡戰者，以正合，以奇勝。故善出奇者，無窮如天地，不竭如江河，終而復始，日月是也；死而復生，四時是也。聲不過五，五聲之變，不可勝聽也。色不過五，五色之變，不可勝觀也。味不過五，五味之變，不可勝嘗也。戰勢不過奇正，奇正之變，不可勝窮也。奇正相生，如循環之無端，孰能窮之哉！」

[42] 同上，語見〈兵勢第五〉：「孫子曰：凡治眾如治寡，分數是也。鬥眾如鬥寡，形名是也。三軍之眾，可使必受敵而無敗者，奇正是也。兵之所加，如以碬投卵者，虛實是也。」

[43] 語見《國語》范蠡云：「後則用陰，先則用陽，盡敵陽節，盈吾陰節而奪之，設右為牝，翼左為牡，早晏以順天道。」李衛公解曰：「左右者，人之陰陽；早晏者，天之陰陽；奇正者，天人相變之陰陽。」

[44] 語見《道德經》：「天下皆知美之為美，斯惡已。皆知善之為善，斯不善已。故有無相生，難易相成，長短相較，高下相傾，音聲相和，前後相隨。是以聖人處無為之事，行不言之教；萬物作焉而不辭，生而不有。為而不恃，功成而弗居。夫唯弗居，是以不去。」

一、奇正華實

　　「奇正」就如同《文心雕龍》[45]卷五〈書記篇〉上所言:「術者,路也。算歷極數,見路乃明,《九章》積微,故以爲術,《淮南》、《萬畢》[46],皆其類也」,又「式者,則也。陰陽盈虛,五行消息,變雖不常,而稽之有則也」,又:「兵謀無方,而奇正有象,故曰法也。」如其所言,奇正不就顯然易解,它是一種思維的路術,也是做事的一種方法;於卷六〈定勢篇〉言:「奇正雖反,必兼解以俱通」[47];卷十〈知音篇〉:「是以將閱文情,先標六觀:……二

---

[45] 《文心雕龍》是中國第一部系統文藝理論巨著,也是一部理論批評著作,完書於中國南北朝時期,作者爲劉勰。《文心雕龍》分上下兩編,每編廿五篇,包括「總論」、「文體論」、「創作論」、「批評論」和「總序」等五部分。其中總論五篇,論「文之樞紐」,打下理論基礎;文體論廿篇,每篇分論一種或兩三種文體;創作論十九篇,分論「創作過程、作家風格、文質關係、寫作技巧、文辭聲律等」;批評論五篇,從不同角度對過去時代的文風及作家的成就提出批評,並對批評方法作了探討,也是全書精彩部分;最後一篇〈序志〉是全書的總序,說明瞭自己的創作目的和全書的部署意圖。《文心雕龍》是中國有史以來最精密的批評的書,「體大而慮周」,全書重點有兩個:一個是反對不切實用的浮靡文風;一個是主張實用的「攡文必在緯軍國」之落實文風。劉勰把全部的書都當成文學書來看,所以本書的立論極爲廣泛。《文心雕龍》是劉勰在入定林寺的後期所寫,是「齒在瑜立」之年的作品,他曾幫助僧祐整理佛經,有學者認爲《文心雕龍》多少有受佛教思想的影響。饒宗頤在《〈文心雕龍〉與佛教》乙文上說:「他的文學理論之安排,卻建築於佛學根基之上。」僧祐所使用的「原始要終」一詞,在《文心雕龍》之中共使用四次。日本學者興膳宏,列舉出《文心雕龍》與《出三藏記集》的相似處。清代黃叔琳《文心雕龍輯注》出現以後,成爲《文心雕龍》的通行本。

[46] 《淮南萬畢術》大約成書於西元前二世紀。作者是西漢淮南王、劉安(179～122 BC)所招致的淮南學派。《淮南萬畢術》已經失傳,現存只有輯本。據《隋書、經籍志》記載,梁代有《淮南萬畢經》和《淮南變化術》各一卷,這些書至隋而亡。《舊唐書、經籍志》「五行類」記有《淮南萬畢術》一卷。這本書後來也散佚了。自宋以後,完整的《淮南萬畢術》已不復存在,存在的只有失傳前它被別的書所引用的那些內容。到了清代,出現了由孫馮翼、茆泮林、黃奭、王仁俊、葉德輝等人整理的各種輯本的《淮南萬畢術》。經過這些學問家的一番爬梳,《淮南萬畢術》散佈在其他書籍中的一些片言隻語,大致被搜羅得差不多了。即使如此,現在的輯本也不過百把條幾千字,與原來十萬言的篇幅,相去甚遠。
《淮南萬畢術》主要是談論各種各樣的變化,包括人爲的和自然的變化。該書在談論這些變化時有一種傾向,它力圖通過人爲的努力,實現那些看上去與常情相悖的變化。這是人類求知心理的自然表現。正是這一表現,使我們對於淮南學派所做過的一些科學探索能夠有所瞭解。《淮南萬畢術》是我國古代有關物理、化學的重要文獻。例如,該書關於「冰透鏡取火」的記載:「削冰令圓,舉以向日,以艾承其影,則火生。」要取火,習慣上用加熱法,這裡卻偏偏通過冰來實現。這一記載並非異想天開,清代光學家鄭複光已經用模擬實驗證明,用冰透鏡取火是可行的。而且這一條明確提及了透鏡聚焦性質,這也是有價值的。(以上資料引自百度百科)

[47] 語見《文心雕龍》卷六〈定勢篇〉:「是以繪事圖色,文辭盡情,色糅而犬馬殊形,情交而雅俗異勢。熔範所擬,各有司匠,雖無嚴郭,難得逾越。然淵乎文者,並總群勢;奇正雖反,必兼解以俱通;剛柔雖殊,必隨時而適用。若愛典而惡華,則兼通之理偏,似夏人爭弓矢,執一不可以獨射也;若雅鄭而共篇,則總一之勢離,是楚人鬻矛譽楯,譽兩難得而俱售也。」

觀置辭、三觀通變、四觀奇正……」[48]。另外劉勰也給予《楚辭》（主要指屈原的作品）以很高的評價之後，作出了「酌奇而不失其貞（正），玩華而不墜其實」之「奇正華實」理論。指出《楚辭》的特點是在「奇正華實」之間，實現了一種藝術調控與節制之原理[49]。誰能想到二千多年後的今天，居然在台灣能爲「雲門舞集」引爲戲碼而演出。

在《文心雕龍》〈定勢篇〉劉勰又提出：「執正以馭奇」、「奇正雖反，兼解以俱通；剛柔雖殊，必隨時而適用」，此乃「奇正相生」之運用也。「不讓奇詭而失去雅正，不讓雅正流於呆板而無生氣。在奇與正、華與實之間要保持張力」[50]，迥異於兵家將「奇正」之術的觀念，完全轉化成所謂的：「正而無奇」、「正而不奇」、「奇而無正」、「奇正參伍」……等，可說是我國最古老的文學創作與欣賞之方法與理論的奇葩，眞是大大豐富了奇正之思想。文學上的奇正華實的成就，有如《鬼谷子》把奇正思想，成功的應用於人與事的管理之上！

---

[48] 同上。卷十〈知音篇〉：「凡操千曲而後曉聲，觀千劍而後識器。故圓照之象，務先博觀。閱喬嶽以形培塿，酌滄波以喻畎澮。無私於輕重，不偏於憎愛，然後能平理若衡，照辭如鏡矣。**是以將閱文情，先標六觀：一觀位體，二觀置辭，三觀通變，四觀奇正，五觀事義，六觀宮商。斯術既行，則優劣見矣。**」

[49] 語見〈文藝理論研究〉童慶炳：「劉勰的藝術節制思想，既是他借用兵家的思想，又繼承了儒家孔子的詩學原則。這裡並不存在著矛盾。《論語》：『子曰：《關雎》樂而不淫，哀而不傷。』《左傳》寫季箚觀樂，其中也有『勤而不怨、憂而不困、樂而不淫、怨而不言、哀而不愁、樂而不荒』的說法。過去，對這一原則的看法多從政治和倫理的角度加以褒貶，認爲孔子鼓吹『中庸』之道，讓百姓只能『怨而不怒』，而不能造反。劉勰顯然也對儒家這一思想有很深的理解，並認爲它與兵家的奇正觀念是一致的。於是他把孔子的思想當作詩學原則來理解，並參照兵家思想加以改造，提出『酌奇而不失其正，玩華而不墜其實』的藝術節制理論。」

[50] 《文心雕龍》卷六〈定勢篇〉：「這句話是本篇的點睛之筆，準確地揭示了楚辭的特色。指出楚辭的特點是在『奇正華實』之間實現了一種藝術調控。楚辭所抒發的思想感情是純正的，但語言的表現形式則是豔麗奇特的，它一方面爲中國文學開闢了新局面，樹立了新傳統；另一方面，但又肯定了風雅、經典作爲舊的傳統也是不可丟棄的。劉勰又從理論的角度提出一個創作中的『奇與正』、『華與實』的關係問題，在奇與正、華與實之間要保持張力，既不能過奇而失正，過華而失實，也不能爲了正而失去奇、過實而失去華。總之，要在奇與正、華與實之間保持平衡，取得一個理想的折衷點，使作品產生一種微妙的藝術張力。劉勰的理論貢獻在於他把兵家的『奇正』觀念轉化爲文學理論的觀念……這種『奇正相參、華實相配』的藝術節制理論，對後代也有很大影響……明代謝榛論詩：『李靖曰：「正而無奇，則守將也。奇而無正則鬥將也。」』譬諸詩：『發言平易而循乎繩墨，法之正也；平易而不執泥，雋偉而不險怪，此奇正參伍之法也。白樂天正而不奇，李長吉奇而不正；奇正參伍，李杜是也。』此論直接承繼了劉勰的『奇正華實』說，並以李杜的詩來注釋『奇正參伍』，很值得注意。」（引自：北京師範大學文藝學研究中心，2008-06）

二、奇正相生

《鬼谷子》〈謀篇第十〉言:「正不如奇,奇流而不止者也」;《孫子兵法》的〈勢篇〉:「奇正相生,如迴圈之無端,孰能窮之」;《六韜、龍韜》〈軍勢章第廿七〉:「資因敵家之動,變生於兩陳之間,奇正發於無窮之源」;以上,茲因為奇正之發是流動不止、孰能窮之、無窮之源,眞難以預測的;所以姜太公又說「倏而往,忽而來」。明朝福建總兵俞大猷《劍經》[51],詳言棍法要義,授於各兵將,強調隨時以「奇正相生」的變化,以靜制動,後發而先至,對倭寇戰爭中,便能連戰皆捷了。

裴松之注《三國志》、〈張遼傳〉引孫盛語:「夫兵固詭道,奇正相資,若乃命將出征,推轂委權,或賴率然[52]之形,或憑掎角之勢,羣帥不和,則棄師之道也」;又《三十六計》[53],全書以《易經》為依據,引用《易經》27 處,涉及六十四卦中的二十二個卦。根據其中的陰陽變化,推演出一套適用於兵法中的「剛柔、奇正、攻防、彼己、主客、勞逸」等對立變化、轉換相生,可見其計謀體現了極強的辨證哲理。

將兵家的「奇正」對立變化、轉化相生,更進一步的應用於遊說理論的

---

[51] 俞大猷 中武狀元,曾任明朝浙江總兵與福建總兵,嘉靖年間與戚繼光齊名之抗倭名將,也是武術名家。《劍經》完成於 1557 AD。早年師從趙本學,習兵法武功,將「荊楚長劍」與「楊家槍」混合而成「俞家棍」法,編寫為《劍經》。並將《劍經》與《兵法發微》連同老師趙本學所著的《韜鈐內外編》合輯成《續武經總要》。實際上是講「棍」法及長兵器的用法。內容,包括「劍」(棍)、「射」、「陣」三法,俞認為「棍為藝中魁首」。強調隨時以「奇正相生」的變化,以靜制動,後發而先至,在敵「舊力略過,新力未發」時,施以突擊,「打他第二下」。「剛在他力前,柔乘他力後,彼忙我靜待,知拍任君鬥」。和戚繼光在中國武術發展史中,豐富了遺留在福建的少林拳,現稱南拳,突顯與少林拳之差異。(南少林莆田,位於泉州)。

[52] 率然 語見兵家經典《孫子兵法》、〈九地〉篇載:「故善用兵者,譬如率然;率然者,常山之蛇也,擊其首,則尾至,擊其尾,則首至,擊其中,則首尾俱至。敢問:『兵可使如率然乎?』曰:『可。』」指用兵出色的將領應該能將軍隊訓練得像率然一樣,當頭部受到襲擊時,尾部會立刻前驅救應;尾部受到攻擊,頭部亦立即回頭救應;如果身體中段受擊,則頭尾兩端均會前往救應。這種陣法與另一種陣式概念「掎角」頗為相似,重視軍隊隊伍之間的互相策應及聯繫。《禮記正義》、〈卷三、曲禮〉上亦曾引載這段內容:「又《兵書》云:『善用兵者似率然。率然者,常山蛇。擊其首,則尾至。擊其尾,則首至。擊其中,則首尾俱至。是其各有陳(陣)法也。』」意思大致相近。

[53] 《三十六計》由來已久,一般的說法是,明清年間,有人取書籍中的成語或典故,湊足三十六之數,寫成此書。據史載最早見於《南齊、王敬則傳》,書中記載:「檀公三十六策,走是上計。汝夫子唯應急走耳。」因此有人以為就是檀道濟所著。2003 年,郭克義在濟寧市發現了一部隋代玉簡《三十六計》,隋代玉簡冊的發現更加肯定了這個觀點,成書時間上推了一千多年。1941 年分州(今陝西省分縣)由成都興華印刷廠用土紙翻印,封面書之旁註「秘本兵法」是較早的《三十六計》流行版本。坊間流傳有漢、唐、宋三個版本,世傳「鬼谷子卅計」則完全與江湖的卅十八計大異其趣。

鬼谷子，發現在心理分析上更是好用。《本經陰符》〈轉圓第六〉總結說：

> 「轉圓者，無窮之計也。無窮者，必有聖人之心，以原不測之智；
> 以不測之智而通心術，而神道混沌爲一。以變論萬象類，說義無窮。
> 智略計謀，各有形容，或圓或方，或陰或陽，或吉或凶，事類不同。
> 故聖人懷此，用轉圓而求其合。故與造化者爲始，動作無不包大道，
> 以觀神明之域。」

　　鬼谷子建議大家使用一種轉圓的方法，它這種正反立體，且毫無死角又全方位的思維與處事的方法，是無窮盡的、包藏有造化者之智慧。我們所知古來之聖人們，處事爲人所常講究，都會適時、適機啓用奇正以變動陰陽「其與人也微，其見人也疾；如陰與陽，如陽與陰，如圓與方，如方與圓。未見形，圓以道之；既見形，方以事之」(〈反應第二〉)。太公言：「故智者從之而不釋，巧者一決而不猶豫」，「是以疾雷不及掩耳，迅電不及瞑目。赴之若驚，用之若狂；當之者破，近之者亡。孰能禦之」[54]。以上，鬼谷子與太公對聖者圓方、巧智，共同表示其微疾道形事之，迅驚狂破禦之，實非凡人之耳目，所能聽聞視見！持相同之看法。

　　「奇正」觀念從《孫子兵法》〈勢篇〉提出：「凡戰者以正合，以奇勝。」又：「三軍之眾，可使必受敵而無敗者，奇正是也」，又：「戰勢不過奇正，奇正之變，不可勝窮也。奇正相生，如迴圈之無端，孰能窮之」；《孫子兵法》中的「奇正」，指奇兵和正兵的戰術運用。這裡包括兩層關係，一是用兵有兩種，一是奇兵、一是正兵，雖以正兵應戰，但往往靠奇兵取勝；二是奇正相生，奇變爲正，正變爲奇，可以無限地迴圈變化，以獲得戰爭的勝利。在日本著名的戰國名將立花道雪，曾說：「行軍作戰之道，必以兵法爲先。無論如何武勇的軍隊，在戰場上也不能缺少正奇之變。因此，我也需要有能夠擔當正、奇兩軍的大將作爲輔弼。」[55]

---

[54] 語出：《六韜》〈龍韜、軍勢章第廿七〉。

[55] 立花道雪（永正 10 年）（1513～1585AD）日本戰國時代的武將，九州島豐後國戰國大名大友氏的家臣。後世的人們以武勇稱道雪爲九州軍神、雷神的化身、武神、鬼雪及大友之魂。「行軍作戰之道，必以兵法爲先。無論如何武勇的軍隊，在戰場上也不能缺少正奇之變。因此，我也需要有能夠擔當正、奇兩軍的大將作爲輔弼。」此句話是對家中大將由布惟信、小野鎮幸。立花家軍陣的兩翼，一起替立花軍數度導向勝利，被稱爲「立花雙壁」。還有道雪更曾對惟信和鎮幸說：「用軍之道，決不能缺少奇正之變，你們兩位正是能夠以奇、正兩將來輔佐我的人才，凡是戰爭皆是以正合以奇勝，其正法有如滔滔不絕之江河，奇法有如變幻無窮之天地，因此善用奇正將不會有敗戰的可能！如今，惟信可擔任正將，鎮幸可勝任奇將，

　　《鬼谷子》所要強烈表示的「遊說、謀略」之「奇正」思想，不就真正的所謂：「斯術既行，則優劣見矣」[56]；《詩》云：「文武吉甫，萬邦為憲」[57]。孔子也說過：「有文事者，必有武備;有武事者，必有文備」[58]；如同政治、軍事之相互為用，不可偏廢之一般。以上觀之，使我們也明白，經營一篇好文章，不就是要有良好的用字遣詞、不就是要通觀達變、不就是要「以奇以正」。《文心雕龍》借用兵家的「奇、正」觀念論文學，主要是指從孫子借用「奇、正」與「形、勢」的這一組兵學概念結合，形成文學的「奇正」思想。如此，戰爭之「奇正相生」兵法，與「奇正華實」之文學理論，與《鬼谷子》遊說、心理、謀略之「文兵法」之講究而言，不都是居於同樣之道理；如此才能成就一場戰事、一齣好戲、一桌談判，乃至於一番事業。其實，應該只是所使用之工具不同罷了。奇正巧妙之用，唯僅在乎一心耳！

三、變動陰陽

　　《鬼谷子》書中之有機化的「奇正」，如同「陰陽」般之好用。鬼谷子當是時，身為春秋、戰國的思想家的一員，雖然面對是那麼多人間混亂的生存危機，如同各路諸子百家學派之一般，各自有各自的方法與主張：如兵家主戰、名家主辯、儒家的仁義忠君、墨家的間愛非攻、法家的君權刑德、道家

薦野增時、米多比鎮久皆勇毅之士，可擔任副將。」以上不都是來自《孫子》言：「凡戰者，以正合、以奇勝。奇正相生，無窮如天地，不竭如江河，如循環之無端，孰能窮之！」。又立花宗茂（永祿 10 年）（1567～1643AD），（養父立花道雪）日本戰國時代、安土桃山時代的武將，江戶時代初期的「大名」（日本古代封建領主的稱謂）。世人讚其為「西國無雙」。

[56] 參見註：48，語見《文心雕龍》卷十〈知音篇〉。

[57] 語見《詩經、小稚、六月》：「六月棲棲、戎車既飭。……王于出征、以匡王國。」「比物四驪、閑之維則。……元戎十乘、以先啓行。」「戎車既安、如輕如軒。四牡既佶、既佶且閑。薄伐玁狁、至於大原。文武吉甫、萬邦為憲。」「吉甫燕喜、既多受祉。來歸自鎬、我行永久。飲禦諸友、炰鼈膾鯉。侯誰在矣、張仲孝友。」

[58] 語見《史記、孔子世家》：「定公十年春，及齊平。夏，齊大夫黎鉏言於景公曰：「魯用孔丘，其勢危齊。」乃使使告魯為好會，會於夾谷。魯定公且以乘車好往。孔子攝相事，曰：「臣聞有文事者必有武備，有武事者必有文備。古者諸侯出疆，必具官以從。請具左右司馬。」定公曰：「諾。」具左右司馬。會齊侯夾谷，為壇位，土階三等，以會遇之禮相見，揖讓而登。獻酬之禮畢，齊有司趨而進曰：「請奏四方之樂。」景公曰：「諾。」於是旄旌羽袚矛戟劍撥鼓噪而至。孔子趨而進，歷階而登，不盡一等，舉袂而言曰：「吾兩君為好會，夷狄之樂何為於此！請命有司！」有司卻之，不去，則左右視晏子與景公。景公心怍，麾而去之。有頃，齊有司趨而進曰：「請奏宮中之樂。」景公曰：「諾。」優倡侏儒為戲而前。孔子趨而進，歷階而登，不盡一等，曰：「匹夫而營惑諸侯者罪當誅！請命有司！」有司加法焉，手足異處。景公懼而動，知義不若，歸而大恐，告其群臣曰：「魯以君子之道輔其君，而子獨以夷狄之道教寡人，使得罪於魯君，為之柰何？」有司進對曰：「君子有過則謝以質，小人有過則謝以文。君若悼之，則謝以質。」於是齊侯乃歸所侵魯之鄆、汶陽、龜陰之田以謝過。」

的自然無爲、陰陽家之陰陽五行，積極提倡並力導之，以便影響君主治國理
政，改變世局之學說主張與作爲之下，力挽狂瀾束手無策。此時，《鬼谷子》
也適時的應用老子《道德經》所言「治大國若烹小鮮」[59]的道理，以融合各家
各派各界的手法，加以提出另一種「簡單致極」，可以改變世局的一套不同主
張。

　　首先，鬼谷子認爲有一種人，也就是「救世主」，他有一法寶名爲「變動
陰陽」（就是自然界，那存在且堅定不移的定理，時時發生）。鬼谷子以《易
經》扭轉乾坤的道理，經由儒家及墨家所謂的「聖人」作爲人類的救星，認
爲如此就可以解決問題終結亂世。只是鬼谷子的聖人，有其不一樣的定義。

　　鬼谷子主張的所謂聖人，是一位眞正夠資格救世，但並非只能夠是救人
的「聖人」（「萬人曰傑，萬傑曰聖」）[60]而已。當然「救世主」理當位爲「人
傑之中的人傑」，是不爭事實。所以，他應該不僅是位靜態的先知「粤若稽古
聖人之在天地間也，爲眾生之先」〈捭闔第一〉；還是一位動態的智者「籌策
萬類之終始，達人心之理」；更是一位英明領袖、當今世界跨國企業的 CEO[61]，
也就是集團的執行長「見變化之朕焉，而守司其門户」，爲集團之利益操盤負

---

[59] 治大國若烹小鮮　語出老子《道德經》第六十章：「治大國，如烹小鮮，以道莅天下，其鬼不
　　神。非其鬼不神，其神不傷人。非其神不傷人，聖人亦不傷人。夫兩不相傷，故德交歸焉。」
　　《詩經・檜・匪風》毛傳：「烹魚煩則碎，治民煩則散，知烹魚則知治民。」《河上注》：「烹
　　小魚不去腸，不去鱗，不敢撓，恐其糜也。」《韓非子・解老》篇：「事大眾而數搖之，則少
　　成功；藏大器而數徙之，則多敗傷；烹小鮮而數撓之，則賊其澤；治大國而數變法，則民苦
　　之。是以有道之君貴靜，不重變法。故曰：『治大國者若烹小鮮。』」《淮南子・齊俗訓》說：
　　「老子曰：『治大國若烹小鮮，爲寬裕者，曰勿數撓，爲刻削者，曰致其鹹酸而已。』」玄學
　　家王弼則注謂：「治大國若烹小鮮，不撓也，躁而多害，靜則全眞。故其國彌大，而其主彌
　　靜，然後乃能的眾心矣。」註家范應元對於「烹小鮮」說本作「亨小鱗」，並註：「小鱗，
　　小魚也。」「治大國譬如亨小鱗。夫亨小鱗者不可擾，擾之則魚爛。治大國者當無爲，爲之
　　則民傷。蓋天下神器不可爲也。」列代帝王也有註解：唐玄宗注：「烹小鮮者，不可撓，治
　　大國者不可煩，煩則傷人，撓則魚爛矣……此喻説也。小鮮，小魚也，言烹小鮮不可撓，撓
　　則魚潰，喻理大國者，不可煩，煩則人亂，皆須用道，所以成功爾。」2013 年 3 月 19 日，
　　習近平在接受採訪時，對治理國家之道時提出，要有「知道過若蒸小鮮」的態度。
[60] 《白虎通德論》卷六〈聖人篇〉：「聖人者何？聖者，通也，道也，聲也。道無所不通，明無
　　所不照，聞聲知情，與天地合德，日月合明，四時合序，鬼神合吉凶。《禮別名記》曰：『五
　　人曰茂，十人曰選，百人曰俊，千人曰英，倍英曰賢，萬人曰傑，萬傑曰聖。』」
[61] 行政長官（英文：Chief Executive Officer，縮寫：CEO），香港稱行政總裁；台灣稱執行長；
　　中國大陸稱首席執行官，是在一個企業集團、財閥或行政單位中的最高行政負責人。美國《憲
　　法》起草人之一亞歷山大・漢密爾頓於美國獨立後在紐約成立一家銀行（即紐約銀行），他
　　找了專業經理人管理，因美國《憲法》稱總統爲 Chief Executive（政府最高首長之意），於是
　　他就把那人稱 Chief Executive Officer，加上 Officer 的原因是爲了與總統作區別，這是世界上
　　首次出現這個名詞。

完全之責任，如鬼谷子說他就是一位「捭闔者」。何謂的「捭闔者」，在《鬼谷子》書中開宗明義之首章上，又說：「捭闔者，以變動陰陽」，他必須懂得陰陽與懂得執行捭闔之道；因爲「捭闔者，天地之道」；捭闔者必須能夠知道「知存亡之門戶，籌策萬類之終始，達人心之理，見變化之朕焉」，才算是見證了「天道」，也才能易於行走在「人道」之中，而貴爲群倫之首；《左傳》言：「天道遠、人道邇」[62]，也便是鬼谷子提倡「遊說」於人道之中的初衷。那此位如同現代超人般的「捭闔者」，首先應如何作爲，才算是真正的聖人呢？鬼谷子毫不猶豫的，提出了超越那個時代的見解，說：「捭闔之道，以陰陽試之」。以運用天道的法則，來改變人世間之禍害。鬼谷子有如將當今的物理、化學的變化原理原則，巧妙的應用於人文社會學科。

《太白陰經》[63]言：「唯聖人能反始復本，以正理國，以奇用兵，以無事理天下正者，名法也。奇者，權術也。以名法理國，則萬物不能亂；以權術用兵，則天下不能敵」[64]；這裡所言的「以正理國，以奇用兵，以無事理天下

---

[62] 語見《左氏春秋》〈昭公十八年〉：「夏，五月，火始昏見。丙子，風。梓慎曰：『是謂融風，火之始也』七日其火作乎，戊寅，風甚，壬午，大甚。宋衛、陳、鄭，皆火。梓慎登大庭氏之庫以望之，曰：『宋，衛，陳，鄭也，數日皆來告火。』裨灶曰：『不用吾言』鄭又將火，鄭人請用之，子產不可。子大叔曰：『寶以保民也，若有火，國幾亡，可以救亡，子何愛焉？』子產曰：『天道遠，人道邇，非所及也，何以知之，灶焉知天道，是亦多言矣，豈不或信。』遂不與，亦不復火，鄭之未災也。里析告子產曰：『將有大祥，民震動，國幾亡，吾身泯焉，弗良及也，國遷，其可乎？』子產曰：『雖可，吾不足以定遷矣』及火，里析死矣，未葬。子產使輿三十人遷其柩，火作。子產辭晉公子公孫于東門；使司寇出新客，禁舊客，勿出於宮；使子寬，子上，巡群屏攝至於大宮；使公孫登徒大龜；使祝史徒主祏於周廟，告於先君；使府人，庫人，各儆其事，商成公，儆司宮，出舊宮人；實諸火所不及；司馬，司寇，列居火道，行火所焮；城下之人，伍列登城。明日，使野司寇，各保其徵；郊人助祝史除於國北，禳火于玄冥回祿，祈於四鄘；書焚室而寬其征，與之材；三日哭，國不市；使行人告於諸侯；宋衛皆如是。陳不救火，許不吊災，君子是以知陳許之先亡也。」

[63] 《太白陰經》 全名《神機制敵太白陰經》，中國古代重要兵書。唐代宗時河東節度使都虞候李筌撰。《集仙傳》道其仕至荊南節度副使、仙州刺史等，全書共十卷。現存《墨海金壺》、平津館影宋抄本等。（十卷本系統的刻本和印本，主要有張海鵬的《墨海金壺》本）該書內容較爲豐富。它強調戰爭勝敗，決定於人謀而不靠陰陽鬼神；士兵之勇怯取決於刑賞；戰爭的勝利取決於君主的「仁義」以及國家的富強。在論述將帥用兵時，指出要考慮從政治上制勝敵人，團結內部，預有謀劃，選拔各種人材，要利用地形，創造主動有利的態勢。對「軍儀典禮、防戰具、駐防行軍等、戰陣隊形、公文程式、人馬醫護、物象觀測」等，各項準備事宜也都分別作了具體論述。這些內容，基本上是綜合前代兵書典籍及有關著作寫成，且有所闡發，存錄了不少有價值的軍事資料。而杜佑《通典、兵典》取該書內容頗多，亦爲後世兵家所重。書中有樸素的辯證法思想，但也有風角雜占、奇門遁甲等，存有非科學之當今無解的兵學內容。

[64] 語見《太白陰經》：「周建一千八百諸侯，其並爲六國，六國連兵結難，戰爭方起。六國之君，非疏道德而親權勢。權勢用，不得不親；道德廢，不得不疏其理然也。唯聖人能反始復本，以正理國，以奇用兵，以無事理天下正者，名法也。奇者，權術也。以名法理國，則萬物不

正者」，不就是老子《道德經》〈第五十七章〉的「以正治國，以奇用兵，以無事取天下」[65]之翻版。文子在《通玄眞經》〈上禮章第十〉爲老子之以政治國，以奇用兵做出瞭解釋：「先爲不可勝之政，而後求勝於敵，以未治而攻人之亂」[66]；這裡我們是否又看到了《孫子兵法》：「凡戰者，以正合，以奇勝」，相同的說法了。

　　鬼谷子又說，能夠達到如此之境界，就如同「觀神明之域」！太公亦言：「夫將，有所不言而守者，神也；有所不見而視者，明也。故知神明之道者，野無衡敵，對無立國。」又：「古之善戰者，非能戰於天上，非能戰於地下；其成與敗，皆由神勢。得之者昌，失之者亡。」豈不是古往今來所見略同。

　　後世如北宋《何博士備論》[67]，該書對戰國至五代的興廢成敗，以及廿二

能亂：以權術用兵，則天下不能敵；以無事理天下，則萬物不能撓。不撓，則神清。神清者，智之原。智者，心之府。神清、智平，乃能形物之情。人主知萬物之情，裁而用之，則君子小人，不失其位。夫德厚而位卑者，謂之過；德薄而位尊者，謂之失。寧過於君子，無失於小人。過於君子，則人閒其理；失於小人，則物罹其殃。故曰：「人不監於流水，而監於止水。」以其清且平也。人主之道清平，則任人不失其才，六官各守其職。四封之內，百姓之事，任之於相；四封之外，敵國之事，任之於將。語曰：『將、相明，國無兵。』舜以干戚而服有苗，魯以頖宮而來淮夷。以道勝者，帝；以德勝者，王；以謀勝者，伯；以力勝者，強。強兵滅，伯兵絕，帝王之兵前無敵人；主之道，信其然矣。」

[65] 語見《道德經》〈第五十七章〉：「以正治國，以奇用兵，以無事取天下。吾何以知其然哉？以此：天下多忌諱，而民彌貧；民多利器，國家滋昏；人多伎巧，奇物滋起；法令滋彰，盜賊多有。故聖人云：我無爲，而民自化；我好靜，而民自正；我無事，而民自富；我無欲，而民自樸。」

[66] 語見《文子》〈上禮〉：「老子曰：以政治國，以奇用兵。先爲不可勝之政，而後求勝於敵，以未治而攻人之亂；是猶以火應火，以水應水也，同莫足以相治。故以異爲奇，奇靜爲躁奇、治爲亂奇、飽爲飢奇、逸爲勞奇，正之相應，若水火金木之相伐也，何往而不勝。故德均則眾者勝寡，力敵則智者制愚，智同則有數者禽無數。」

[67] 《何博士備論》中國古代第一部軍事人物之評論集，北宋武學博士何去非所撰，共一卷有廿八篇（今本缺二篇）。何去非字正通，浦城（今屬福建）人。元豐五年（1082）以「對策」長於論兵入仕，後著《備論》廿八篇。翰林學士蘇軾深爲讚賞，遂於元祐四年（1089）、五年兩次奏薦，乞爲何去非換文資，並附呈其《備論》，以證實其「文章議論」。此書宋《遂初堂書目》、《直齋書錄解題》均有著錄，現存明「穴研齋」抄本、清《四庫全書》、《浦城遺書》、《指海》等刊本。該書對戰國至五代的興廢成敗和廿二位軍事人物的用兵得失進行了評述，旨在尋求歷史借鑒。此書認爲，不可籠統地肯定或否定戰爭，戰爭既「有以用而危，亦有以不用而殆」（明穴研齋抄本，下同），重要的是要看是否合乎「德」，合乎「順逆之情、利害之勢」。強調，要贏得戰爭的勝利必須有「智」——正確的謀略。認爲「智」勝於「勇」，楚漢戰爭中劉邦「能得眞智之所在」，有高明的戰略策略，所以戰勝一味爭強鬥力的項羽；「智足以役勇，勇足以濟智」，認爲隋朝楊素堪稱智勇兼備。對「智」在戰勝中的作用，作了多方面的論證：認清主要敵人，以戰國時六國之亡，「自戰其所可親，而忘其所可仇」爲鑒；攻防的主次方向要分明，以晉滅吳所以勝、劉濞之所以敗爲例證；主張靈活用兵「不以法爲守，而以法爲用」，因而推崇韓信、曹操「出奇應變，多謀善斷。」爲了以智勝敵，主張用「謀夫策士」組成自己的智囊，東漢末孫堅所以「功業不就」就是無人「發智慮之所不及」

個相關的軍事人物之用兵得失，進行了評述與尋求歷史之借鑒。闡釋要贏得戰爭的勝利，必須要憑借著「智」慧，因為擁有正確的謀略，才能贏得最終之戰果。認為「智」勝於「勇」，主張靈活用兵，「不以法為守，而以法為用」，因而推崇韓信、曹操「出奇應變，多謀善斷」。為了以智勝敵，主張用「謀夫策士」，因而才能「武事可立，而戰功可收」。

如水之隨情從勢、如雲之變化無窮的「奇正」之用非常的廣泛，本文難以道盡其玄妙，一如文子所言：「故以異為奇，奇靜為躁奇，治為亂奇，飽為飢奇，逸為勞奇，正之相應，若水火金木之相伐也，何往而不勝」，故才能「則眾者勝寡，力敵則智者制愚，智同則有數者禽無數」[68]。又於古代軍陣戰鬥上，則有《握奇經》[69]開篇之說：「經曰：八陣，四為正、四為奇、餘奇為握奇，或總稱之。」以「奇正」之說來指導八陣的戰術變化，以供學習與增進攻防之戰勝能力。

經過以上分析，筆者提出鬼谷子是主張以「奇正」，進一步來落實「變動陰陽」之成效，這一系列的變動是存在界與現象界之「陰陽」，其裡子與架構的人為動能。所以如《六韜、龍韜》〈奇兵章第廿七〉說：「不知戰攻之策，不可以語敵；不能分移，不可以語奇；不通治亂，不可以語變。」《莊子》〈秋水篇第十七〉：「井蛙不可以語於海者，拘於虛也；夏蟲不可以語於冰者，篤於時也；曲士不可以語於道者，束於教也。」是以奇正之用之知，難矣哉！

然而鬼谷子亦深明〈謀篇第十〉：雖「故說人主者，必與之言奇」，但〈決

而致。本書還提出君將要和諧，應賦予將領機斷指揮之權，認為孫武、司馬穰苴、周亞夫、諸葛亮、王猛等，歷代著名之將相，都能「深得於君」，權不中禦，因而最後才能「武事可立，而戰功可收」。

68　參全文見註 66，語見《文子》〈上禮〉。

69　《握奇經》又稱《風後握奇經》、《握機經》、《幄機經》一卷，僅三百八十餘字，為中國古代關於八陣布列的兵書。舊題經文為黃帝的大臣風後所寫，周朝的姜太公加以引申，漢武帝丞相公孫弘註解。書後附有佚名的《握奇經續圖》一卷，和題為晉武帝時西平太守馬隆所述《八陣圖總述》一卷。此書的真實作者和成書年代，難以詳考，歷來眾說紛紜。書中開篇說：「經曰：八陣，四為正，四為奇，餘奇為握奇。或總稱之。」此為該書名稱的由來。《握奇經》主要論述古代八陣的組合與運用，用五行和八卦的思想來理解和闡釋八陣，並以「奇正之說」來討論八陣的戰術變化。其成書時間，《李衛公問對》中有「黃帝兵法，世傳握奇文」一說；南宋朱熹《朱子語錄》認為乃「唐李筌為之」。《宋史、藝文志》始見著錄。其版本現存有汲古閣本、紅杏山房本等。《握奇經》以「天地風雲四陣為正，龍虎鳥蛇四陣為奇，四正四奇總為八陣」。大將居陣中掌握機動兵力（即所謂「餘奇」之兵），稱為「握奇」。佈陣時，先由遊軍於陣前兩端警戒；佈陣畢，遊軍撤至陣後待命。作戰時，四正與四奇之兵與敵交鋒，遊軍從陣後出擊配合八陣作戰，大將居中指揮，並以「餘奇」之兵策應重要作戰方向。由於經文簡略，關於四正四奇的方位，在佈陣和作戰時的作用，兩者變換演化關係，後人解釋不盡一致。上海：古籍出版社、1990 年出版。

篇第十一〉：「故夫決情定疑，萬事之機，以**正**治亂，決成敗，難爲者。」

　　此處指出「正」，有其不能將世上所有疑難雜症與含有矛盾的事情，完全的以正規或標準的方式加以處理清楚。但亦清楚表示，並非一定要偏離正道，盡用巧術與奇招，只是得因事之難易、急緩、輕重而變通，採中道罷了：「非獨忠信仁義也，中**正**而已矣」；〈反應第二〉：「己不先定，牧人不**正**，事用不巧，是謂忘情失道」；〈摩篇第十〉：「用賞貴信，用刑貴**正**」，無不說明著，用「奇」不可偏廢「正」；〈符言第十二〉：「安徐**正**靜，柔節先定」；〈持樞〉：「持樞，雄而不滯，其猶決水轉石……天之**正**也；不可干而逆之。」

　　以上，提及鬼谷子「奇正」中之「正」的思想，諸多如同春秋、戰國之際，由於天子征戰，諸侯爭霸，戰亂頻繁；諸子百家與經史典籍中，也無不言及的「謀攻廟算、詭道用**奇**、應變用間」一樣。「正」，不只應用在治國之上，在其它譬如說家庭方面，《易經》〈家人卦〉就有說：「家人：利女貞。」不就是強調家中男女主人，需各自將自我之行爲以「正」而做好，則家便能夠正常、正當，成員也便能夠因縱橫家的理論大師貴爲智聖的鬼谷子，絕不會偏廢的堅持，子弟行走於江湖當然便能夠安全又安心了。〈象傳〉曰：「**正家而天下定矣**」[70]；又我國自古已有「正德、利用、厚生」[71]由來已久的治國思想，可見「正」之重要。

　　我們於《鬼谷子》一書之〈持樞篇〉及〈中經篇〉中，也看見他總結說明，不忘強調「正」於常態下之重要性。「正」始終宛如，上天所運轉之季節氣候「春生、夏長、秋收、冬藏」；亦如，人體所不可逃離之「生、養、成、藏」。以上都是鬼谷子的所謂：「天之正也」，因爲「此天道、人君之大綱也」，絕「不可干而逆之」、「逆之者，雖成必敗」、「逆之者，雖盛必衰」。此乃是我華夏民族的最高之治道思想，也是身爲士師之鬼谷子繼道統之傳承。

　　由上觀之，《鬼谷子》通篇所耳提面命的「守義者，謂守以仁義」，「從外制內，事有繫，曲而隨之也」；書末裡還不忘擔心著「小人比人，則左道而用之，至能敗家奪國」。實在不是「非賢智不能守家以義，不能守國以道」。（正如古人所言：「仁者不能掌兵，義者不能掌財」箴言之一般，而是「聖人所貴

---

[70] 語見〈象傳〉曰：「家人，女正位乎內，男正位乎外，男女正，天地之大義也。家人有嚴君焉，父母之謂也。父父，子子，兄兄，弟弟，夫夫，婦婦，而家道正：正家而天下定矣。」
[71] 語見《尚書·虞書》〈大禹謨〉禹曰：「於！帝念哉！德惟善政，政在養民。水、火、金、木、土、谷，惟修：正德、利用、厚生、惟和。九功惟敘，九敘惟歌。戒之用休，董之用威，勸之以九歌俾勿壞。」

道微妙者」,「誠以其可以轉危爲安,救亡使存也」[72]。不就是,鬼谷子一生創立以「陰陽奇正」之法則,建立我國第一套遊說理論之一本初衷,「爲天地立心,爲生民立命,爲蒼生繼絕學,爲萬世開太平」[73]的苦心。

早在夏、商、周之際,《易經》便以象徵「天、地、雷、風、水、火、山、澤」八種自然現象的八卦形式,「仰觀天文,俯察地理,中通萬物」,以具體形象,推測出天文地理之自然與人文之社會變化,就具有許多軍事謀略思想的內容,例如神機制敵的《太白陰經》[74]以及我國迄今發現,有文字記載的《軍

72 語見〈中經〉:「守義者,謂守以仁義,探心在內以合者也。探心,探得其主也。從外制內,事有繫,曲而隨之也。故小人比人,則左道而用之,至能敗家奪國。非賢智不能守家以義,不能守國以道,聖人所貴道微妙者,誠以其可以轉危爲安,救亡使存也。」

73 張橫渠(1020～1077 AD)名載,字子厚,北宋哲學家,人稱橫渠先生。張載青年時學過兵法,曾想組織民間武裝,抵抗外來侵略,收復甘肅洮西失地。但生平除在祁州、明州任職外,就一直在家從事著述。因講學關中,故其學派被稱爲「關學」。張載提出「太虛即氣」的說法,肯定「氣」是充塞宇宙的實體,由於「氣」的聚散變化,形成各種事物現象。他批判佛、道兩家關於「空」、「無」的觀點,是屬於唯物主義的。並說:「以是知萬物雖多,其實無一物無陰陽者。知天地變化,二端而已。」猜測到事物對立統一的因素。其著作編入《張子全書》中。陝西扶風人。爲二程先生之表叔。才高博洽,爲世通儒,教養諸生以千數,著作凡十三卷。講學於橫渠鎮,故人稱橫渠先生。屏居南山下,終日危坐一室,左右簡編,俯而讀仰而思,有得則識之,或中夜起坐,取燭以書(《宋史、張載傳》)。有橫渠書院,始建於元朝元貞(元成宗鐵木耳,元貞 1295～1297AD)年間,占地十餘畝。張載墓位於今陝西、西安西北、鳳翔縣、橫渠鎮、大南大振谷口。宋神宗二年,出任崇文院校書。

此著名的「橫渠四句」,此話之背景是:由於時當王安石正實行「新法」,很希望得到張載支持。張載不反對變法,但提出不能「教玉人追琢」,遂與安石「語多不合」。後因其弟張晉反對變法獲罪,張載辭職回鄉,以講學著書爲生。張載精思過人,且強調踐履,注重「外王」。他重視《周禮》,所重視的程度或與王安石有別,但「通經致用」的立場則完全一致。他以「躬行禮教」倡道於關中,甚至想把《周禮》關於「井田」的論述,結合自己的構想,在關中集資購田以付諸實施。他言:「爲天地立心,爲生民立命,爲往聖繼絕學,爲萬世開太平」,正是想「復周禮以開太平」;卻因仕官不順,自己的才華抱負無法施展,只得講學著書,以造道於家。

74 唐李筌撰。筌裡籍未詳,惟《集仙傳》稱其仕至荊南節度副使,仙州刺史,著《太白陰經》。又《神仙感遇傳》曰:筌有將略,作《太白陰符》十卷,入山訪道,不知所終。《太白陰符》,當即此書,傳寫訛一字也。考《唐書、藝文志》、《宋史、藝文志》皆云《太白陰經》十卷,而此本止八卷,疑非完帙。然核其篇目,始於天地陰陽險阻,終於雜占,首尾完具,又似無所闕佚。殆後人傳寫有所合併,故卷數不同歟?兵家者流大抵以權謀相尚,儒家者流又往往持論迂闊,諱言軍旅,蓋兩失之。筌此書先言主有道德,後言國有富強,內外兼修,可謂持平之論。其人終於一郡,其術亦未有所試,不比孫、吳、穰苴、李靖諸人,以將略表見於後世。然杜佑《通典》兵類取通論二家,一則李靖兵法,一即此經。其〈攻城具篇〉則取爲攻城具,〈守城具篇〉、〈築城篇〉、〈鑿濠篇〉、〈弩台篇〉、〈燧台篇〉、〈馬鋪土河篇〉、〈游奕地聽篇〉則取爲守拒法,〈水攻具篇〉則取爲水戰具,〈濟水具篇〉則取爲軍行渡水,〈火攻具篇〉、〈火戰具篇〉則取爲火兵,〈井泉〉則取爲識水泉,〈宴娛音樂篇〉則取爲聲感人。是佑之採用此書,與李靖之書無異,其必有以取之矣。靖之兵法,宋時已殘闕舛訛;阮逸所傳,又亂以僞本。筌此經至今猶存,惟篇首陰經總序及天地無陰陽篇有錄無書,不知佚於何時,今則無從校補矣。

志》、《軍政》，提出了許多軍事辯證觀點，但此書早已亡佚。又我國最早之文獻匯編《尙書》，詩歌總集《詩經》，也分別記述了，夏、商、周三代，一些軍事理論片斷和謀略辨證思想及戰爭情況，由來已久。鬼谷子就像《內經》所主張：「至人和於陰陽、眞人把握陰陽、賢人逆從陰陽」[75]，非只陰陽調和之一般可能而已；更是集中古人之所有思想精華，用之於遊說與謀略，楬櫫聖人、捭闔者是可以用奇、用謀、用智，以改變原本陰陽規律之下，可能既定成敗的事例。

　　總之，本小節所提的《鬼谷子》融合「奇正虛實」的「變動陰陽」理論，正是鬼谷子用以培固與啓發弟子們堅定意志的潛能。以數力改造因循又僵化的所謂天意（君權神授），與既存的所謂戰國現實之局勢，結合固定天道之福德以化解人事之諸多艱難，終於影響到縱橫家與其四大弟子；再以合縱連橫之相互洗盤之下，得以扭轉乾坤結束混亂的戰國時代，使我國的陰陽理論向前再邁進一大步，既可觀又很有成就的一項偉大發展。其實，鬼谷子縱橫理論－「變動陰陽」早已悄悄進入民族務實的血脈裡。相較於西方而言，國力大爲衰落的因素，只因封建政權過度干預學術自由，以及阻礙百姓創造等思想活力，進而使文化墜落與民族信心崩潰，才自我選擇懷疑並慘遭遺忘。

四、道家之奇正

　　《道德經》三處、有五次，雖然詳實的說明「奇」之害處；只是遭逢當必須論及打戰時，則強力主張使用「奇」術才算可行；但是當談起治國時後，卻轉個彎說，必須採用「正」道。並明白的表示（或許該用指示，才較爲恰當吧！），如〈五十七章〉：「以正治國，以奇用兵，以無事取天下。」老子是一位飽讀典籍，自然深明治國大道，因此擔心後輩疑惑，所以接著又說「吾何以知其然哉？以此：天下多忌諱，而民彌貧；民多利器，國家滋昏；人多伎巧，奇物滋起；法令滋彰，盜賊多有。」[76]百姓顯然會因爲偏愛利、偏享益、

---

[75] 《黃帝內經》〈上古天眞論〉黃帝曰：「余聞上古有眞人者，提挈天地，把握陰陽，呼吸精氣，獨立守神，肌肉若一，故能壽敝天地，無有終時，此其道生。中古之時，有至人者，淳德全道，和於陰陽，調於四時，去世離俗，積精全神，遊行天地之間，視聽八達之外，此蓋益其壽命而強者也，亦歸於眞人。其次有聖人者，處天地之和，從八風之理，適嗜欲於世俗之間，無恚嗔之心，行不欲離於世，被服章，舉不欲觀於俗，外不勞形於事，內無思想之患，以恬愉爲務，以自得爲功，形體不敝，精神不散，亦可以百數。其次有賢人者，法則天地，象似日月，辯列星辰，逆從陰陽，分別四時，將從上古合同於道，亦可使益壽而有極時。」

[76] 語見《道德經》〈五十七章〉：「以正治國，以奇用兵，以無事取天下。吾何以知其然哉？以此：天下多忌諱，而民彌貧；民多利器，國家滋昏；人多伎巧，奇物滋起；法令滋彰，盜賊

偏用易（使生活上方便，亦即省時省力），因而多數之人便傾向於採用奇器巧物為時尚；國家社會雖也為此「正德、利用、厚生」[77]，而百般創導物質建設，但可能會造成貧富不均更形嚴重，故必須於施政上多加用心，以免竟致惶惶不可終日，如此多種因素使然。老子為使大家更能相信，再舉古聖人之言，來加重此意之份量。

> 「故聖人云：我無為，而民自化；我好靜，而民自正；我無事，而民自富；我無欲，而民自樸。」〈五十八章〉：「其政悶悶，其民淳淳；其政察察，其民缺缺。禍兮福之所倚，福兮禍之所伏。孰知其極？其無正。正復為奇，善復為妖。」[78]

以上觀出老子雖能透析整個過程，但一般平民百姓智慧只夠活在艱苦的生活困境中，哪能瞭解原本無缺的生命真象，遂完全迷失，而難以自覺。為政者更不以常態的、自然的天道之正道為政，卻以奇與巧之施政迷惑百姓日常生活，久了之後乃會變為妖怪一般，是會吞噬整個人間福報，讓百姓享樂之慾望無窮無盡，一旦無法在缺乏奇巧的滿足之下，便會產生無限之痛苦與難堪呀。如此「正復為奇，善復為妖」，老子便點出了正奇之間的消與長，但未進一步申論是否「妖後為正」，但明顯的《鬼谷子》所謂的奇正，是出現於人為之主動應用與干涉之所為，非自然力之自動消長。

所以「人之迷，其日固久。是以聖人方而不割，廉而不劌，直而不肆，光而不燿。」真正仁慈的聖王，不是一位假仁假義、假慈假悲的庸俗之人。〈七十四章〉：「民不畏死，奈何以死懼之？若使民常畏死，而為奇者，吾得執而殺之，孰敢？常有司殺者殺。夫司殺者，是大匠斵，夫代大匠斵者，稀有不傷其手矣。」

《文子》繼續將老子超凡入聖的「奇、正」論點，原本很難以用世俗加以理解的大道理，繼續的加以補充與說明之。〈上禮〉老子曰：「以正治國，以奇用兵。先為不可勝之政，而後求勝於敵，以未治而攻人之亂，是猶以火

多有。故聖人云：我無為，而民自化；我好靜，而民自正；我無事，而民自富；我無欲，而民自樸。」

[77] 語見《尚書》〈虞書、大禹謨〉禹曰：「於！帝念哉！德惟善政，政在養民。水、火、金、木、土、穀，惟修；正德、利用、厚生、惟和。九功惟敘，九敘惟歌。戒之用休，董之用威，勸之以九歌俾勿壞。」

[78] 語見《道德經》〈五十八章〉：「其政悶悶，其民淳淳；其政察察，其民缺缺。禍兮福之所倚，福兮禍之所伏。孰知其極？其無正。正復為奇，善復為妖。人之迷，其日固久。是以聖人方而不割，廉而不劌，直而不肆，光而不燿。」

應火，以水應水也，同莫足以相治。」文子首先開宗明義，把老子的「奇、正」區分開來，再將「奇」由「異」一字化開，終於將老子〈第五十八章〉的深奧之意解開。「故以異為奇，奇靜為躁奇，治為亂奇，飽為飢奇，逸為勞奇。」其意思是：「所以正治，其實是亂政之異的根源、讓百姓得到正飽就是為饑餓之異、安逸為勞苦之異」。以上，不就反映出，許多事情之未來可能的演變，都早已被智者完全的看得一清二楚。

「正之相應，若水火金木之相伐也，何往而不勝！」文子又說：「『正』，它就如同五行之相剋一般，沒有無往不利、世上絕無戰無不勝之道理！」所以說道家的「奇、正」思想，於此召然若揭。「故德均，則眾者勝寡」又繼續發表說：「如果大家都使用一定的標準模式之兵法來作戰，那肯定的是失敗成份會比較多。『力敵則智者制愚』，只單純憑精良的武器與兵力等奮勇抗敵，那肯定也將會是被智謀者，以採用奇異難料之不合常規的例外方法、或不合常理的妙招所奪取；這樣懸殊的博奕比賽之對手，就如同聰明人與愚昧人的遊戲，那般的簡單無趣與無奇，『智同則有數者禽無數』。但是如今世上卻是以正常思維的人佔大多數，能像禽鳥高飛又能避險於平凡之世俗境域者，卻是少數中的奇怪之異類了，實在無法認得出來，當然也就數不出來。唉！也就是說如此人才，現在這個世上已經沒有幾位了。」

老子如此之奇特，異乎常人之思想，可說是超脫於世，真如他的自我所感慨的話「吾大患若身」；老子應該活於西方所謂的「理型界」[79]裡，才對吧！又孔子說：「謂弟子曰：『鳥，吾知其能飛；魚，吾知其能遊；獸，吾知其能走。走者可以為罔，遊者可以為綸，飛者可以為矰。至於龍吾不能知，其乘風雲而上天。吾今日見老子，其猶龍邪！』」[80]可見老子奇奧至極，讓我們的

---

[79] **理型論**（theory of Forms，或 theory of Ideas），西方哲學對於本體論與知識論的一種觀點，由柏拉圖提出。理型論認為，在人類感官能夠感受到事物的共相之上，存在著一種抽象的完美理型（Form）。柏拉圖認為，人類感官可見的事物，並不是真實，只是一種表相（form），它是完美理型（Form）的一種投射。柏拉圖以理型論來作為共相問題的解答。柏拉圖的弟子，亞里斯多德，認為共相是由人類感官所建構出來的概念，存在於人類的經驗與感官中，因此，共相不是實存的。亞里斯多德的看法，影響了後世的唯名論與概念論。

[80] 語見《史記卷六十三》〈老子韓非列傳第三〉：「孔子適周，將問禮於老子。老子曰：『子所言者，其與人骨皆已朽矣，獨其言在耳。且君子得其時則駕，不得其時則蓬累而行。吾聞之，良賈深藏若虛，君子盛德，容貌若愚。去子之驕氣與多欲，態色與淫志，是皆無益於子之身。吾所以告子，若是而已。』孔子去，謂弟子曰：『鳥，吾知其能飛；魚，吾知其能遊；獸，吾知其能走。走者可以為罔，遊者可以為綸，飛者可以為矰。至於龍吾不能知，其乘風雲而上天。吾今日見老子，其猶龍邪！』」

至聖先師，爲之感到高深莫測，讚嘆不已！此處「奇、正」影響至爲深遠。

那莊子會是如何看待「奇、正」之術呢？由《莊子》〈人間世第四〉：「且以巧鬥力者，始乎陽，常卒乎陰，大至則多奇巧；以禮飲酒者，始乎治，常卒乎亂，大至則多奇樂。」又〈知北遊第廿二〉：「故萬物一也，是其所美者爲神奇，其所惡者爲臭腐；臭腐復化爲神奇，神奇復化爲臭腐。故曰：『通天下一氣耳。』聖人故貴一。」以上莊子在兩篇文章中，提起五次的「奇」字，蓋爲奇巧、奇樂與神奇之意，並未如兵家與老子所言之用「奇」以輔助治國之方（亦即是治敵以奇）。倒是在「正」之一事上，多有所論述。

《莊子》一書提到的「正」一字者，達 62 次 38 段落之多。〈逍遙遊第一〉：「天之蒼蒼，其正[81]色邪」，「若夫乘天地之正[82]，而禦六氣之辯……。」故依郭象解之，文中兩處正字之義，蓋指合乎原本之自然。〈齊物論第二〉：「庸詎知吾所謂知之非不知邪？……孰知正處？……孰知正味？……人之所美也，魚見之深入，……孰知天下之正色哉」；這裡所指「正」的意思，乃是「本來的、自然的、原有的、眞正的」而言，並非是標準或正確的意思。

莊子可以說是位已經跨越理性及科學之極限，未經人類意識所染指之本來的原色是什麼？這可考倒所有的科學家，因爲顏色本來無色是光線折射使然。他眞是有高度視野的一位偉大的哲學家。又「吾誰使正之？使同乎若者正之，既與若同矣，惡能正之！使同乎我者正之，既同乎我矣，惡能正之！使異乎我與若者正之，既異乎我與若矣，惡能正之！使同乎我與若者正之，既同乎我與若矣，惡能正之」；〈人間世第四〉：「戒之慎之，正汝身也哉！……可不慎邪」；〈德充符第五〉：「受命於天，唯舜獨也正，幸能正生，以正眾生」；〈應帝王第七〉：「夫聖人之治也，治外乎？正而後行，確乎能其事者而已矣。」、「鄉吾示之以地文，萌乎不震不正。」這不就是莊子始終認爲，身爲一個人，站立在無所不包偉大的自然界面前，個人之奇異何足掛齒。

---

[81] 《南華眞經註疏》晉、郭象：「今觀天之蒼蒼竟，未便是天之正色？天之遠而無極邪？」唐、成玄英「仰視圓穹，甚爲迢遞……蒼蒼茫昧，豈天正色？……人既不辯天之正色……。」，此「正」乃指原本正確自然之意。中華書局出版，2008 年 5 月，第 2 次印刷，頁 3。

[82] 郭象註：「天地者，萬物之總名……萬物以自然爲正。自然者，不爲而自然者也。……不爲而自能，所以爲正。」；此「正」乃與本節前之註解一般，亦指原本正確自然之意。對於「正」一字，經筆者查閱：《漢語辭典》、《康熙字典》、《辭海》；指爲「不偏，不斜。正當，合適。正常。正派，正直，正定。確定。整治，治理，治罪。正式的，爲主的，與『副』相對。純正，正宗。嫡長，與『庶』相對。恰好，正好。表示動作或狀態的進行和持續。官長。通『政』：政治，政事。通『證』：證明，驗證。」請閱註解 39。

　　外篇〈駢拇第八〉：「多方乎仁義而用之者，……而非道德之正也。……故此皆多駢旁枝之道，非天下之至正也。彼正正者，不失其性命之情」，「且夫待鉤繩規矩而正者，是削其性」；〈在宥第十一〉：「無視無聽，抱神以靜，形將自正」；〈天地第十二〉：「以道觀言而天下之君正，……以道汎觀而萬物之應備」，「端正而不知以爲義，相愛而不知以爲仁」；〈天運第十四〉：「中無主而不止，外無正而不行」，「八者，正之器也，……故曰：正者，正也」[83]；〈刻意第十五〉：「語大功，立大名，禮君臣，正上下，爲治而已矣」；〈繕性第十六〉：「彼正而蒙己德，德則不冒，冒則物必失其性也」，「小識傷德，小行傷道。故曰：正己而已矣」；〈達生第十九〉：「棄世則無累，無累則正平，正平則與彼更生」；唐、成玄英疏：「無憂累則合於正眞平等之道，平正則冥於日新之變」[84]，「於是正衣冠與之坐，不終日而不知病之去也」；〈山木第廿〉：「正廮係履而過魏王」，「焉知其所始？正而待之而已耳」；〈田子方第廿一〉：「物無道，正容以悟之」、〈知北遊廿二〉：「若正汝形，一汝視，天和將至」。雜篇也有多處論及[85]。乃是莊子的自正之下，行正德正容、正形、正眞、正平的修眞步驟。

　　以上由次觀之，超脫於人間世的莊子並未對「奇、正」思想，多加以耕耘與灌溉，或許願意讓老子一人專美於前，或給全都講個精光，不願或不必進一步說明？其實，眞的已經沒什麼可講的！如果以我們今天所處的工商業環境，所謂強調「供需」之消費市場，不管有形或無形之商品，無不超級講究新奇與包裝。由其是已邁入廿一世紀，例如美國好萊塢電影的科幻電影、印度寶萊塢的魔幻電影，「越奇越怪」越受觀眾所喜愛，票房也就更會大賣座，利潤當然是依靠「奇思怪想」的創意才行。

83　「八者」指：「怨、恩、取、與、諫、教、生、殺，……唯循大變無所湮者，爲能用之。故曰：正者，正也。」；《南華眞經註疏》晉、郭象解：「守故不變則失正矣」；唐、成玄英疏：「唯當順於理，隨之變化，達於物情，而滯塞者，故能用八事治之。正變合於天理，故曰：正者，正也。」，此「正」乃指原本合乎天道，正確的道理之意。頁300。

84　同上《南華眞經註疏》頁368。

85　語見《莊子》〈庚桑楚〉：「夫春氣發而百草生，正得秋而萬寶成。」「民之於利甚勤，……正晝爲盜，日中穴杯。」「徹志之勃……此四六者 不盪胸中則正，正則靜……爲而無不爲也。」〈則陽〉：「正德，其孰能撓焉！」「以正爲在民，以枉爲在己。」「由中出者，有正而不距。……有所正者有所差。」「二家之議，孰正於其情？孰偏於其理？」〈讓王〉：「正冠而纓絕，捉衿而肘見」〈盜跖〉：「且子正爲名，我正爲利。……以爲士者正其言」〈漁父〉：「天子、諸侯、大夫、庶人，此四者自正，治之美也，四者離位而亂莫大焉。」〈列禦寇〉：「正考父一命而傴」。

其它如資訊與生物科技，以民生爲主軸的民主政治時代，民選政府也必須隨時注意民意傾向，以便快速配合與滿足人民之喜新厭舊的生活習性。但要眞正實現莊子所謂的：「自正」，就必須先「自我節制」，這不僅衹是百姓的自我節制，還必須不分任何階級，都要向大自然的「大正」之奧妙學習，才能解消人與人間之大異與大奇，也才能在芸芸眾生，紛擾求己的人世間，一起共同快樂的迎接「天和將至」（〈知北遊〉）。以此觀之，道家的《莊子》的〈逍遙遊第一〉、〈齊物論第二〉、〈人間世第四〉，無限的生命哲思來說，反而比「奇、正」之理論深奧與崇高，算是有過之而無不及，只是因爲陳義過高，難以爲人世間之因「名利、是非、利害」等複雜之對立意識型態所染習，滔滔不絕的紅塵濁世所能接受。所以，反而不比以現實人性出發的《鬼谷子》之「奇、正」好用，先從現行的功利面深耕著手，才能進入更精微細小的精神層面，如是才能算是委實供獻良多。

五、儒家之奇正

《孟子》〈萬章上〉：「宮之奇諫，百里奚不諫」；〈曲禮上〉：「國君不乘奇車。」孟子如此短短數言（前之奇不算乃是人名也），已道盡對於「奇」之見地了。可說是儒家偏重於政治與倫理道德，相當之務實，所以對於「奇、正」的討論就不同於其它學派了。再看《小戴禮記》〈王制第五〉：「司寇正刑明辟以聽獄訟，……析言破律，亂名改作，執左道以亂政，殺。作淫聲、異服、**奇技**、**奇器**以疑眾，殺。行僞而堅，言僞而辯，學非而博，順非而澤，以疑眾，殺。假於鬼神、時日、卜筮以疑眾，殺。此四誅者，不以聽。」

以上乃看得出代表官方之態度，對於搞奇技、奇器者，統治者將之視同作奸犯科，如此類者當然非良民，故都該殺。在〈郊特牲第十一〉：「鼎俎奇而籩豆偶，陰陽之義也」；則是把奇當爲奇偶數字，一種與祭祀相關的形上意義，所以與〈王制第五〉所言：「作淫聲、異服、**奇技**、**奇器**以疑眾，殺。」之刑法是兩回事。又〈祭義第廿四〉：「天下之禮，致反始也，致鬼神也，致和用也，致義也，致讓也。致反始，以厚其本也；致鬼神，以尊上也；致物用，以立民紀也。致義，則上下不悖逆矣。致讓，以去爭也。合此五者，以治天下之禮也，雖有**奇邪**，而不治者則微矣。」

上言，凡經過五種禮事：「厚本、尊上、豐用、尊義、讓爭」，以此治民，則便再有多奇異、邪惡皆據異行之劣民，實在很少很少了。此處舉出再怎樣

之「個性奇怪、性情邪惡、特立獨行、品性刁鑽……」的人，面對用此天下之禮來教養以牧民，應該是足夠可行了。〈投壺第四十〉：「左右告矢具，請拾投。有入者，則司射坐而釋一算焉。賓黨於右，主黨於左。卒投，司射執算曰：『左右卒投，請數。』二算爲純，一純以取，一算爲奇。遂以奇算告曰：『某賢於某若干純』。奇則曰奇，鈞則曰左右鈞。」[86]，奇數也，無任何抽象思維之意義。

《荀子》〈非相篇〉：「今世俗之亂君，鄉曲之儇子，莫不美麗姚冶，**奇衣**婦飾，血氣態度擬於女子」，〈解蔽篇〉：「案直將治怪說，玩**奇辭**，以相撓滑也」[87]，〈非相篇〉：「君子必辯。……聽其言則辭辯而無統，用其身則多詐而無功，上不足以順明王，下不足以和齊百姓，然而口舌之均，應唯則節，足以爲**奇偉偃卻**之屬，夫是之謂姦人之雄。聖王起，所以先誅也，然後盜賊次之。盜賊得變，此不得變也。」[88]

〈正名篇〉：「故其民莫敢託爲**奇辭**以亂正名，故其民愨；愨則易使，易使則公。其民莫敢託爲**奇辭**以亂正名，……今聖王沒，名守慢，**奇辭**起，名實亂，是非之形不明」[89]，荀子是如此的擔心「**奇辭以亂正名**」，所以又言：「故

---

[86] 參考國立台灣編譯館主編〈中華叢書〉《十三經注疏、分段標點》第 10、11、12 冊《禮記注疏》、漢鄭元注、唐孔穎達等正義、田博元分段標點。臺北：新文豐出版發行、2001 年 6 月初版。

[87] 全文參考〈解蔽篇〉：「若夫非分是非，非治曲直，非辨治亂，非治人道，雖能之無益於人，不能無損於人：**案直將治怪說，玩奇辭，以相撓滑也**；案彊鉗而利口，厚顏而忍詬，無正而恣睢，妄辨而幾利；不好辭讓，不敬禮節，而好相推擠：此亂世姦人之說也，則天下之治說者，方多然矣。傳曰：『析辭而爲察，言物而爲辨，君子賤之。博聞彊志，不合王制，君子賤之。』此之謂也。」

[88] 全文參考〈非相篇〉：「**君子必辯**。凡人莫不好言其所善，而君子爲甚焉。是以小人辯言險，而君子辯言仁也。言而非仁之中也，則其言不若其默也，其辯不若其吶也。言而仁之中也，則好言者上矣，不好言者下也。故仁言大矣：起於上所以道於下，政令是也；起於下所以忠於上，謀救是也。故君子之行仁也無厭、志好之、行安之，樂言之：故言君子必辯。小辯不如見端，見端不如見本分。小辯而察，見端而明，本分而理：聖人士君子之分具矣。有小人之辯者，有士君子之辯者，有聖人之辯者：不先慮，不早謀，發之而當，成文而類，居錯遷徙，應變不窮，是聖人之辯者也。先慮之，早謀之，斯須之言而足聽，文而致實，博而黨正，是士君子之辯者也。**聽其言則辭辯而無統，用其身則多詐而無功，上不足以順明王，下不足以和齊百姓，然而口舌之均，應唯則節，足以爲奇偉偃卻之屬，夫是之謂姦人之雄。聖王起，所以先誅也，然後盜賊次之。盜賊得變，此不得變也。**」

[89] 全文參考〈正名篇〉：「故王者之制名，名定而實辨，道行而志通，則慎率民而一焉。故析辭擅作名，以亂正名，使民疑惑，人多辨訟，則謂之大姦。其罪猶爲符節度量之罪也。故其民莫敢託爲奇辭以亂正名，故其民愨；愨則易使，易使則公。其民莫敢託爲奇辭以亂正名，故一於道法，而謹於循令矣。如是則其跡長矣。跡長功成，治之極也。是謹於守名約之功也。今聖王沒，名守慢，奇辭起，名實亂，是非之形不明，則雖守法之吏，誦數之儒，亦皆亂也。若有王者起，必將有循於舊名，有作於新名。然則所爲有名，與所緣以同異，與制名之樞要，

聖人以無爲待有德，言察辭合於事」；〈正名〉舉「奇辭」而論名與實，事實上，也就是針對名家與縱橫家而來。

〈正名篇〉：「然則何緣而以同異？曰：緣天官。……形體、色理以目異；聲音清濁、調竽、**奇聲**以耳異；甘、苦、鹹、淡、辛、酸、**奇味**以口異；香、臭、芬、鬱、腥、臊、漏庮、**奇臭**以鼻異；疾、癢、凔、熱、滑、鈹、輕、重以**形體異**；說、故、喜、怒、哀、樂、愛、惡、欲以**心異**。……五官簿之而不知，心徵知而無說，則人莫不然謂之不知。此所緣而以同異也。」

以上以心異解，五官之「目異、耳異、口異、鼻異、形體異」，則「奇聲、奇味、奇臭……」等，同異問題均能被理性之徵知，而將感性所延生出，複雜之主客觀問題歸類了。可惜荀子並未進一步將之論述於歸納、演繹，當然也未加以推演發展，此正名篇止於名學辨別，與西方邏輯或知識論[90]擦肩而過，也未如兵家的「奇正戰術」或縱橫家的「遊說法則」的淋漓盡致，而只是落入更深層的心性與道學之內裡。

〈堯問〉：「昔虞不用宮之奇而晉並之，萊不用子馬而齊並之，紂剕王子比干而武王得之。不親賢用知，故身死國亡也。」以上除宮之奇之「奇」字是人名外，其它之「奇」字蓋與「奇」之字詞用意相同。以上從戰國孟、荀對於「奇、正」兩字的言論觀之，絕對是兼具兵家與縱橫家理論的《鬼谷子》，完全的不同。

我們再將時間往前一挪，從《尚書》對於「奇、正」兩字之用法，應該可以看出不同觀點的。《尚書》：「崇信奸回，放黜師保，屏棄典刑，囚奴正士，郊社不修，宗廟不享，作**奇技淫巧**以悦婦人」[91]，又「嗚呼！明王慎德，西夷

不可不察也。」

[90] 語見魏元珪老師著《孟荀道德哲學》：「中國哲學在名家思想中，固不乏名理之分析，在墨辯及荀子正名篇中亦有關明學之辨別，但與西方邏輯或知識論相較，則顯覺缺乏系統，蓋中國哲人之心態不太重知性分析之旨趣，而認「爲學」之目的乃在達到「爲道」之樞紐，且貴在提升人類道德生命與生活境界，以及生命情調與意義之探索。故在客觀界與存有界之知性分析方面，不若西方之強調矣。」谷風出版社，1987年5月，頁13～14。又牟宗三著「中國學術思想既鮮與西方相合，自不能以西方哲學爲標準，以定取捨，若以邏輯或知識論之觀點看中國哲學，……若以此斷定中國沒有哲學，那是自己太狹陋了。」見《中國哲學之特質》頁3。

[91] 〈周書·泰誓下〉：「時厥明，王乃大巡六師，明誓眾士。王曰：「嗚呼！我西土君子。天有顯道，厥類惟彰。今商王受，狎侮五常，荒怠弗敬。自絶於天，結怨於民。斮朝涉之脛，剖賢人之心，作威殺戮，毒痛四海。崇信奸回，放黜師保，屏棄典刑，囚奴正士，郊社不修，宗廟不享，作奇技淫巧以悦婦人。上帝弗順，祝降時喪。爾其孜孜，奉予一人，恭行天罰。古人有言曰：『撫我則后，虐我則仇。』獨夫受洪惟作威，乃汝世仇。樹德務滋，除惡務本，

咸賓。無有遠邇，畢獻方物，惟服食器用。……玩人喪德，玩物喪志。志以道寧，言以道接。不作無益害有益，功乃成；不貴異物賤用物，民乃足。犬馬非其土性不畜，珍禽**奇**獸不育於國，不寶遠物，則遠人格；所寶惟賢，則邇人安。……惟乃世王。」[92]

可惜兩處只現將「奇」一字，完全是成「奇物、非實物、無用之物」來解釋。當然對於領導者而言，奇物對於國計民生一點幫忙都沒有，那何必過於花費心力於此，相反的還會造成「玩人喪德，玩物喪志」，必須嚴重表明宣示「志以道寧，言以道接」；並進一步的「不作無益害有益，……不貴異物賤用物」使後世於千古以來，君王都能夠在其無上權勢之下，將此奉為圭臬引此自鑑，還要「不寶遠物，……所寶惟賢，則邇人安」。這也就發展出後來儒家政治思想，主張聖賢之德的道統，於「奇」之論述從缺的原因之一。

「正」一字在《尚書》上，則不同於「奇」字使用，字意字辭則相對豐富得多了。查證的結果發現有 63 次 48 段落之多。

〈堯典〉出現四次「乃命羲和，欽若昊天，曆象日月星辰，敬授民時。……日永，星火，以正仲夏。……日短，星昴，以正仲冬。……期三百有六旬有六日，以閏月定四時，成歲。允釐百工，庶績咸熙」，「舜讓於德，弗嗣。正月上日，受終於文祖」，「望秩於山川，肆覲東後。協時月正日，同律度量衡」，「月正元日，舜格於文祖，詢於四嶽，辟四門，明四目，達四聰。」

此四個「正」字，前者「以正仲夏……以正仲冬」的「正」可解為「制定」，有點意謂著當時，因各邦國等地區仲夏與仲冬之日期頗為混淆，必須由中央政府派出專家，經過特別慎重的研究觀測與修正的大工程後，才得以頒布召告天下。而後「正月與月正」單純字詞之意思，也同〈大禹謨〉：「正月朔旦，……率百官若帝之初。」我們於千年後的今天，何其有幸觀看到此份政治文獻，依稀親自目睹，當年建國初期各種政事制度創立之際，繁忙與嚴

肆予小子誕以爾眾士，殄殲乃仇。爾眾士其尚迪果毅，以登乃辟。功多有厚賞，不迪有顯戮。」「嗚呼！惟我文考若日月之照臨，光於四方，顯於西土。惟我有周誕受多方。予克受，非予武，惟朕文考無罪；受克予，非朕文考有罪，惟予小子無良。」

[92] 〈堯典、旅獒〉曰：「嗚呼！明王慎德，西夷咸賓。無有遠邇，畢獻方物，惟服食器用。王乃昭德之致於異姓之邦，無替厥服；分寶玉於伯叔之國，時庸展親。人不易物，惟德其物！德盛不狎侮。狎侮君子，罔以盡人心；狎侮小人，罔以盡其力。不役耳目，百度惟貞。玩人喪德，玩物喪志。志以道寧，言以道接。不作無益害有益，功乃成；不貴異物賤用物，民乃足。犬馬非其土性不畜，珍禽奇獸不育於國，不寶遠物，則遠人格；所寶惟賢，則邇人安。嗚呼！夙夜罔或不勤，不矜細行，終累大德。為山九仞，功虧一簣。允迪茲，生民保厥居，惟乃世王。」

正及勞心操神，偉大的傳世之創舉的一幕。

又「德惟善政，政在養民。水、火、金、木、土、谷，惟修；正德、利用、厚生、惟和。」積極的提倡正德，以矯正私德之不義。「皋陶，惟茲臣庶，罔或干予正」指沒有人敢冒犯我（舜帝）的政令。正字共出現三次《夏書》〈禹貢〉：「九州攸同，四隩既宅，九山刊旅，……四海會同。六府孔修，庶土交正，底慎財賦，……不距朕行」；〈甘誓〉大戰於甘，乃召六卿。王曰：「嗟！有扈氏威侮五行，怠棄三正，……汝不恭命；禦非其馬之正，汝不恭命。……予則孥戮汝。」

前者之「正」依《尚書正解》三正指三件政事，也就是〈大禹謨〉的「正德、利用、厚生」；後者之「正」字，表示要正確駕馭戰馬，以使配合左方士兵方便射箭、右方執戈矛擊刺。《商書》〈湯誓〉：「王曰：『格爾眾庶，悉聽朕言……我後不恤我眾，捨我穡事而割正夏？……予畏上帝，不敢不正。……夏德若茲，今朕必往。」前者之「正」，係與征字義同，伊尹輔佐商湯征伐夏桀；後者之「正」字，意思同上。〈仲虺之誥〉「表正萬邦，纘禹舊服。……夏王有罪，矯誣上天，……欽崇天道，永保天命」，「正」作標準、楷模解釋。

以上，儒家的政治思想，對於「奇」的排除，連帶君王也不可有奇珍、奇獸、奇物之收集，當然更不論其它具有創意的思考與制度的創新，一切依循古制，難怪中國人會缺乏創新的思維與能力，因為其源頭動力早已被扼阻了。所以在「禮治」的框架上，會使人性渴望新奇事物的追求與愛好，遭到徹底的禁止與扭曲，因為理想境界過於崇高。尤如歐西禁止「死刑」之執行是有違天道人性。儒家主張君王治國、治民、治己以正。鬼谷子並不反對，但更主張「遊說計謀」以奇治奇，一如兵家奇正之講究。

六、兵家之奇正

鬼谷子於《鬼谷子》卷中〈謀篇第十〉等，多次談到巧用「奇正」之觀念，與奇之「計謀之用，……正不如奇，奇流而不止者也」，「三儀者……奇不知其所壅，始於古之所從」，「故說人主者，必與之言奇」；〈權篇第九〉：「故智貴不妄、聽貴聰、智貴明、辭貴奇」；〈決篇第十一〉：「為人，凡決物，必託於疑者。善其用福，惡其有患；善至於誘也，終無惑偏。有利焉，去其利，則不受也；奇之所託」。卷下〈中經〉：「攝心者，謂逢好學伎術者，則為之稱遠；方驗之道，驚以奇怪，人繫其心於己，效之於人，驗去亂其前，吾歸誠

於己。」「奇正」看似虛幻之形體，實際上卻妙用無窮。

我們觀察兵家，太公於《龍韜》亦談及「奇正」與陰陽，「資因敵家之動，變生於兩陳之間，奇正發於無窮之源。……循陰陽之道而從其候……，因天地之形。」此段是武王問太公「攻伐之道奈何？」太公才說到戰爭勝敗，觀於未戰之前，故善戰者不待張軍，而是決勝於陰陽「奇正」的變化與掌控。又武王問太公曰：「引兵深入諸侯之地，遇高山盤石，其上亭亭，無有草木，四面受敵，……爲之奈何」，太公曰：「凡三軍處山之高，則爲敵所棲；……鳥雲之陳，陰陽皆備。」太公能夠運用陰陽的邏輯，把處於不良的地形，充分利用加以擺出轉敗爲勝之鳥雲陣勢。所謂鳥雲之陣，其特點乃是陰陽皆備。當然也並非什麼都是陰陽因素，正如在《尉繚子》〈天官〉兵書上，就明白回答梁惠王：「刑以伐之，德以守之，非所謂天官時日陰陽向背也。黃帝者，人事而已矣。」

撇開陰陽不論，以上《鬼谷子》與太公《六韜》之「奇」字，概表示奇特、不同於正常或一般思維。也就是獨特性（peculiarity）、非普遍性（universality），之一種違反普遍規律（universal law）的原則。因爲有其獨特性，所以與眾不同，常會令人出奇不意，不按牌理出牌，出奇不意也有種神秘感，費意猜，傷透腦筋。假如沒有利害關係，充其量只是種個人行爲；然而在戰場上這可非同小可，動者人命關天，甚者乃國家危續存亡之大事。尤其在現代之工商業社會，經濟規模銷管成本龐大、投資設備金額高昂，動則數百億，營業額上百、上千億兆以上。除日常廠務與業務之正常的例行性（正）之營運管理外，爲防止重大損失與災難發生，每每都要注意到有無異常（奇）之現象，企業集團都必須設立專門部門機構，以便進行例外監督之管理。行銷部門的主管除了日常營業行政（正）外，也必須無時無刻進行新的行銷計畫之策略（奇）而操勞，以照顧和滿足顧客及消費者之無窮盡的需求，創造（奇）比其它品牌更優秀、更新奇、更好用、成本更低廉，或發明（奇）別人所沒有的產品，如蘋果電腦的 I–pad 及 I-pod 或 Google 頭載式電腦行動裝置；諸如此類劃時代的新產品，不僅可以向老闆交差邀功，也正合乎流行產品銷售線上組合，給消費者無比期待的最佳選擇。

「奇正」理論，早在二千年前便貴爲兵家與太公謀略家及縱橫家們，在不同的場域或戰場及外交場合上，爲著不同之目的而頻繁使用。尤其當今，普遍的在工商業競爭激烈的經濟社會上，爲企業界日常經營管理之所用，也

不足爲奇。這是我中華民族之瑰寶，絕不可加以絲毫的糟蹋，或無情的打擊，可惜的是卻早已發生了！歷史上的少部人士將鬼谷子踐踏、汙辱，全然不知其部分思想「奇正」理論，反而竟於當今社會實現著，影響國計民生甚鉅。希望當今以工商競爭頻繁爲主流社會的菁英，能以此鬼谷子思想，廣泛的學習與應用標竿，希望這一切還來得及搶救。

今日看似多麼簡單的「奇正」道理，我們在吳起與武侯對話中，所看到了卻是一起不容易的戰術。《吳子》〈應變〉言：「武侯問曰：「吾與敵相遇大水之澤，傾輪沒轅，水薄車騎，舟楫不設，進退不得，爲之奈何？」起對曰：「此謂水戰，無用車騎，且留其傍。登高四望，必得水情。知其廣狹，盡其淺深，乃可爲奇以勝之。敵若絕水，半渡而薄之。」吳子表示，兩軍深陷大水之戰，要能致勝，還是要使用奇術才能成功。鬼谷子對「奇正」之認識，於《鬼谷子》〈謀篇第十〉上言：「正不如奇，奇流而不止者也」；〈忤合第六〉：「化轉環屬，各有形勢，反覆相求，因事爲制」；〈內揵第三〉：「環轉因化，莫知所爲，退爲大儀」，「奇流而不止、化轉環屬、環轉因化」這三句話，再度將其推向了另一高等的層次之上。鬼谷子所言「奇正」之變、之化、之生，其應用已達到不可勝窮，循環無端、環轉因化莫知所爲之境界。如《孫子兵法》〈兵勢第五〉言：

> 「三軍之眾，可使必受敵而無敗者，奇正是也」，「凡戰者，以正合，以奇勝。故善出奇者，無窮如天地，不竭如江河，終而復始，日月是也；死而復生，四時是也。聲不過五，五聲之變，不可勝聽也。色不過五，五色之變，不可勝觀也。味不過五，五味之變，不可勝嘗也。戰勢不過奇正，奇正之變，不可勝窮也。奇正相生，如循環之無端，孰能窮之哉！」

此句話正驗證〈兵勢第五〉：「凡治眾如治寡，分數是也。鬥眾如鬥寡，形名是也。三軍之眾，可使必受敵而無敗者，奇正是也。兵之所加，如以碬投卵者，虛實是也。」孫子於此將戰爭，以「奇正、分數、形名、虛實」等，完整道之，兵聖並非虛名。《鬼谷子》的遊說理論執其之用，亦毫不相讓。

〈反應第二〉言：「動靜虛實之理不合於今，反古而求之。」又〈散勢法鷙鳥〉：「故善思間者，必內精五氣，外視虛實，動而不失分散之實。」《吳子》曰：「用兵必須審敵虛實而趨其危。敵人遠來新至、行列未定可擊，……

分兵繼之，急擊勿疑」[93]；《虎韜》〈壘虛〉：「武王問太公曰：『何以知敵壘之虛實，自來自去？』太公曰：『將必上知天道，下知地理，中知人事。登高下望，以觀敵之變動。望其壘，即知其虛實。望其士卒，則知其去來』」。縱橫家之遊說，亦如兵家主導戰爭之勝敗，講計謀除奇正外，「擊虛避實」[94]更不可或缺。

　　《文韜》〈盈虛〉：「錦繡文綺不衣，奇怪珍異不視」；〈上賢〉：「奇其冠帶，偉其依服；博聞辯辭，虛論高議以爲容美，窮居靜處而誹時俗，此姦人也，王者愼勿寵」；〈王翼〉：「權士三人，主行奇譎，設殊異，非人所識，行無窮之變」、「遊士八人：主伺姦候變，開闔人情，觀敵之意，以爲間諜」、「術士二人：主爲譎詐，依託鬼神，以惑眾心」；〈奇兵〉武王問太公曰：「凡用兵之道，大要何如」；太公曰：「古之善戰者，非能戰於天上，非能戰於地下；其成與敗，皆由神勢。得之者昌，失之者亡」，「詭伏設奇、遠張誑誘者，所以破軍擒將也；……奇伎者，所以越深水、渡江河也；……鼓行喧囂者，所以行奇謀也；……不知戰攻之策，不可以語敵；不能分移，不可以語奇；不通治亂，不可以語變」；〈豹韜、鳥雲山兵〉：「行列已定，士卒已陳，法令已行，奇正已設，各置衝陳於山之表，便兵所處」；〈豹韜、鳥雲澤兵〉：「然後以軍騎分爲鳥雲之陳，此用兵之奇也。所謂鳥雲者，鳥散而雲合，變化無窮者也」；〈犬韜、練士〉：「有奇表長劍、接武齊列者，聚爲一卒，名曰勇銳之士」；〈戰車〉：「步貴知變動，車貴知地形，騎貴知別徑奇道。三軍同名而異用也。凡車之死地有十，其勝地有八。」如今一睹太公答問，還眞猶如戰場之重現般。

---

[93] 語見《吳子》〈料敵〉：「武侯問敵必可擊之道。」起對曰：「用兵必須審敵虛實而趨其危。敵人遠來新至、行列未定可擊，既食未設備可擊，奔走可擊，勤勞可擊，未得地利可擊，失時不從可擊，旌旗亂動可擊，涉長道後行未息可擊，涉水半渡可擊，險道狹路可擊，陳數移動可擊，將離士卒可擊，心怖可擊。凡若此者，選銳衝之，分兵繼之，急擊勿疑。」

[94] **擊虛避實** 語出《孫子兵法》：「夫兵形象水，水之形，避高而趨下；水之形，避高而趨下；兵之形，避實而擊虛。水因地而制流，兵因敵而制勝。故兵無常勢，水無常形；能因敵變化而取勝，謂之神。」（〈虛實篇第六〉）此戰術非獨用於我國，古今中外之歷代名將，普遍皆善以採用之，例如：古代西方「亞歷山大帝以寡兵打敗波斯大軍地方法，便是以洞察敵軍弱點，而加以突擊，即巧於搏敵陣之翼，更搏其背面，而施行包圍攻擊。漢尼拔的攻擊點，亦同。凱撒亦爲窺破敵方之弱點而加攻擊，如發現弱點在左翼，則便強力加以攻擊而獲致勝。腓特烈大帝以彼精練機動的部隊，攻擊敵的弱點——主要的側面，而博善勝。拿破崙有時擊中央，有時擊翼。要之，都具捕捉著戰術上的弱點而傾注全力以破敵。」（李浴日著《孫子兵法新研究》世界兵學社，頁~12）又，魯登道夫在其《全體性戰爭》中，有「衝虛說」言：「用兵之際，主將先審察敵人弱點所在，集中力量以攻之，以求勝利。此時能出奇制勝當爲重點。」

　　《尉繚子》對「奇正」亦有不少看法，如〈武議第八〉：「今以莫邪之利，犀兕之堅，三軍之眾，有所奇正，則天下莫當其戰矣」；〈勒卒令第十八〉：「鼓之則進，重鼓則擊。金之則止，重金則退。……奇兵則反是」，「商，將鼓也。角，帥鼓也，小鼓，伯鼓也。三鼓同，則將、帥、伯其心一也。奇兵則反是」，「故正兵貴先，奇兵貴後，或先或後，制敵者也」；〈踵軍令第廿〉：「諸將之兵，在四奇之內者勝也」；〈兵教下廿二〉：「前後縱橫，出奇制敵也」。「奇正」交互善用之變，無不是我國古來兵家故有之主張。

　　我們從《黃石公三略》〈中略〉：「德同勢敵，無以相傾，乃攬英雄之心，與眾同好惡，然後加之以權變。故非計策，無以決嫌定疑。非譎奇無以破姦息寇，非陰謀無以成功。」此句話作出總結，表示出兵家的思想，從太公之《六韜》開始，至《孫子兵法》、《吳子》、《尉繚子》就已是明白的、肯定的將「奇正」、「陰陽」與「虛實」之理論，毫不掩飾的，從太公之言論主張上充分地加以運用，因而取得戰爭致勝之理。故《鬼谷子》在遊說計謀上，也深得其玄妙，多所採用之，如〈捭闔第一〉亦言：「變化無窮，各有所歸……校其伎巧短長」，〈反應第二〉：「動靜虛實之理不合於今，反古而求之」。可見，縱橫家與兵家，於此理上是完全相通，而且沒有半點矛盾的。

七、法家之奇正

　　法家出現「奇」字不多，但其立場卻相當的清楚明顯，如《韓非子》〈愛臣第四〉一篇：「昔者紂之亡，周之卑，皆從諸侯之博大也；晉之分也，齊之奪也，皆以群臣之太富也。……故人臣處國無私朝，居軍無私交，其府庫不得私貸於家，此明君之所以禁其邪。是故不得四從，不載奇兵；非傳非遽，載奇兵革，罪死不赦。此明君之所以備不虞者也。」[95]文中「不載奇兵，載奇兵革」，韓非子代表法家思想，為維護君王之最高權勢，對臣下的私交、府庫、兵員、武器等，莫不極力主張宜多加限制，一切按規定不得私訂、私舉有任何之異狀。必須罪死不赦，因為是明君所要防備的。如是人民百姓都僅只是國君之可拋、可棄，可殺之一粒小棋子，那想必戰國時代諸多的有志之士不

95　《韓非子》〈愛臣〉一篇：「昔者紂之亡，周之卑，皆從諸侯之博大也；晉之分也，齊之奪也，皆以群臣之太富也。夫燕、宋之所以弒其君者，皆以類也。故上比之殷、周，中比之燕、宋，莫不從此術也。是故明君之蓄其臣也，盡之以法，質之以備。故不赦死，不宥刑，赦死宥刑，是謂威淫，社稷將危，國家偏威。是故大臣之祿雖大，不得藉威城市；黨與雖眾，不得臣士卒。故人臣處國無私朝，居軍無私交，其府庫不得私貸於家，此明君之所以禁其邪。是故不得四從；不載奇兵；非傳非遽，載奇兵革，罪死不赦。此明君之所以備不虞者也。」

僅人人自危，所以不止《鬼谷子》提倡賢能之士要取而代之，必當群起效法縱橫家之主張。可見韓非應也深明此義，卻不擅奇正彈性之用，終竟自斃之！

　　所以以事涉國君來說僅是兵器、兵員之大利，那對於奇人也是要加以防備，故事先立法處置不在話下。所以我們會見到了〈十過第十〉：

　　「宮之奇諫曰：「不可許」，「君其出令，令民自遺三年之食，有餘粟者入之倉，遺三年之用，有餘錢者入之府，遺，有奇人者使治城郭之繕」；〈喻老廿一〉：「虞君欲屈產之乘，與垂棘之璧，不聽宮之奇，故邦亡身死，故曰：「咎莫憯於欲得。」、「晉獻公以垂棘之璧假道於虞而伐虢，大夫宮之奇諫曰：『不可。脣亡而齒寒，虞、虢相救，非相德也。今日晉滅虢，明日虞必隨之亡。』虞君不聽，受其璧而假之道。晉已取虢，還，反滅虞。此二臣者皆爭於腠理者也，而二君不用也。然則叔瞻、宮之奇亦虞、鄭之扁鵲也，而二君不聽，故鄭以破，虞以亡。故曰：「其安易持也，其未兆易謀也」；〈難二第卅七〉：「昔者宮之奇在虞，僖負眾在曹，二臣之智，言中事，發中功，虞、曹俱亡者何也？」

　　以上，韓非是否也不忘將宮之奇之建言，也列為一種奇人與奇言？當然是聖主明君所極力寶貝的賢人才對呀！否則為何以三大篇幅之多的文字來加以著墨？法家僅以君主獨裁專政之法治國，卻完全否定流行於中國朝野，達千年之久的潛規則文化、奇正謀略？非也！

八、管子之奇正

　　我們再從雜家《管子》一書上，找出對於「奇正」的說法，共有27次19段落。〈七法第六〉：「去奇說，禁雕俗也。不遠道理，故能威絕域之民，不險山河，故能服悍固之國。獨行無敵，故令行而禁止。故攻國救邑，不恃權與之國，故所指必聽。定宗廟，育男女，天下莫之能傷，然後可以有國。制儀法，出號令，莫不嚮應，然後可以治民一眾矣。」以上之言論「去奇說，禁雕俗也」，無不都是為了統治老百姓，方便行事使然。

　　〈幼官圖第九〉：「定依奇，勝。定實虛，勝。定盛衰，勝。舉機誠要，則敵不量。用利至誠，則敵不校。明名章實，則士死節。奇舉發不意，則士歡用。交物因方，則械器備。因能利備，則求必得。執務明本，則士不偷。備具無常，無方應也。聽於鈔，故能聞無極。視於新，故能見未形。思於濬，故能知未始。發於驚，故能至無量。動於昌，故能得其寶。立於謀，故能實

不可故也。器成教守，則不遠道理。號審教施，則不險山河。博一純固，則獨行而無敵。慎號審章，則其攻不待。權與明必勝，則慈者勇。器無方，則愚者智。攻不守，則拙者巧。」

〈小匡第廿〉：「服牛輅馬以週四方；料多少，計貴賤，以其所有，易其所無，買賤鬻貴，是以羽旄不求而至，竹箭有餘於國，奇怪時來，珍異物聚，旦昔從事於此，以教其子弟，相語以利，相示以時，相陳以知賈。」〈白心第卅八〉：「聖人亦行其所行，而百姓被其利。是故萬物均既誇眾矣。是以聖人之治也，靜身以待之，物至而名自治之。正名自治之，奇身名廢。名正法備，則聖人無事。」

《管子》之〈小匡第廿〉與〈白心第卅八〉兩篇，能夠清楚觀察到百姓喜歡新奇的事與物，這些奇貨可居的商品，充滿可觀的利益，讓其自由賣賣轉手之間，則會產生許多的經濟效益，將可益於國計民生。可以說相當合乎現代的經濟原則，要國家領導者不必緊張，只要把管理的相關法令完備良善的制定出來，其市場就讓它自由的存在。沒有什麼什麼好憂慮與好擔心的地方，而且還是好處多多，這無不充份顯示出民富國強。這也難怪齊國本身接近海洋，先天上擁有過多的海「鹽」，可以往內地之國家銷售，所以應該鼓勵百姓與學生，利用此難得之機會多加學習觀摩。

〈任法第四十五〉：「聖君任法而不任智，任數而不任說，任公而不任私，任大道而不任小物，然後身佚而天下治。」然而在太平盛世久，管子也會擔心，雖然奇貨可居、利潤無限，但是「奇術技藝、作奇巧者、一日作而五日食，農夫終歲之作，不足以自食也；然則民舍本事而事末作，舍本事而事末作，則田荒而國貧矣。」這些人所賺的錢多出平常百姓，實在有其不公平之處，又「奇邪乃恐、奇革而邪化」這些常會引起的一些超出管理與脫序行為，如果聖明的君王能夠堅守正道，不為奇巧所惑，則沒事。「故聖君失度量，置儀法，如天地之堅，如列星之固，如日月之明，如四時之信，然故令往而民從之」；但所擔心誤事乃是失君，「法立而還廢之，令出而後反之，枉法而從私，毀令而不全，是貴能威之，富能祿之，賤能事之，近能親之，美能淫之也，不禁於身……彼幸而不得，則怨日產。夫日侵而產怨，此人君之所宜慎也。」不懂節制的君王之誤身、誤國，那可就是大事了！民怨何其可怕呀！「故明王之所恆者二：一曰明法，而固守之；二曰禁民私，而收使之；此二者，主之所恆也。夫法者，上之所以一民使下也。私者，下之所以侵法亂主

也」；〈治國第四十八〉：「凡爲國之急者，必先禁末作文巧；⋯⋯故禁末作，**止奇巧，而利農事。**」[96]此處可以看出農家之富國治國之主張，對於那些不正常的人、事、物，平時只要好好管理，戰時得加以禁止，強調農家墾田莊稼之重要。與之對照〈小匡〉、〈白心〉上下兩篇，則一點都不必怕這些「奇物、奇人、奇技、奇招、奇行、奇辭⋯⋯」所帶來的麻煩或禍害。被孔子稱讚「微管仲，吾其被髮左衽矣」[97]之治國有方的管仲，卻更加篤定的說，國家社會是多麼的需要「奇巧、奇利、奇出」，便可使齊國稱霸無疑。

〈小問第五十一〉「公曰：『野戰必勝若何？』管子對曰：『以**奇**』。」〈禁藏第五十三〉：「布帛麻絲，旁入**奇**利，未在其中也。」〈揆度第七十八〉：「桓公問於管子曰：「輕重之數惡終？」管子對曰：「若四時之更舉，無所終。國有患憂，輕重五穀以調用，積餘藏羨以備賞，天下賓服，有海內，以富誠信仁義之士，故民高辭讓，無爲**奇**怪者。」〈輕重戊第八十四〉：「桓公問於管子曰：『萊莒與柴田相並，爲之奈何？』管子對曰：『金幣者，人之所重也。柴者，吾國之**奇**出也。以吾國之**奇**出，盡齊之重寶，則齊可並也。』」[98]此處明顯不同於上，極端的排斥「奇」。《管子》主張戰爭想求勝利，一定要使用「奇」術；而商賈之買賣，不例外也要爲奇利與奇貨，多加費心著想。

九、本節結語

本節「奇正消長」，區分八個小節論述。最後在管子，充滿著老子「以正治國，以**奇**用兵」，奇正相合的影子。所以著重治國的雜家，可說非常的重視

---

[96] 〈治國〉：「昔者七十九代之君，法制不一，號令不同，然俱王天下者何也？必國富而粟多也；夫富國多粟，生於農；故先王貴之。**凡爲國之急者，必先禁末作文巧：末作文巧禁，則民無所遊食**；民無所遊食，則必事農；民事農，則田墾；田墾，則粟多；粟多，則國富；國富者兵彊；兵彊者戰勝；戰勝者地廣；是以先王知眾民彊兵，廣地富國之必生於粟也，**故禁末作，止奇巧，而利農事。**」

[97] 《論語》〈憲問〉子貢曰：「管仲非仁者與？桓公殺公子糾，不能死，又相之。」子曰：「管仲相桓公，霸諸侯，一匡天下，民到於今受其賜。**微管仲，吾其被髮左衽矣。**豈若匹夫匹婦之爲諒也，自經於溝瀆，而莫之知也。」

[98] 〈揆度〉：「桓公問於管子曰：「輕重之數惡終？」管子對曰：「若四時之更舉，無所終。國有患憂，輕重五谷以調用，積餘藏羨以備賞，天下賓服，有海內，以富誠信仁義之士，故民高辭讓，無爲奇怪者。彼輕重者，諸侯不服，以出戰。諸侯賓服，以行仁義。」〈輕重戊〉：「桓公問於管子曰：『萊莒與柴田相並，爲之奈何？』管子對曰：『萊莒之山生柴，君其率白徒之卒，鑄莊山之金以爲幣，重萊莒之柴貫。』萊莒之君聞之，告左右曰：『金幣者，人之所重也。柴者，吾國之奇出也。以吾國之奇出，盡齊之重寶，則齊可並也。』萊莒即釋其耕農而治柴，管子即令隰朋反農。二年，桓公止柴，萊莒之糴三百七十，齊糴十錢，萊莒之民降齊者十分之七，二十八月，萊莒之君請服。」

現實，兼採眾家思想主張，好則用之、不好則去之。不像荀子與韓非子只看
到壞的一面，沒有將「奇、正」之「否定之否定」[99]，良好的價值與有意義的
一面看清楚，並充分應用和掌握，而是自始至終完全的反對到底。其實，這
完全如同《易經》的陰陽原理，陰陽本就不是單獨而存在，它是相互融合爲
一持續運動的動態，隨時保持一種平衡，鬼谷子能夠看到了陰陽之「對立統
一」[100]，也看到了陰陽變動的「量變質變」[101]，及觀察自然界十分之仔細詳實。
如是，爲求於亂世開太平，不得不利用有限的人與事之力量，去把無限可能
的，甚至於不可能改變的大自然陰陽態勢之流動定律（那大到好像熱帶氣流，
高底氣壓之相互殘繞交融，形成的颶風，台灣稱之所謂的超級颱風。）加以
改造。這就是鬼谷子（被視爲數術家們的慈悲！由於非常之困難，有如當今
之科學家如霍金們，想要打開宇宙蟲洞之不可能之任務般，所以必然會造成
秦始皇坑殺方士，因長生不老之藥沒練成之歷史事件）但爲天下蒼生，也要
爲用盡人爲一切可能之渺小力量，加以更改和變化才可能有一線生機，還因
此要求弟子做事貫徹度數之確實的原因。此也乃是古之所謂「經窮則變」道
理，找不到前人可參考與借鏡的經驗，就只有突破一切既定法則，當然不只

---

[99] 否定之否定規律 亦稱「肯定否定規律」。唯物辯證法的基本規律之一。否定之否定規律揭示
了事物發展的全過程和總趨勢，是唯物辯證法基本規律的綜合體現。事物的發展是通過他自
身的辯證否定實現的。事物都是肯定方面和否定方面的統一。當肯定方面居於主導地位時，
事物保持現有的性質、特徵和傾向，當事物內部的否定方面戰勝肯定方面並居於矛盾的主導
地位時，事物的性質、特徵和趨勢就發生變化，舊事物就轉化爲新事物。否定是對舊事物的
質的根本否定，但不是對舊事物的簡單拋棄，而是變革和繼承相統一的揚棄。事物發展過程
中的每一階段，都是對前一階段的否定，同時它自身也被後一階段再否定。經過否定之否定，
事物運動就表現爲一個週期，在更高的階段上重復舊的階段的某些特徵，由此構成事物從低
級到高級、從簡單到複雜的週期性螺旋式上升和波浪式前進的發展過程，體現出事物發展的
曲折性。

[100] 對立統一規律 又稱「對立面的統一和鬥爭的規律」。它揭示了客觀存在（自然界、人類外
在社會和人類內在思維等）具有的特點，都包含著內在的矛盾性，都是矛盾的統一體，事
物內部矛盾是事物發展變化的源泉、動力，及推動事物的發展。包含有如下幾項原理：1、
矛盾的同一性和鬥爭性辯證關係原理。2、矛盾及其同一性和鬥爭性在事物發展中的作用原
理。3、矛盾轉化的原理。4、內因外因辯證關係原理。5、矛盾的普遍性和特殊性的辯證關
係原理。6、矛盾發展不平衡性的原理和矛盾分析方法。

[101] 量變質變規律 事物在數量上、程度上的變化。是一種逐漸的不顯著的變化，是質變的準備。
與量變相對。事物根本性質的變化。是事物由舊質向新質的突變即飛躍。由事物內部矛盾
引起，是事物量變發展到一定程度的必然結果。質變保留了量變的積極因素。質變是量變
的必然趨勢，是事物發展的決定性環節。質變中有量的擴張。事物之間的內在的本質聯繫。
這種聯繫不斷重複出現，在一定條件下經常起作用，並且決定著事物必然向著某種趨向發
展。規律是客觀存在的，是不以人們的意志爲轉移的，但人們能夠通過實踐認識它，利用
它。也叫法則。

是變通變通，還必須包括創新的智慧與精準的把握，此乃是鬼谷子之術存在自今之道理！如是，鬼谷子的務實與彈性與變通，與接近人性之真實面，是否反應出其它互異的思想主張之偏執，與難以持久和與時並進的主因？

正如《荀子》〈勸學第一〉所言：「積土成山，風雨興焉；積水成淵，蛟龍生焉；積善成德，而神明自得，聖心備焉。故不積頤步，無以致千里；不積小流，無以成江海。騏驥一躍，不能十步；駑馬十駕，功在不舍。鍥而舍之，朽木不折；鍥而不舍，金石可鏤」；老子《道德經》〈第六十四章〉：「合抱之木，生於毫末；九層之臺，起於累土；千里之行，始於足下」；兩人所言，正是由量變到質變的寫照，也是鬼谷子「變動陰陽」的成功運用。

還有鬼谷子的「陰陽虛實」，只居於《道德經》〈第二章〉：「有無相生，難易相成，長短相較，高下相傾，音聲相和，前後相隨」；將其對立統一完善道理，充分的加以認識與利用，雖只是一種單純樸素辯證法的原始意義的理論，但卻運用得十分之周圓妥當。環視整部《鬼谷子》可說理論完整，又對於其弟子的訓練得宜，再加上鼓勵弟子追求富貴名利而充滿活力，及有積極崇高的聖人理想，與做事講究確實的行動派的縱橫家；對於「遊說計謀」理論確信不移，完全盡心與盡力之下，當然能夠於當時百家爭鳴的社會中，確實運作成功。

第三節　陰陽與自然四時對應

以上兩節，我們談及鬼谷子思想的重要組成，「陰陽」與「變動陰陽」之「奇正消長」，乃淵源於我國之先聖先賢，解釋天地基本能量與人之形勢空間部分組合之哲思。古言：「四時為馬，則無不使也；陰陽為御，則無不備也。」[102]本節先從《鬼谷子》時間理念談起，以進一步解析鬼谷子思想系統。

鬼谷子的時間理念，依其言論筆者將之概分為幾類：「其一、四時；其二、天時；其三、時宜；其四、時變。」以下試分為四個小節，加以申論之：

一、四時開闔

鬼谷子對於「陰陽」是非常之重視的，我們幾乎可以這麼說，整部《鬼谷子》之學說理論就是從陰陽開始，亦不為過。於首篇〈捭闔第一〉就見諸

---

[102] 《淮南子》〈原道訓〉：「故以天為蓋，則無不覆也；以地為輿，則無不載也；四時為馬，則無不使也；陰陽為御，則無不備也。」

端倪，第一段之第一句話，就說了：「粵若稽古聖人之在天地間也，爲眾生之先，觀陰陽之開闔以名命物」。而且第一章採用陰陽或兩字或採單字之數目，都蔚爲全書之冠。如「捭闔之道，以陰陽試之」、「益損、去就、倍反，皆以陰陽禦其事」、「此天地陰陽之道，而說人之法也」，都已在前文談過，於此便不在詳解細述。

至於「四時」，更非是鬼谷子首先提出，堯帝時代之文獻上早已出現：「朞三百有六旬有六日，以閏月定四時，成歲」[103]；《易經》：「夫大人者……與四時合其序」[104]。另外也在儒家之經典，也存在有《論語》〈陽貨〉：「四時行焉，百物生焉，天何言哉」；《禮記》〈禮運〉：「播五行於四時」[105]、「分而爲天地，轉而爲陰陽，變而爲四時，列而爲鬼神」[106]；〈樂記〉：「陰陽相摩，……動之以四時，……天地之和也。」[107]所以對於陰陽「四時」來說，鬼谷子乃承先賢先哲之思想，起來有自。

以上所列與《鬼谷子》〈內揵第三〉：「審知地勢，乃通於天，以化四時，使鬼神，合於陰陽。」比較，明顯出現有四個元素，分別是「天地、陰陽、四時、鬼神」，如加上背後蔚爲主體之「人」之意志，則前四者不都成了客體了！其中「天地、陰陽與四時」，雖是不變之客觀存在的本體，但確爲人之主觀之認知而有所不同，這也就是如〈禮運〉：「故聖人作則，必以天地爲本，

---

[103] 《尚書》〈堯典〉：「乃命羲和，欽若昊天，曆象日月星辰，敬授人時。分命羲仲，宅嵎夷，曰暘谷。寅賓出日，平秩東作。日中，星鳥，以殷仲春。厥民析，鳥獸孳尾。申命羲叔，宅南交。平秩南訛，敬致。日永，星火，以正仲夏。厥民因，鳥獸希革。分命和仲，宅西，曰昧谷。寅餞納日，平秩西成。宵中，星虛，以殷仲秋。厥民夷，鳥獸毛毨。申命和叔，宅朔方，曰幽都。平在朔易。日短，星昴，以正仲冬。厥民隩，鳥獸氄毛。帝曰：「咨！汝羲暨和。朞三百有六旬有六日，以閏月定四時，成歲。允釐百工，庶績咸熙。」

[104] 《易經》〈文言〉：「夫大人者，與天地合其德，與日月合其明，與四時合其序，與鬼神合其吉凶，先天而天弗違，後天而奉天時。天且弗違，而況於人乎？況於鬼神乎？」

[105] 《禮記》〈禮運〉：「故人者，其天地之德，陰陽之交，鬼神之會，五行之秀氣也。故天秉陽，垂日星；地秉陰，竅於山川。播五行於四時，和而後月生也。是以三五而盈，三五而闕。五行之動，迭相竭也，五行、四時、十二月，還相爲本也；五聲、六律、十二管，還相爲宮也；五味、六和、十二食，還相爲質也；五色、六章、十二衣，還相爲質也。故人者，天地之心也，五行之端也，食味別聲被色而生者也。」

[106] 同上：「是故夫禮，必本於天，殽於地，列於鬼神，達於喪祭、射禦、冠昏、朝聘。故聖人以禮示之，故天下國家可得而正也。」「是故夫禮，必本於大一，分而爲天地，轉而爲陰陽，變而爲四時，列而爲鬼神。其降曰命，其官於天也。夫禮必本於天，動而之地，列而之事，變而從時，協於分藝，其居人也曰養，其行之以貨力、辭讓：飲食、冠昏、喪祭、射禦、朝聘。」

[107] 《禮記》〈樂記〉：「地氣上齊，天氣下降，陰陽相摩，天地相蕩，鼓之以雷霆，奮之以風雨，動之以四時，暖之以日月，而百化興焉。如此則樂者天地之和也。」

以陰陽爲端，以四時爲柄。」[108]所以聖人是奉天地之本、取陰陽之端、舉四時之柄，以做爲準則。遂產生出各家各派不同主張之應用了。《鬼谷子》之本體用之於當是時的<u>中國</u>文明之聖地「中原」地區，舉世所一致認可與推崇之下的原理原則，以作爲弟子們欲進入政治圈的學習之典範。「以陰陽爲端，故情可睹也；以四時爲柄，……禮義以爲器。」[109]、「凡禮之大體，體天地，法四時，則陰陽，順人情，故謂之禮。」[110]以上所舉《禮記》上之文句，所談均不離「禮」一字，但以法「四時」之一，總結成「禮」爲儒家治國之大用。

　　《鬼谷子》未多談「禮」字，但依《禮記》說出：「昔者，聖人建陰陽天地之情，立以爲《易》」[111]；《易》講變通，〈繫辭上〉：「廣大配天地，變通配四時，陰陽之義配日月，易簡之善配至德。」而言，<u>鬼谷子</u>則是以變通方式行之，〈內揵第三〉：「由夫道德、仁義、禮樂、忠信、計謀，先取《詩》《書》」，然後再「混說損益，議論去就。」就是先以詩、書爲標準，然後再因事之異，與人之利害爲關係；也就是《禮記》裡所言之：「順人情」、「故情可睹也、故事可勸也」，而有所推演。於是禮樂照樣進行並未偏廢下，不就更能「陰陽錯合，相與優遊競暢於宇宙之間」(《淮南子》)。方便論情喬事，成效不減反增，不也就是古之行人，今之外交官「受命不受辭」，在雙方最厲害之關係與最可接受的條件下，作爲彼此攻防進退、較量國力、談判之寫照。

　　而兵家更是「陰陽四時」之常客，兵陰陽家會置一軍官即「日者」[112]協助將軍兵事，他懂得陰陽五行、四時、占卜、占雲、氣象……等等，算軍隊

---

[108] 《禮記》〈禮運〉：「故聖人作則，必以天地爲本，以陰陽爲端，以四時爲柄，以日星爲紀，月以爲量，鬼神以爲徒，五行以爲質，禮義以爲器，人情以爲田，四靈以爲畜。」

[109] 同上〈禮運〉：「以天地爲本，故物可舉也；以陰陽爲端，故情可睹也；以四時爲柄，故事可勸也；以日星爲紀，故事可列也；月以爲量，故功有藝也；鬼神以爲徒，故事有守也；五行以爲質，故事可復也；禮義以爲器，故事行有考也；人情以爲田，故人以爲奧也；四靈以爲畜，故飲食有由也。」

[110] 同上〈喪服四制〉：「凡禮之大體，體天地，法四時，則陰陽，順人情，故謂之禮。訾之者，是不知禮之所由生也。」

[111] 同上〈祭義〉：「昔者，聖人建陰陽天地之情，立以爲《易》。易抱龜南面，天子卷冕北面，雖有明知之心，必進斷其志焉。示不敢專，以尊天也。善則稱人，過則稱己。教不伐以尊賢也。」

[112] 日者　即中國古代觀察天象的人，也叫天官。日者不僅要通天文、通曆法，更要通吉凶、通世事變遷。《史記》卷一百二十七 〈日者列傳〉第六十七：「自古受命而王，王者之興何嘗不以卜筮決於天命哉！其於周尤甚，及秦可見。代王之入，任於卜者。太卜之起，由漢興而有。司馬季主者，楚人也。卜於長安東市。」《墨子》〈貴義〉曰：「墨子北之齊，遇日者。日者曰：帝以今日殺黑龍於北方，而先生之色黑，不可以北。墨子不聽，遂北至淄水。墨子不遂而反焉。日者曰：我謂先生不可以北。」

之出發、打戰、突襲、備戰、守營……等好日子「時者，天之燥也。日者，月在箕壁翼軫也」(《孫子兵法》〈火攻〉)；「凡戰者，……終而復始，日月是也；死而復生，四時是也」(〈兵勢〉)；「賞如日月，信如四時」(《尉繚子》〈兵令下〉)，當然是以軍事、戰事觀點而論之。法家如齊法家《管子》〈牧民〉：「凡有地牧民者，務在四時，守在倉廩」；管子還特別有一章〈四時〉專門談四時之義與用：「四時者，陰陽之大經也。刑德者，四時之合也」，「國有四時，固執王事。」則較多作為政治基石之考量。縱橫家則更將「陰陽四時」解釋為，遊說之子賴以「通於天、使鬼神」之變。各家據以論述都論「陰陽四時」重要與好用！只因為我國的能源發展尚未達到蒸氣動力引擎之地步，軍用車輛始終停留在馬拉車之時代，故無法發展成就科學所用。

以上是針對「四時」重要性而言。本小節所要談的，則是鬼谷子所提出的時間觀念及其作用，如「變動陰陽，四時開閉，以化萬物」，非只是「四時」之時而已。《鬼谷子》之各篇分別提到的「時」之用字，有 17 次之多，雖然比率不大，但此對於時間之不同意義之強調，卻佔有全書重要之位置。我們談鬼谷子，舉目環視坊間大抵只談「遊說計謀」。但少深入於其「陰陽理論」，如此則難抓住鬼谷子思想之核心部份，尤其「四時」與所延生之時間觀念，絕口不談更有失周全。鬼谷子對於那個時代的政治、社會環境，也就是國際生存與實際發展空間而言，瞭若指掌。整部《鬼谷子》教化我們要對歷史、文化、人心與時勢、形勢、趨勢、道勢……等攸關存亡之局勢動向，要非常清楚明瞭。

我們再次回顧「四時」之用，《禮記》〈樂記〉：「夫古者，天地順而四時當，民有德而五穀昌，疾疢不作而無妖祥，此之謂大當」，「四時和焉，星辰理焉，萬物育焉」；〈祭法〉：「燔柴於泰壇，祭天也；……四坎壇，祭四時也」；〈祭統〉：「凡祭有四時：春祭曰礿，夏祭曰禘，秋祭曰嘗，冬祭曰烝」；〈孔子閑居〉：「天有四時，春秋冬夏，風雨霜露，無非教也。」以上有關「四時」之句子，可見廣受陰陽教令之深。古代乃是以靠天生活的農業社會，吃飽飯以防止百姓因飢餓，所引起社會動亂，這件事情非常之不容易，古有言：「民以食為天」，「食者，民之本也」(《淮南子》〈主術訓下〉)。所以受「春夏秋冬」四季節侯的變化影響至大，封建時代的經濟完全依靠自然的恩賜，故要求深居宮殿，不知自然「四時」的國君貴族們，能隨時記住其治國施政之重要性。

《大戴禮記》〈主言〉：「其禮可守，其信可復，其跡可履，其於信也，如

四時春秋冬夏」；〈禮察〉：「先王執此之正，堅如金石，行此之信，順如四時」；〈用兵〉：「殀替天道，逆亂四時，禮樂不行，而幼風是禦」；〈本命〉：「禮之象，五行也；其義，四時也。」由此四句強調「守禮、復信、履信、行樂」，必須順如「四時」，絕不可逆亂，充分顯示出「四時」之重要性，更是先王們的決心。《鬼谷子》〈捭闔第一〉亦言：「變動陰陽，四時開閉，以化萬物。」

《荀子》有七處提到「四時」。但僅二處與陰陽並列。

> 〈不苟〉：「天不言而人推其高焉，地不言而人推其厚焉，四時不言而百姓期焉」；〈王制〉：「故序四時，裁萬物，兼利天下，無它故焉，得之分義也」；〈儒效〉：「要時立功之巧，若詔四時」〈天論〉：「四時代禦，陰陽大化」，「所志於四時者，已其見數之可以事者矣；所志於陰陽者，已其見和之可以治者矣」；〈禮論〉：「天地以合，日月以明，四時以序，……萬變不亂，貳之則喪也」；〈樂論〉：「故其清明象天，其廣大象地，其俯仰周旋有似於四時」；〈賦〉：「天地易位，四時易鄉。」

《孟子》一書中雖無此「四時」一詞，但卻出現 49 次的「時」一字，如「食之以時、不違農時、斧斤以時、無失其時、勿奪其時、奪其民時、祭祀以時」等。因僅涉及「時」之問題，與「四時」一詞不相應，故容後一小節再論述。

先秦儒家罕見「陰陽」，《論語》、《孟子》未及一見；《老子》貴柔，可說尚陰；尚陽之說，則見於西漢之黃老作品。如《文子》〈上德〉曰：「陽滅陰，萬物肥，陰滅陽，萬物衰；故王公尚陽道則萬物昌，尚陰道則天下亡」，此說或本於〈樞言〉，其言曰：「先王用一陰二陽者，霸；盡以陽者，王；以一陽二陰者，削；盡以陰者，亡。」這是古代「尚陽說」的一則珍貴的文獻。由尚陽而尚剛，亦可由此看出〈象傳〉思想觀念發展的線索[113]。

以上偏重陰陽各一方之情形，對於縱橫家來說，則並未產生孰重孰輕之觀念，而是一種相互為用，剛柔並濟的作法，可說是陰陽並重。勉強區分，則於《鬼谷子》〈捭闔第一〉上有：「故與陽言者，依崇高。故與陰言者，依卑下。」一句初步看來似有高低之意，但其實此意是指：「與喜高談闊論，或

---

[113] 參見陳鼓應《管子》〈形勢〉〈宙合〉〈樞言〉諸篇的黃老思想，〈漢學研究〉第 20 卷第 1 期，2002 年 6 月。

－291－

容光煥發、志得意滿的人交談，就採用偏陽剛或崇高之詞令；與卑微氣短，或胸無大志、擔憂喪志的人交談，就採用一些偏向細微的事物爲說話內容，以方便容易取得溝通，進而達成說服的目地。」以上此句之意思，並無所謂的孰高孰低之主張。大可只要能夠達成遊說目的，陰陽理論純粹只是種工具，也就不必去評論何謂「好與壞」，或「尊與卑」了。

陰陽理論原本是上古時代，認識自然世界的簡單之存在辯證概念，居然可以發揚成爲哲學範疇。其後不久在加入「五行說」[114]之後，便已經完全的發展，成功的融入滲透到我國幾千年的傳統文化中的各種層面，包括宗教、哲學、曆法、醫學、書法、建築、堪輿、占卜、兵法……等，而成爲炎黃子孫幾千年來共同的思維模式，實在不得不讓人感到極度的驚奇與佩服，乃至於近代「攝影理論」[115]，無不有著陰陽應用之展現。其應用與影響之廣泛，實可以與康得的十二範疇（亞里斯多德爲十範疇）與黑格爾的辯證法[116]，所謂的「正、反、合」理論相比較。

前者之「四時」，如《鬼谷子》〈捭闔第一〉言「變動陰陽，四時開閉，以化萬物。」指的就是「春、夏、秋、冬」四個季節。《禮記》〈孔子閒居〉：

---

[114] 《尚書、甘誓》：「有扈氏威侮五行，怠棄三正」《尚書、洪範》：「惟十有三祀，王訪於箕子。王乃言曰：『嗚呼！箕子。惟天陰騭下民，相協厥居，我不知其彝倫攸敘』」。箕子乃言曰：『我聞在昔，鯀陻洪水，汨陳其五行……』」。更舉出：「一、五行：一曰水，二曰火，三曰金，四曰土，五曰土」又言「水曰潤下，火曰炎土，木曰曲直，金曰從革，土爰稼穡。」又「炎上作苦，曲直作酸，從革作辛，稼穡作甘」。「二、五事：……」；「三、八政：……」；「四、五祀：……」；「五、皇極：……」；「六、三德：一曰正直，二曰剛克，三曰柔克。」；「七、稽疑……」；「八、庶征：……」；「九、五福：……六極：……」。其子乃殷商之遺臣，被周武王禮遇專訪就教國事，以「天乃錫禹洪範九疇」，作出〈洪範九疇〉告之爲政之道。五行之概念亦引用指出爲國家施政重大的經濟管理問題之物質條件，不得輕忽。蓋周已進入農作爲主的時代，已非夏商之遊牧經濟，除民以食爲天之外，對於物性之瞭若指掌，對一位國家領導者來說，不只是受盡百姓歡迎，而且不會如舜帝錯用了不懂水性的鯀，無法完成任務而將他處死。

[115] 《耀華照相說》施德之倡議世人論相貴白而不貴黑，「不知黑爲陰，白爲陽，陽非陰不顯。白非黑不浮，……精神之流動，層次之深微，必藉黑以施其巧，倘白太多則像與紙平，焉能浮凸？」深諳以黑出白的用光美學，主張影調有深淺變化，突破了當時的攝影師只用平光照明的做法。也終於在 1900 年，以一張罕見且鮮明的放大黑白照片、強烈的立體感形象，於巴黎世博會拿下「翼飛美人」獎之世界殊榮。（《時報》光緒卅二年十月十九日）

[116] 黑格爾 喬治、威廉、弗里德里希（Georg Wilhelm Friedrich Hegel，1770～1831 AD）德國哲學家。德國古典哲學最重要的成果之一。其基本思想是概念的辯證發展。第一次把整個自然的歷史的和精神的世界描寫爲一個過程，幾描寫爲處在不斷的運動，變化和發展之中的，並企圖揭示其內在聯繫，從而猜測到了客觀事物的辯證法。辯證法三大規律，即對立統一規律、量變質變規律、否定之否定規律。這個三辯證法規律在哲學上普遍性達到極限程度。這是黑格爾在《邏輯學》中首先闡述出來的，恩格斯則將它從《邏輯學》中總結和提煉出來，從而使辯證法的規律變得更加的清楚。

「天有四時，春秋冬夏。」因為人所居住的地球，由於地軸傾斜達廿三點五度，各地不會一年到頭，終年面對太陽的光照一成不變。隨著公轉與自轉，因受日照陽光之強弱，氣候隨溫度有別，因而形成了「春夏秋冬」四時：「時者，期也，陰陽消息之期也。」[117]如此經年不變的四個季節。「四時者，春夏秋冬也。春，萬物始生，其色蒼蒼，故亦曰『蒼天』；夏，萬物盛壯，其氣昊昊，故又曰『昊天』；秋，萬物成熟，皆有文章，故亦曰『旻天』；冬，陰氣在上，萬物伏藏，故又曰『上天』。春生、夏長、秋收、冬藏，蓋此之謂也。」

　　鬼谷子面對如此剛正不變的季節氣候之規則，於〈持樞〉上說：「謂春生、夏長、秋收、冬藏，天[118]之正也」此處就是要告訴弟子們，「持樞」就如同把握住老天，幾千萬年來一直不變的鐵律，以人類文明以來此所謂「從無變易」的宣言，也就是再明白不過的天文定律與標準。假使能夠遵循且善用之，才是正道與智慧。如《逸周書》〈文傳〉所言：「無殺天胎，無伐不成材，無墯四時，如此十年，有十年之積者王。」能夠持續善用「陰陽四時」相對應之季節的氣候變化，使百姓「農作魚牧、生養收藏」人丁興旺、積累倉儲，才不會「城郭不治，倉無積粟，府無儲錢，庫無甲兵，邑無守具」(《韓非子》〈十過篇第十〉)；「田荒則府倉虛，府倉虛則國貧」(《韓非子》〈解老篇第廿〉)，民富才能國強，而後成王才可能久且長，可見古人依「四時」而農作以行、靠天吃飯之重要。《易》〈恒〉：「四時變化而能久成。」萬物加以順應之，有恆心的堅持著便能有所收成。〈繫辭上〉言：「廣大配天地，變通配四時，陰陽之義配日月，易簡之善配至德」；這也就是鬼谷子所謂的：「以化四時，……合於陰陽」與「持樞……天之正也」之本意。

　　鬼谷子又說：「不可干而逆之。逆之者，雖成必敗」，毫無商量餘地的季

---

[117] 《白虎通德論》卷八〈四時〉：「春夏秋冬。時者，期也，陰陽消息之期也。四時天異名何？天尊各據其盛者為名也。春秋物變盛，冬夏氣變盛。春曰蒼天，夏曰昊天，秋曰春夏秋冬。時者，期也，陰陽消息之期也。四時天異名何？天尊各據其盛者為名也。春秋物變盛，冬夏氣變盛。春曰蒼天，夏曰昊天，秋曰旻天，冬曰上天。《爾雅》曰：「一說春為蒼天等是也。」四時不隨正朔變何？以為四時據物為名，春當生，冬當終，皆以正為時也。，冬曰上天。《爾雅》曰：「一說春為蒼天等是也。」四時不隨正朔變何？以為四時據物為名，春當生，冬當終，皆以正為時也。」

[118] 《爾雅》〈釋天〉：「天，豫司兗冀以舌腹言之。天，顯也，在上高顯也。青徐以舌頭言之。天，垣也，垣然高而遠也。春曰蒼天，陽氣始發，色蒼蒼也。夏曰昊天，其氣布散皓皓也。秋曰旻天。旻，閔也，物就枯落，可閔傷也。冬曰上天，其氣上騰，與地絕也。故《月令》曰：「天氣上騰，地氣下降。」《易》謂之乾。乾，健也。健行不息也。又謂之元。元，懸也，如懸物在上也。」

節變換，認識此之後，當知「天道」是不可違逆的，即時勉強蠻幹的採用「變動陰陽」、「奇正相生」，也會是剛開始雖然可以一時達到成功之地步；但是不久之後，確可能會遭到無法掌控之意外，以致於受到失敗的下場。《淮南子》〈本經訓〉：「四時者，春生夏長，秋收冬藏，取予有節，出入有時，開闔張歙，不失其紋，喜怒剛柔，不離其理。」所以，從「籌劃、計謀」，到「遊說、做事」，都必須掌握「原則與要領，該與不該」，才能成功的立於不敗之地，所謂的「持樞，雄而不滯，其猶決水轉石，誰能當禦哉！」

　　鬼谷子所言不可逆，除了順應外在陰陽變化之天候，就是身為人的我們「故人君亦有天樞，生、養、成、藏」，「亦復不可干而逆之；逆之者，雖與盛必衰」；《黃帝內經、素問》〈四氣調神大論〉中說：「故四時養生者，萬物之終始也，死生之本也，逆之則災害生，從之苛（痀）病不起，是（此）謂得道。道者，聖人行之，愚者佩（背）之。」我國古代順應自然的養生方法，其思想基礎，部份來源於老莊哲學。老子在《道德經》〈第二十五章〉中說：「人法地，地法天，天法道，道法自然」，提倡人要順應自然。莊子繼承老子的自然觀，主張象天學地、順應自然，在順應自然規律的基礎上，進一步加以掌握規律。《莊子》〈天運第十四〉中說：「自樂者，先應之以人事，順之以天理，行之以五德，應之以自然，然後調理四時，太和萬物，四時迭起，萬物循生。」[119]此「四時養生」法，乃是我國古代養生的重要理論與精華，而讓《黃帝內經》做了一個高度的總結與評價，實在值得我們認真地學習與遵循。所謂的「故陰陽四時者，萬物之終始也，死生之本也，逆之則災害生，從之則苛疾不起，是謂得道。道者，聖人行之，愚者佩之。從陰陽則生，逆之則死，從之則治，逆之則亂。」[120]並深明其義，得而用之。

　　主張順天應時，在掌握「四時」規律的情況下，調理養生。在這種符合

---

[119] 依「天干地支」及「五行」在「四時」研究之中，其有各自不同的盛衰之表現。星命理論中以「旺、相、休、囚、死」分別代表著五行在四季中興衰之表現。「旺是旺盛之意；相是次旺，有輔佐之意；休是休息、停止之意；囚是衰落、被阻止之意；死就是克制而無生氣之意。」所謂的「當令者旺、我生者相、生我者休、克我者囚、我克者死。」這是對於我們人體處於太陽系與地球之關係中，「四時」的整體系統性超科學思維之高感度的「四時養生」觀，故「四時養生法」就是按照一年四季的變化規律和特點，調節人體各部分的機能，從而達到健康長壽的目的。

[120] 語見〈四氣調神大論〉：「故陰陽四時者，萬物之終始也，死生之本也，逆之則災害生，從之苛疾不起，是謂得道。道者，聖人行之，愚者佩之。從陰陽則生，逆之則死，從之則治，逆之則亂。反順為逆，是謂內格。是故聖人不治已病，治未病，不治已亂，治未亂，此之謂也。夫病已成而後藥之，亂已成而後治之，譬猶渴而穿井，鬥而鑄錐，不亦晚乎。」

自然環境、天人相應的整體觀思想的指導下，中國古代認爲，人體的一切生命活動都必須順應「四時」的「陰陽消長轉化」的客觀規律，從而提出以「春夏養陽、秋冬養陰」爲總原則的四季養生原則。自然界的陰陽變化、四季更替、日夜輪回必然會影響到人體生理和病理，因此養生必須採取相應的措施。自然界「春生、夏長、秋收、冬藏」，生而爲人也須順應「生、長、收、藏」的特點。所以鬼谷子說：「故人君亦有天樞，生、養、成、藏」，非常之重要所謂的「此天道、人君之大綱也。」。

提倡「遊說謀略」的《鬼谷子》，當然談「四時」並非只限於給弟子們的「養生」健康課程而已，其在〈內揵第三〉有言：「審知地勢，乃通於天，以化四時，使鬼神，合於陰陽。……事有不合者，聖人不爲謀。」[121]又〈文言〉：「夫大人者、與天地合其德，與日月合其明，與四時合其序，與鬼神合其吉凶，……天且弗違，而況於人乎？況於鬼神乎？」鬼谷子此處所言的「聖人」與〈文言〉的「大人」，還眞具有不謀而合的見解，且兩者的「審知地、通於天、化四時、使鬼神、合陰陽」、「天地合、日月合、四時合、鬼神合」無不是在強調身爲大人或聖人們，無時無刻必須去加以注意與關心的天職。

我們在《易經》〈豫卦、象傳〉也見到同樣的詞句，曰：「天地以順動，故日月不過，而四時不忒[122]；聖人以順動」，雖然鬼谷子是針對著遊說之「內揵者、內者、揵者、欲說者、計事者、言往者、說來者、善變者」而言，但這些所涉及的事務急緩、動作輕重、言談思維、意志觀念、判斷抉擇、行爲性情、者類人品……等之逢雷地豫卦，雷聲轟隆之大地震動之象。其實是鬼谷子面對未來雖然「四時」運作如常，但是可能會適逢「下坤上震」，因此必須親自歸納及一手培訓，盡可能去學習效法之，以便將來特別爲亂世而服務，

---

[121] 語見〈內揵第三〉：「內者，進說辭也；揵者，揵所謀也。欲說者務隱度，計事者務循順。陰慮可否，明言得失，以禦其志。方來應時，以合其謀。詳思來揵，往應時當也。夫內有不合者，不可施行也。乃揣切時宜，從便所爲，以求其變。以變求內者，若管取揵。言往者，先順辭也；說來者，以變言也。善變者：審知地勢，乃通於天，以化四時，使鬼神，合於陰陽，而牧人民。」

[122] 不忒《漢語大詞典》：沒有變更，沒有差錯之解。《易》〈豫卦〉：「天地以順動，故日月不過，而四時不忒。」〈觀卦〉：「風地觀 巽上坤下」象曰：「大觀在上，順而巽，中正以觀天下。觀，盥而不薦，有孚顒若，下觀而化也。觀天之神道，而四時不忒，聖人以神道設教，而天下服矣」《魏書·穆崇傳》：「用能四時不忒，陰陽和暢。若有過舉，咎徵必集。」唐·柳宗元《視民詩》：「帝視民情，匪幽匪明。……帝懷民視，乃降明德，乃生明翼。……既柔一德，四夷是則。四夷是則，永懷不忒。」宋·嶽珂：「五言簡嚴而意不迫，七言豐腴而體不忒。意公仿佛於景物之間所謂造化生意者，蓋亦畢於翰墨。」清·王夫之《讀四書大全說·論語》〈先進六〉：「作聖之功，必知足以及之，仁足以守之，斯能至而不忒。」

或聖或賢。也就是崩裂的、剝亂反正的、正言若反的、瞬息萬變的時代，這些即將實際投入政治活動的，所謂的未來可能的年輕救世主們，提早適應之，才能順動而為之。其後鬼谷子又指陳出言，曰：「陰慮可否，明言得失，以禦其志。方來應時，以合其謀。……而牧人民」；我們再對照〈象傳〉：「豫，剛應而志行，順以動，豫」，「豫，順以動，故天地如之，而況建侯行師乎？……則刑罰清而民服」；其中所謂的：「建侯行師、剛應志行、行罰民服」。同樣指的都是，要為民服務、做大事之可能的聖人們，所必須擁有基本的「志向」與「行動」，順應四時規律與變動，以逸待勞，不隨意而亂心志。

　　以上，舉出道、儒、雜、兵、法、醫……等家，對「四時」之時間概念所包含之陰陽思想，於此時代中所有的政治主張與活動，無不深受陰陽學說之影響，雖然各家之發揮是「見仁見智」，但應用得非常的合理與順暢。當然處於這個混亂世界的大格局裡，縱橫家遊說理論《鬼谷子》，那能避免不受其影響？〈捭闔第一〉言：「為小無內，為大無外。……皆以陰陽禦其事」，借用來說明其價值，還真是能說得通。

二、四時教令

　　司馬談[123]於《論六家要旨》[124]上，言：「嘗竊觀陰陽之術，大祥而眾忌諱，

---

[123] 司馬談（？～110 BC），西漢皮氏縣人，西漢建元至元封年間（140～110 BC），司馬談被封為太史，掌管天文、曆法。元封元年（前110年），漢武帝首赴泰山舉行封禪典禮，司馬談因病留守周南，未能同行，鬱憤而死。其父司馬喜為五大夫，其子為著名史學家司馬遷，據《史記》〈太史公自序〉所說，司馬談一直想效法孔子寫作《春秋》的精神，寫一部體系完整的史書，可惜他只作了一些準備的工作，便病逝於洛陽，臨死之前，把他的理想事業，交給了兒子，經過司馬遷的十年努力，終於有了《史記》的誕生。

[124] 太史公學天官於唐都，受《易》於楊何，習道論於黃子。太史公仕於建元、元封之間，潛學者之不達其意而師悖，乃論六家之要指曰：《易‧大傳》：「天下一致而百慮，同歸而殊塗。」夫陰陽、儒、墨、名、法、道德，此務為治者也，直所從言之異路，有省不省耳。嘗竊觀陰陽之術，大祥而忌諱，使人拘而多所畏；然其序四時之大順，不可失也。儒者博而寡要，勞而少功，是以其事難盡從；然其序君臣父子之禮，列夫婦長幼之別，不可易也。墨者儉而難遵，是以其事不可偏循；然其彊本節用，不可廢也。法家嚴而少恩；然其正君臣上下之分，不可改矣。名家使人儉而善失真；然其正名實，不可不察也。道家使人精神專一，動合無形，贍足萬物。其為術也，因陰陽之大順，采儒墨之善，撮名法之要，與時遷移，應物變化，立俗施事，無所不宜，指約而易操，事少而功多。儒者則不然。以為人主天下之儀表也，主倡而臣和，主先而臣隨。如此則主勞而臣逸。至於大道之要，去健羨，絀聰明，釋此而任術。夫神大用則竭，形大勞則敝。形神騷動，欲與天地長久，非所聞也。夫陰陽四時、八位、十二度、二十四節、各有教令，順之者昌，逆之者不死則亡，未必然也，故曰「使人拘而多畏」。夫春生夏長，秋收冬藏，此天道之大經也，弗順則無以為天下綱紀，故曰「四時之大順，不可失也」。夫儒者以六藝為法。六藝經傳以千萬數，累世不能通其學，當年不能究其禮，故曰「博而寡要，勞而少功」。若夫列君臣父子之禮，序夫婦長幼之別，雖百家弗能易也。　墨

使人拘而多畏。然其序四時之大順，不可失也。夫陰陽、四時、八位、十二度、廿四節、各有**教令**，順之者昌，逆之者不死則亡。」司馬談評春秋戰國六家，「夫陰陽、儒、墨、名、法、道德，務爲治者也，直所從言之異路」然世人談四時陰陽教令，首先實施且最爲徹底概不脫《管子》[125]所載，此書乃是稷下學者的集體著作；眾多學者充分利用黃老之術與法家思想，將陰陽由自然之道，演化成爲政之道，不管是在道法、心性、爲政或爲官均是淋漓盡致。又「唯聖人知四時，不知四時，乃失國之基。」以上此由陰陽家倡導出之「教令」[126]，於《管子》諸篇上，明顯且普遍用之於國君施政，當配合「四時」五行。

　　鬼谷子知「四時」之重要：「審知地勢，乃通於天，以化四時，使鬼神，合於陰陽」；管子也說：「不知四時，乃失國之基」，「唯聖人知四時」。鬼谷子亦言：「事有不合者，聖人不爲謀。」爲何不相予謀，因爲有些失敗的國君不信聖人所言，所以聖人遊說出仕亦有所選擇，故有縱橫家的所謂「擇主而從」、「論行結交」[127]之主張說。管子言：「何以知其王之信明信聖也？曰：慎使能

者亦尚堯、舜道，言其德行曰：「堂高三尺，土階三等，茅茨不翦，采椽不刮。食土簋，啜土刑，糲梁之食，藜霍之羹。夏日葛衣，冬日鹿裘。」其送死，桐棺三寸，舉音不盡其哀。教喪禮，必以此爲萬民之率。使天下法若此，則尊卑無別也。夫世異時移，事業不必同，故曰「儉而難遵」。要曰彊本節用，則人給家足之道也。此墨子之所長，雖百長弗能廢也。**法家不別親疏，不殊貴賤，一斷於法，則親親尊尊之恩絕矣。可以行一時之計，而不可長用也，故曰「嚴而少恩」。**若尊主卑臣，明分職不得相踰越，雖百家弗能改也。**名家苛察繳繞，使人不得反其意，專決於名而失人情，故曰「使人儉而善失真」。**若夫控名責實，參伍不失，此不可不察也。道家無爲，又曰無不爲，其實易行，其辭難知。其術以虛無爲本，以因循爲用。無成埶，無常形，故能究萬物之情。不爲物先，不爲物後，故能爲萬物主。有法無法，因時爲業；有度無度，因物與合。故曰「聖人不朽，時變是守。虛者道之常也，因者君之綱」也。臣並至，使各自明也。其實中其聲者謂之端，實不中其聲者謂之窾。窾言不聽，姦乃不生，賢不肖自分，白黑乃形。在所欲用耳，何事不成。乃合大道，混混冥冥。光燿天下，復反無名。凡人所生者神也，所託者形也。神大用則竭，形大勞則敝，形神離則死。死者不可復生，離者不可復反，故聖人重之。**由是觀之，神者生之本也，形者生之具也。不先定其神[形]，而曰「我有以治天下」，何由哉？**太史公既掌天官，不治民。有子曰遷。

[125] 《管子》一書乃是稷下學者的集體著作。在徐漢昌著《管子思想研究》〈第四章管子書作者〉「馮友蘭與顧頡剛認爲是稷下學者之著作總集(馮氏)、稷下叢書(顧氏)」，「胡家聰申論肯定管子爲稷下學者總集性著作，其編寫時代不遲於齊湣王末年稷下學宮解散之時。」台灣學生書局，1990 年 6 月，頁 57。

[126] 司馬談《論六家要旨》(節錄)：「嘗竊觀陰陽家之術，大祥而眾忌諱，使人拘而多畏。然其序四時之大順，不可失也。夫陰陽、四時、八位、十二度、廿四節、各有**教令**，順之者昌，逆之者不死則亡。」

[127] 語見《戰國策、燕策二》〈昌國君樂毅報燕昭王合五國之兵而攻齊書〉：「臣聞賢聖之君，不以祿私其親，功多者授之：不以官隨其愛，能當者處之。故察能而授官者，成功之君也；**論行而結交者，立名之士也**。臣以所學者觀之，先王之舉錯，有高世之心，故假節於魏王，

而善聽信之。使能之謂明，聽信之謂聖」[128]，「故天曰信明，地曰信聖，四時曰正。」由此看出兩位對於持天道之聖人，以「四時」爲教化運用，甚爲重視。《春秋繁露》亦言：「天地之數，不能獨以寒暑成歲，必有春夏秋冬。聖人之道，不能獨以威勢成政，必有教化」；〈五帝德〉：「春夏秋冬，育護天下，日月所照，風雨所至，莫不從化」；〈問玉〉：「天有四時，春夏秋冬，風雨霜露，無非教也。……是故天地之教，與聖人相參。必先其令問。」[129]以上董仲舒之兩句話，對於春夏秋冬「四時」之教化，與《孔子家語》或理性或感性，均與《鬼谷子》和《管子》持一樣之看法。

「教化」不只是聖人之「施」，而是專對一般「人」（平民百姓）之「受」，因爲「人」還是位爲「天、地、人」三才之高，故《春秋繁露》曰：「天地人，萬物之本也。天生之，地養之，人成之。」[130]還將人之等第，貴爲第十；並列爲萬物之前，天地陰陽五行之後，如是言：「天、地、陰、陽、木、火、土、金、水，九與人而十者，天之數畢也」、「聖人何其貴者？起於天，至於人而

而以身得察於燕。先王過舉，擢之乎賓客之中，而離之乎群臣之上，不謀於父兄，而使臣爲亞卿。臣自以爲奉令承教，可以幸無罪矣，故受命而不辭。」

[128] 語見《管子》曰：「令有時。無時則必視，順天之所以來，五漫漫，六悽悽，孰知之哉？唯聖人知四時。不知四時，乃失國之基。不知五穀之故，國家乃路。故天曰信明，地曰信聖，四時曰正。其王信明聖，其臣乃正。何以知其王之信明信聖也？曰：慎使能而善聽信之。使能之謂明，聽信之謂聖。信明聖者，皆受天賞。使不能爲悽，悽而忘也者，皆受天禍。是故上見成事而貴功，則民事接勞而不謀。上見功而賤，則爲人下者直，爲人上者驕。是故陰陽者，天地之大理也；四時者，陰陽之大經也；刑德者，四時之合也。刑德合於時則生福，詭則生禍。」

[129] 語見《孔子家語》〈問玉〉：「天有四時，春夏秋冬，風雨霜露，無非教也。地載神氣，吐納雷霆，流形庶物，無非教也。清明在躬，氣志如神，有物將至，其兆必先。是故天地之教，與聖人相參。其在《詩》曰：『嵩高惟嶽，峻極於天。惟嶽降神，生甫及申。惟申及甫，惟周之翰。四國于蕃，四方于宣。』此文武之德也。矢其文德，協此四國，此文王之德也。凡三代之王，必先其令問。《詩》云：『明明天子，令問不已。』三代之德也。」

[130] 語見〈立元神〉：「君人者，國之元，發言動作，萬物之樞機。樞機之發，榮辱之端也。失之豪厘，駟不及追。故爲人君者，謹本詳始，敬小慎微，誌如死灰，安精養神，寂莫無爲。……累日積久，何功不成。可以內參外，可以小佔大，必知其實，是謂開闔。君人者，國之本也。夫爲國，其化莫大於崇本，崇本則君化若神，不崇本則君無以兼人。……何謂本？曰：天地人，萬物之本也。天生之，地養之，人成之。天生之以孝悌，地養之以衣食，人成之以禮樂，三者相爲手足，合以成禮，不可一無也。無孝悌則亡其所以生，無衣食則亡其所以養，無禮樂，則亡其所以成也。三者皆亡，……是謂自然之罰。……，是故肅慎三本。郊祀致敬，共事祖禰，舉顯孝悌，表異孝行，所以奉天本也。秉耒躬耕，採桑親蠶，墾草殖穀，開闢以足衣食，所以奉地本也。立闢雍庠序，修孝悌敬讓，明以教化，感以禮樂，所以奉人本也。三者皆奉，……是謂自然之賞。……故以德爲國者，甘於飴蜜，固於膠漆，是以聖賢勉而崇本而不敢失也。君人者，國之證也，不可先倡，感而後應。故居倡之位而不行倡之勢，不居和之職而以和爲德，常盡其下，故能爲之上也。」

畢。畢之外謂之物，物者投所貴之端，而不在其中。以此見人之超然萬物之上，而最為天下貴也。人，下長萬物，上參天地。故其治亂之故，動靜順逆之氣，乃損益陰陽之化，而搖蕩四海之內」（〈天地陰陽〉）。是故上天委託聖人，教化眾人，如《孔子家語》言：「春夏秋冬，風雨霜露，（天地一切）無非教也。」對於想執教化之聖人，楊子有言：「通天、地、人，曰儒」，「通天、地而不通人，曰伎。」（《法言》），給了一個嚴厲之詞。

　　我們在上一小節，也提到鬼谷子在〈持樞〉上說：「謂春生、夏長、秋收、冬藏，天之正也」。《左傳》〈昭西元年〉：「君子有四時，朝以聽政，晝以訪問，夕以修令，夜以安身。」可見「四時」所衍生出的「事」，在那個時代，其觀念早就深植人心，而況乎、聖人或君子？董仲舒還充分的將「陰陽四時」加以推理，大膽的應用，為何「人主立於生殺之位」？是因為人主「與天共持變化之勢」，「故四時之行，父子之道也；天地之志，君臣之義也；陰陽之理，聖人之法也」，「陰，刑氣也；陽，德氣也。陰始於秋，陽始於春。……是故春喜夏樂，秋憂冬悲，悲死而樂生。以夏養春，以冬藏秋，大人之志也。是故先愛而後嚴，樂生而哀終，天之當也。……天地之化如四時。」[131]

　　誠然天生「四時」並非完全是為君王，董仲舒為此說：「為人主者，居至德之位，操殺生之勢，以變化民。民之從主也，如草木之應四時也」（〈威德所生〉）之所用。「為人主也，道莫明省身之天，如天出之也。使其出也，答天之出四時[132]而必忠其受也，是可生可殺，而不可使為亂。」所謂「喜怒之發，威德之處，無不皆中其應，可以參寒暑冬夏之不失其時已。故曰聖人配天」，人主操生殺大權「為人主者，予奪生殺，各當其義，若四時；列官置吏，必

---

[131] 語見董仲舒《春秋繁露》〈王道通三〉：「故四時之行，父子之道也；天地之志，君臣之義也；陰陽之理，聖人之法也。陰，刑氣也；陽，德氣也。陰始於秋，陽始於春。春之為言，猶偆偆也；秋之為言，猶湫湫也。偆偆者，喜樂之貌也，湫湫者，憂悲之狀也。是故春喜夏樂，秋憂冬悲，悲死而樂生。以夏養春，以冬藏秋，大人之志也。是故先愛而後嚴，樂生而哀終，天之當也。而人資諸天。天固有此，然而無所之如其身而已矣。人主立於生殺之位，與天共持變化之勢，物莫不應天化。天地之化如四時。……人主當喜而怒，當怒而喜，必為亂世矣。是故人主之大守，在於謹藏而禁內，使好惡喜怒必當義乃出，若暖清寒暑之必當其時乃發也。人主掌此而無失，使乃好惡喜怒未嘗差也，如春秋冬夏之未嘗過也，可謂參天矣。深藏此四者而勿使妄發，可謂天矣。」

[132] 〈為人者天〉：「為生不能為人，為人者天也。人之人本於天，天亦人之曾祖父也。人之形體，化天數而成；人之血氣，化天誌而仁；人之德行，化天理而義。人之好惡，化天之暖清；人之喜怒，化天之寒暑；人之受命，化天之四時。人生有喜怒哀樂之答，春秋冬夏之類也。春之答也，怒，秋之答也；樂，夏之答也；哀，冬之答也。天之副在乎人。人之情性有由天者矣。故曰受，由天之號也。」

以其能，若五行；好仁惡戾，任德遠刑，若陰陽。此之謂能配天」（〈天地陰陽〉）。董仲舒認爲四時乃天之威，也必須以此特加規範以告誡君主。

鬼谷子將因「四時」所衍生出的「事」，特別於〈捭闔第一〉上說：「益損、去就、倍反，皆以陰陽禦其事」，《管子》言：「是故陰陽者，天地之大理也；四時者，陰陽之大經也。」陰陽與四時相關而生對應，「道生德，德生正，正生事。」管子說明因爲「四時」的正，所產生出，後來有許多的事情之階段性。鬼谷子不落人後，也強調的說：「以陽動者，德相生也。以陰靜者，形相成也。以陽求陰，苞以德也；以陰結陽，施以力也。陰陽相求，由捭闔也。此天地陰陽之道，而說人之法也。爲萬事之先，是謂圓方之門戶。」這裡若把「而說人之法也」取開，與管子之話相呼應，而更近於人事之大用。

《鬼谷子》〈抵巇第四〉：「事之危也，聖人知之，獨保其身；因化說事，通達計謀，以識細微」，聖人必須始終保持高度的敏感度，才能隨時面對陰陽及四時等，之精微變化。對於「德始於春，長於夏；刑始於秋，流於冬。」「刑德不失，四時如一」，「刑德者，四時之合也。刑德合於時則生福，詭則生禍」，「刑德離鄉，時乃逆行。作事不成，必有大殃」是以「聖王治天下」，「國有四時，固執王事」[133]。此乃是《鬼谷子》〈忤合第六〉：「非至聖達奧，不能禦世；非勞心苦思，不能原事」之意思。

不就是鬼谷子看重一位身爲傑出的政治家，身處在各個利益不同的團體重圍之下，如何兼顧各方不同之利害關係，以及糾葛萬分與錯綜複雜的國際情勢之下，不管是內政、外交、軍事、經濟……等等之國事，都要做得完善，可說是相當的不容易。雖然孔子於《論語》〈陽貨篇〉回答子貢說：「四時行焉，百物生焉，天何言哉？」[134]四時之運行，不管正常或不正常與否，都是千古「天之正」。天！祂從來，雖都不曾使用人語與人言，但其實風雨霜雪之降災，不也算是不語之言嗎？故不管是古今，同樣身爲政治人物，還是必須面對四時天候的變異與災害及其衍生出的事務，何況還必須站在爲民爲己之喉舌，以及爲祖宗爲子孫的立場上，向老天祈求、抗議不得、爭福利也不成，

---

133 語見《管子》〈四時第四十〉：「道生天地，德出賢人，道生德，德生正。正生事，是以聖王治天下，窮則反，終則始；德始於春，長於夏，刑始於秋，流於冬，刑德不失，四時如一，刑德離鄉，時乃逆行。作事不成，必有大殃。月有三政，王事必理，以爲久長。不中者死，失理者亡。國有四時，固執王事。四守有所，三政執輔。」

134 語見《論語》〈陽貨第十七〉子曰：「予欲無言。」子貢曰：「子如不言，則小子何述焉？」子曰：「天何言哉？四時行焉，百物生焉，天何言哉？」

只得老實埋頭苦幹呀，那絕對是需要何等的眞本領呀！也正是管子治國施政之苦心：「是故春凋，秋榮，冬雷，夏有霜雪，此皆氣之賊也。刑德易節失次，則賊氣速至；賊氣速至，則國多災殃。」[135]

　　處在那種科技不發達，一切都仰賴天候氣象之鼻息，靠天吃飯的時代裡，四時氣侯之變異完全無法掌控，農作欠收不僅面臨是民生凋蔽，或盜匪四起、或流民流竄、或瘟疫肆虐，可能更會是國力的考驗，或它國侵患、或政爭殺伐，都是古之領袖與負責國政者的頭疼大事。所以聖人必須是位善變者，並非是言行不一、德操不守；而是位對於國土有所規畫，地利形勢、農魚牧礦、鄉野田池、人口質量、倉儲物流等之資料，而能善加以充分掌控。以上不僅懂得本地風光之地理知識，還需有對於四時氣候等完整之天文學識，以及爲人和而幃握運籌、通權達變之效，故《鬼谷子》言：「善變者：審知地勢，乃通於天，以化四時，……而牧人民。」意義深遠呀。「乃揣切時宜，從便所爲，以求其變。」（〈內揵第三〉）鬼谷子鼓勵積極有爲，雖不能人定勝天，但總得以各種合宜之辦法，試著解決和因應陰陽四時，或無情、或無意之改變，所造成人民的損失與苦難，也算幸甚矣！

　　因此也難怪董仲舒，要特別重視「陰陽、四時」之天道了，言：「明此通天地、陰陽、四時、日月、星辰、山川、人倫」，借諸以言：「德侔天地者稱皇帝，天佑而子之，號稱天子。」（《春秋繁露》〈三代改制質文篇〉）。又多將朝庭官員之數以法四時充當之，如：「諸侯之外佐四等，百二十人，法四時六甲之數也」；〈觀德篇〉：「是故周之子孫，其親等也，四時等也，而春最先。十二月等也，而正月最先」；〈身之養重於義篇〉：「聖人天地動、四時化者，非有他也，其見義大故能動，動故能化，化故能大行，化大行故法不犯，法不犯故刑不用，刑不用則堯舜之功德。此大治之道也，先聖傳授而複也。」

　　《鬼谷子》〈內揵第三〉：「乃通於天，以化四時，使鬼神，合於陰陽，而牧人民」。古代更有爲「通神靈，感天地，正四時」，而建立「通天靈台」的說法，如《白虎通義》：「天子所以有靈台者何？所以考天人之心，察陰陽之

---

[135] 語見《管子》〈四時第四十〉：「是故春凋秋榮，冬雷夏有霜雪，此皆氣之賊也刑德易節失次，則賊氣速至，賊氣速至，則國多災殃，是故聖王務時而寄政焉。作教而寄武，作祀而寄德焉，此三者聖王所以合於天地之行也。日掌陽，月掌陰，星掌和，陽爲德，陰爲刑，和爲事，是故日食，則失德之國惡之。月食，則失刑之國惡之。彗星見，則失和之國惡之。風與日爭明，則失生之國惡之。是故聖王日食則修德，月食則修刑，彗星見則修和，風與日爭明則修生，此四者聖王所以免於天地之誅也。信能行之，五穀蕃息，六畜殖，而甲兵強，治積則昌，暴虐積則亡。」

會，……通神靈，感天地，正四時，出教化，宗有德，重有道，顯有能，褒有行者也。」[136]《春秋繁露》：「天地之數，不能獨以寒暑成歲，必有春夏秋冬。聖人之道，不能獨以威勢成政，必有教化。……教化之功不大乎？」[137]實是鬼谷子：「而牧人民」之真意所在！《鬼谷子》所謂〈反應第二〉：「己不先定，牧人不正，事用不巧，是謂忘情失道。」不就是遺失了聖人之道嗎？「己審先定以牧人，策而無形容，莫見其門，是謂天神。」、「報其心、見其情，隨而牧之」。《管子》〈輕重己第八十五〉言：「清神生心，心生規，規生矩，矩生方，方生正，正生曆，曆生四時，四時生萬物，聖人因而理之，道徧矣。」

　　《鬼谷子》〈實意法螣蛇〉：「以觀天地開闢，知萬物所造化，見陰陽之終始，原人事之政理。」管子言：「是故聖王務時而寄政焉，作教而寄武，作祀而寄德焉。」、「此三者聖王所以合於天地之行也。日掌陽，月掌陰，星掌和。陽為德，陰為刑，和為事。」《春秋繁露》：「天有四時，王有四政，……慶賞罰刑各有正處，如春夏秋冬各有時也。四政者，不可以相干也，猶四時不可相干也。四政者，不可以易處也，猶四時不可易處也。」[138]董仲舒歎如慶賞罰刑有不行於其正處者，是《春秋》所譏嘲者也。若是「刑與德」偏離正確的方向，四時便要逆行，行事不成，並且必遭大禍。管子言：「四時者，陰陽之大經也；刑德者，四時之合也。刑德合於時則生福，詭則生禍。」

　　《鬼谷子》〈捭闔第一〉：「尊榮、顯名、財利，為陽，曰始」、「刑戮、誅

---

[136] 語見《白虎通義》〈辟雍〉：「天子所以有靈台者何？所以考天人之心，察陰陽之會，揆星辰之證驗，為萬物獲福無方之元。《詩》云：『經始靈台。』天子立明堂者，所以通神靈，感天地，正四時，出教化，宗有德，重有道，顯有能，褒有行者也。明堂，上圓下方，八窗四闥，布政之宮，在國之陽。上圓法天，下方法地，八窗象八風，四闥法四時，九室法九州，十二坐法十二月，三十六戶法三十六雨，七十二牖法七十二風。」

[137] 語見《春秋繁露》〈為人者天〉：「傳曰：政有三端：父子不親，則致其愛慈；大臣不和，則敬順其禮；百姓不安，則力其孝弟。孝弟者，所以安百姓也。力者，勉行之身以化之。天地之數，不能獨以寒暑成歲，必有春夏秋冬。聖人之道，不能獨以威勢成政，必有教化。故曰：先之以博愛，教以仁也；難得者，君子不貴，教以養也。雖天子必有尊也，教以孝也；必有先也，教以弟也。教化之功不大乎？」

[138] 《春秋繁露》〈四時之副〉：「天之道，春暖以生，夏暑以養，秋清以殺，冬寒以藏。暖暑清寒，異氣而同功，皆天之所以成歲也。聖人副天之所行以為政，故以慶副暖而當春，以賞副暑而當夏，以罰副清而當秋，以刑副寒而當冬。慶賞罰刑，畢異而同功，皆王者之所以成德也。慶賞罰刑與春夏秋冬，以類相應也，如合符。故曰王者配天，謂其道。天有四時，王有四政，四政若四時，通類也，天人所同有也。慶為春，賞為夏，罰為秋，刑為冬。慶賞罰刑之不可不具也，如春夏秋冬不可不備。慶賞罰刑，當其處不可不發，若暖暑清寒，當其時不可不出也。慶賞罰刑各有正處，如春夏秋冬各有時也。四政者，不可以相干也，猶四時不可相干也。四政者，不可以易處也，猶四時不可易處也。故慶賞罰刑有不行於其正處者，《春秋》譏也。」

罰，爲陰，曰終。」百姓終始之民生問題，不正就是古往今來每一個國家都要做的政事。古老中國，彼時不管是四政：「慶、賞、罰、刑」，或三政：「政令、武事、祭祀」，或月令五政[139]；都得每月當按時節推行農事、政令，制定教令推行武事，設祭祀顯示德行，一切均必須遵照它來治理，這樣的政權才可以長久。不適應就會毀滅，不治理就會敗亡。國家既然有四時的不同政令，堅決執行著聖王的政事。那麼，春夏秋冬四時應做的事情就要安排得各得其所，還要同時以上述「政事教令」作爲必要的輔助。

　　《鬼谷子》〈忤合第六〉：「是以聖人居天地之間，立身、禦世、施教、揚聲、明名也；必因事物之會，觀天時之宜。」〈揣篇第七〉：「故計國事，則當審權量」。《管子》言：「道生天地，德出賢人。道生德，德生正，正生事。是以聖王治天下，窮則反，終則始。德始於春，長於夏；刑始於秋，流於冬。刑德不失，四時如一。刑德離鄉，時乃逆行。作事不成，必有大殃。」（〈四時第四十〉）四時教令不得輕忽。所以聖人對於天道是眞正聰明的，對於地道是眞正聖智的，因而他所認識的四時也是正確的。只要君主是眞正聰明和聖智的，他的臣下也就行事正確了。如何瞭解其君主的眞正聰明和聖智呢？不正是鬼谷子要求從事政治活動的縱橫家子弟們「擇主而從」與「擇交安民」[140]之道！

三、觀天時之宜

　　《鬼谷子》之〈飛箝第五〉上言：「將欲用之於天下，必度權量能，見天時之盛衰。」此處所言是指遊說要用之於天下之際，除了需要事前的「度權

---

[139] 《管子》〈四時第四十〉：「是故春三月以甲乙之日發五政。一政曰：論幼孤，舍有罪；二政曰：賦爵列，授祿位；三政曰：凍解修溝瀆，覆亡人；四政曰：端險阻，修封疆，正千伯；五政曰：無殺麂夭，毋蹇華絕芽。五政苟時，春雨乃來。」「是故夏三月以丙丁之日發五政。一政曰：求有功發勞力者而舉之；二政曰：開久墳，發故屋，辟故卯以假貸；三政曰：令禁扇去笠，毋扱免，除急漏田廬；四政曰：求有德賜佈施於民者而賞之；五政曰：令禁置設禽獸，毋殺飛鳥。五政苟時，夏雨乃至也。」「是故夏三月以丙丁之日發五政。一政曰：求有功發勞力者而舉之；二政曰：開久墳，發故屋，辟故卯以假貸；三政曰：令禁扇去笠，毋扱免，除急漏田廬；四政曰：求有德賜佈施於民者而賞之；五政曰：令禁置設禽獸，毋殺飛鳥。五政苟時，夏雨乃至也。」「冬行春政則泄，行夏政則雷，行秋政則旱。是故冬三月以壬癸之日發五政。一政曰：論孤獨，恤長老；二政曰：善順陰，修神祀，賦爵祿，授備位；三政曰：效肢計，毋發山川之藏；四政曰：捕奸遁，得盜賊者有賞；五政曰：禁遷徙，止流民，圉分異。五政苟時，冬事不過，所求必得，所惡必伏。」

[140] 《戰國策》〈蘇秦從燕之趙始合從〉：「爲大王計，莫若安民無事，請無庸有爲也。安民之本，在於擇交。擇交而得則民安，擇交不得則民重申不得安。請言外患：齊、秦爲兩敵，而民不得安；倚秦攻齊，而民不得安；倚齊攻秦，而民不得安。」

量能」之外，還必須做到察覺「天時」之盛衰。因為「先天而天弗違，後天而奉天時」（〈文言〉），此處「先天」指的是「四時」，而「後天」指的則是「天時」了。

〈揣篇第七〉：「觀天時之禍福，孰吉孰凶？」可見鬼谷子於倡導遊說理論之建立、注重人際關係之際，不忘善於掌握天時與時機之重要，我們常言「天時、地利、人和」三者缺一不可，尤以「天時」排為首位。「所以立功成名者四：一曰天時，二曰人心，三曰技能，四曰勢位」（《韓非子》〈功名第廿八〉），雖指的是君主成為明君之立功成名，但亦適用於當代之世人。如果是古代以農立國則「天時」更是重要，所以管子在〈牧民第一〉上說出了重話：「凡有地牧民者，務在四時，守在倉廩……不務天時，則財不生；不務地利，則倉廩不盈……國乃滅亡」[141]；《荀子》〈富國篇〉：「若是則萬物得宜，事變得應，上得天時，下得地利，中得人和，則財貨渾渾如泉源」，又《禮記》〈禮器〉：「上不失天時，下不失地利，中得人和，而百事不廢，是之謂政令行」，「故作大事，必順天時，為朝夕必放於日月，為高必因丘陵，為下必因川澤。是故天時雨澤，君子達亹亹焉。」以上無不都說出了天時之重要。

《鬼谷子》〈忤合第六〉言：「是以聖人居天地之間……必因事物之會，觀天時之宜」，天降聖人之存在價值乃是治國安民。《管子》曰：「聖人萬民艱處而立焉」，政治人物能做到為萬民稱之為「聖人」，何等之困難？「聖人之道，若存若亡」，「是故聖人一言解之，上察於天，下察於地。」（〈心術下第卅七〉）。還需善於掌握天時、天利，平時不多言語，「聖人擇可言而後言，擇可行而後行，偷得利而後有害，偷得樂而後有憂者，聖人不為也」（〈形勢解第六十四〉）：不若今日各國政府之領導者，常過度發表言論，徒增百姓反感。現代成功的領袖，必須如鬼谷子之聖人主張：「主事日成，而人不知」，能默默於背後，將不利之機轉化成對人民明顯有感之利益，才是真正叫好的政績，「聖人謀之於陰，故曰神」（〈摩篇第八〉）；成功的領袖還要具備：「神明之德術正靜」（〈符言第十二〉）明顯之特質。

---

[141] 語見《管子》〈牧民〉：「凡有地牧民者，務在四時，守在倉廩。國多財，則遠者來，地辟舉，則民留處；倉廩實，則知禮節；衣食足，則知榮辱；上服度，則六親固。四維張，則君令行。故省刑之要，在禁文巧，守國之度，在飾四維，順民之經，在明鬼神，祇山川，敬宗廟，恭祖舊。不務天時，則財不生；不務地利，則倉廩不盈。野蕪曠，則民乃菅，上無量，則民乃妄。文巧不禁，則民乃淫，不璋兩原，則刑乃繁。不明鬼神，則陋民不悟；不祇山川，則威令不聞；不敬宗廟，則民乃上校；不恭祖舊，則孝悌不備；四維不張，國乃滅亡。」

　　《鬼谷子》言：「因以所多所少，以此先知之，與之轉化」，「摩之在此，符應在彼，從而用之」（〈摩篇第八〉），也才能「而民不知所以服，不知所以畏」。管子也有持此相同之言論，如〈水池第卅九〉言：「是以聖人之治於世也。不人告也，不戶說也」；〈正世第四十七〉：「聖人者，明於治亂之道，習於人事之終始者也。其治人民也，期於利民而止。故其位齊也不慕古，不留今。與時變，與俗化。」所以聖人之誕生，無不爲了服務人民，故除了必須先順應「天時」之外，再合乎地利之便，而最終目的更是要適合眾人之利益、講究百姓之所需，以守護之所以貴爲天使之聖人的天職。

　　管子曾言：「天因人，聖人因天；天時不作，勿爲客；人事不起，勿爲始」[142]；同孟子所言：「天時不如地利，地利不如人和。……戰勝矣！」[143]，也是兵家所不敢輕忽：「是以有道之主，將用其民，先和而造大事。不敢信其私謀，必告於祖廟，啓於元龜，參之天時，吉乃後舉。」[144]

　　套上廿一世紀的語言，古之聖人今之國家領導者其所做所爲，不正是趕上「天時」或時機，明白甚至超越潮流之流行趨勢，還必須掌握，細查民情、民瘼、充分掌控內政之良窳。進而，才能滿足庶民百姓之需要與喜好，以有感的施政業務推行出來——以「因應民意」。才不會像當今馬英九總統，所代表的執政黨－國民黨於 2014 年的地方「九合一選舉」之大敗一般，因其執行力遭遇到全民嚴酷的檢視。正是所謂的「人主之所以令則行，禁則止者，必令於民之所好，而禁於民之所惡也」（《管子》〈形勢解第六十四〉）；《大學》：「《詩》云：『樂只君子，民之父母。』民之所好好之，民之所惡惡之，此之

---

[142] 語見《管子》〈勢篇〉：「逆節萌生，天地未形。先爲之政，其事乃不成，繆受其刑。天因人，聖人因天天時不作，勿爲客，人事不起，勿爲始。慕和其眾，以修天地之從。人先生之，天地刑之。聖人成之，則與天同極。正靜不爭，動作不貳。素質不留，與地同極。未得天極，則隱於德。已得天極，則致其力。既成其功，順守其從，人不能代。」

[143] 語見《孟子》〈公孫丑下〉孟子曰：「天時不如地利，地利不如人和。三里之城，七里之郭，環而攻之而不勝。夫環而攻之，必有得天時者矣；然而不勝者，是天時不如地利也。城非不高也，池非不深也，兵革非不堅利也，米粟非不多也；委而去之，是地利不如人和也。故曰：域民不以封疆之界，固國不以山谿之險，威天下不以兵革之利。得道者多助，失道者寡助。寡助之至，親戚畔之；多助之至，天下順之。以天下之所順，攻親戚之所畔；故君子有不戰，戰必勝矣。」

[144] 語見《吳子》〈圖國〉：「昔之圖國家者，必先教百姓而親萬民。有四不和：不和於國，不可以出軍；不和於軍，不可以出陳；不和於陳，不可以進戰；不和於戰，不可以決勝。是以有道之主，將用其民，先和而造大事。不敢信其私謀，必告於祖廟，啓於元龜，參之天時，吉乃後舉。民知君之愛其命，惜其死，若此之至，而與之臨難，則士以盡死爲榮，退生爲辱矣。」

謂民之父母。《詩》云：『節彼南山，維石巖巖。赫赫師尹，民具爾瞻。』有國者不可以不慎，辟則爲天下僇矣。」[145]

　　《鬼谷子》言：「聖人謀之於陰，故曰神；成之於陽，故曰明。……而天下比之神明」；又《管子》〈內業第四十九〉：「喜怒取予，人之謀也，是故聖人與時變而不化，從物而不移」[146]。〈形勢解第六十四〉：「聖人擇言必顧其累，擇行必顧其憂」不就都在於選擇嗎？「聖人之求事也，先論其理義，計其可否；故義則求之，不義則止。可則求之，不可則止；故其所得事者，常爲身寶。」對於「天時」發生的認知與判斷，不正是所謂的「機不可失」，才不會有「時不我予」之感概呀！故空有謀略，而無法掌握時機，甚至於需要之時，時機已然流失，是否能夠自行去創造機會，這就是考驗著是否自我成就一位偉大事業的政治家。正驗證著一首歌：「時代在考驗著我們，我們在創造時代。革命的青年，快快團結一起來……」[147]。掌握時代、扭轉乾坤，不就是奉鬼谷子遊說理論爲圭臬的縱橫家子弟，在春秋、戰國那個特殊的年代裡，盡情盡力的「發揮所學、創造機會」、「推銷自我、掌握契機」、「排除萬難、苦心經營」之下，才能成就的一番大事業嗎？

四、揣切時宜

　　以上，已論述過鬼谷思想的「四時、天時」，我們接著要探討鬼谷子對於「時」，尚有何不同之看法？《鬼谷子》言：「揣切時宜，從便所爲，以求其

---

[145] 語見《大學》：「所謂平天下在治其國者：上老老而民興孝，上長長而民興弟，上恤孤而民不倍，是以君子有絜矩之道也。所惡於上，毋以使下；所惡於下，毋以事上；所惡於前，毋以先後；所惡於後，毋以從前；所惡於右，毋以交於左；所惡於左，毋以交於右。此之謂絜矩之道。《詩》云：「樂只君子，民之父母。」民之所好好之，民之所惡惡之，此之謂民之父母。《詩》云：「節彼南山，維石巖巖。赫赫師尹，民具爾瞻。」有國者不可以不慎，辟則爲天下僇矣。」

[146] 語見《管子》〈內業〉：「天主正，地主平。人主安靜，春秋冬夏，天之時也，山陵川谷，地之枝也，喜怒取予，人之謀也，是故聖人與時變而不化，從物而不移。能正能靜，然後能定。定心在中，耳目聰明，四枝堅固，可以爲精舍。精也者，氣之精者也。氣道乃生，生乃思，思乃知，知乃止矣。凡心之形，過知失生。」

[147] 中國青年反共救國團團歌　張錦鴻編曲：「時代在考驗著我們，我們要創造時代；熱情的青年快下決心一起來。有理想、有目標；掀起青年救國的高潮；不怕苦、不怕難，共同建設好家邦。團結、奮鬥、奉獻力量。重建三民主義新中華，讓青天白日大地普照」這是在戒嚴時期（反共抗俄時期）前總統蔣介石，爲傳承號召抗日戰爭時「十萬青年十萬軍」救國使命。特命蔣經國爲第一屆主任，領導中國青年反共救國團，在台灣組織有志青年，進行所謂教育青年愛國之革命思想。當初是中國國民黨營事業（亦如共產黨之共青團之一般），如今已向內政部登記爲民間團體之社團法人了。

變。」(〈內揵第三〉)，該文如下：

> 「方來應時，以合其謀。詳思來揵，往應時當也。夫內有不合者，不可施行也。乃揣切時宜，從便所爲，以求其變。以變求內者，若管取揵。言往者，先順辭也；說來者，以變言也。善變者：審知地勢，乃通於天，以化四時」[148]

這段話裡仔細一看，會發現到有四個「時」與四個「變」字。很平均吧，但在整部《鬼谷子》書上，用到「變」一字，全書有 31 次之多，而分別是在 19 個段落中使用。這與「時」出現達 17 次，而僅有 12 個段落中被使用到。不僅是大不相同，不說差很大，才會是怪事呢？因之，鬼谷子是較重視「變」，這個字乃是個動詞之屬性，佔絕大之多數。所以試著將其，重新連接排列在一起「方來應時，以求其變；往應時當也，以變求內者；乃揣切時宜，以變言也；善變者，以化四時。」不就更加能夠讓人明白，時變之重要。將「時變」與「親疏」放在一起，就只有此唯一之一篇，其珍貴自不言而喻了，可見鬼谷子之苦心了！

以上也可用來解爲何：「故子胥善謀而吳戮之，仲尼善說而匡圍之，管夷吾實賢而魯囚之」；《韓非子》〈難言第三〉也接著說到：「三大夫豈不賢哉」是「三君不明也」，「故曰以至智說至聖，未必至而見受……賢聖不能逃死亡避戮辱者也」，因爲「至言忤於耳而倒於心，非賢聖莫能聽」[149]。其實聖賢並

---

[148] 〈內揵第三〉第三段言：「內者，進說辭也；揵者，揵所謀也。欲說者務隱度，計事者務循順。陰慮可否，明言得失，以禦其志。方來應時，以合其謀。詳思來揵，往應時當也。夫內有不合者，不可施行也。乃揣切時宜，從便所爲，以求其變。以變求內者，若管取揵。言往者，先順辭也；說來者，以變言也。善變者：審知地勢，乃通於天，以化四時，使鬼神，合於陰陽，而牧人民。」本文〈內揵第三〉段落以參考「諸子百家、中國書電子化計劃」全篇文分七段爲用。許宏富著《鬼谷子集校集註》則將其分爲六段，李天道著《鬼谷子兵法》則分爲三段（唯其漏了一段）；陳蒲清著《鬼谷子詳解》則分爲四段（同李所著，亦漏了相同之一段）；若是鄭傑文著《鬼谷子人生智慧》，則將〈內揵第三〉區分爲兩段。均各有特色。本書之採七段或兩段分法，因將〈內揵第三〉遊說談與君主「親疏」處給劃分開來。也就是本篇向君王內揵，是有時間性的，時機一過則就完全不同了，得保握時機。如以鄭傑文之兩段方法，就是區分「親與疏」兩個階段，前段寫「因親而見寵見用，進而代君王決事」，爲縱橫家之主要目的之所在；後段寫「不受重用，退爲大儀」。親近與疏離之二大期間，也就是鬼谷子爲縱橫策士從事遊說之政治家們，所特地開講的「四個時間」之問題。「1.方來應時、2.往應時當也、3.乃揣切時宜、4.以化四時」，和「變」之「1.以求其變、2.以變求內者、3.以變言也、4.善變者」，之四個階段則是相應的。將其排列連在一起「方來應時，以求其變；往應時當也，以變求內者；乃揣切時宜，以變言也；善變者，以化四時。」就能讓人更加明白了。

[149] 《韓非子》〈難言第三〉：「臣非非難言也，所以難言者：言順比滑澤，洋洋纚纚然，則見以

非非智、所言非理，也並非君王愚昧，而是如孟子在〈公孫丑上〉引齊人之話所言：「雖有智慧，不如乘勢；雖有鎡基，不如待時。」因此唯有「乘勢待時」，才能達成事半功倍之效。這也就是鬼谷子向來強調，要懂得「親、疏、時、變」之運用。因為君臣上下之事，本就有親有疏，如何改變「遠而親，近而疏」這個形「勢」，這就必須「揣切時宜，從便所為，以求其變」採用「或結以道德，或結以黨友，或結以財貨，或結以采色，用其意」之變通的方法，進而「以禦其志，以合其謀」，才能夠達成「進說辭，捷所謀」（〈內揵第三〉）之目的。否則，永遠沒有辦法打進君王的內心世界！還奢望如何才能去改變局勢？故若「故外親而內疏者，說內；內親而外疏者，說外」（〈謀篇第十〉）。要持秉此方法「外親說內、內親說外」，則才能有所改變。

　　翻開一部慘烈的春秋、戰國史，多少人致力於改變當時混亂不堪的現況，如：君王、諸侯與霸主，賢臣武將、志士仁人、哲人遊俠……等，無不前撲後繼，望治若渴。所憑藉著是各家各門的「道」，在各憑本事、各彈各個調之下，而「青山依舊在，幾度夕陽紅」[150]。「時間」依舊無情的流逝，幾百年就在無數慘絕人寰的大小戰役之下，多少生靈塗炭增填於溝渠之中，而成為冤魂屍骨，一事無成荒謬的給度過了。所幸出現了鬼谷子，察覺一切問題都在於「人和」，也都與其它門派的祖師爺一樣，早知道首先要做的第一件事，就

為華而不實。敦祗恭厚，鯁固慎完，則見以為掘而不倫。多言繁稱，連類比物，則見以為虛而無用。摠微說約，徑省而不飾，則見以為劌而不辯。激急親近，探知人情，則見以為譖而不讓。閎大廣博，妙遠不測，則見以為誇而無用。家計小談，以具數言，則見以為陋。言而近世，辭不悖逆，則見以為貪生而諛上。言而遠俗，詭躁人間，則見以為誕。捷敏辯給，繁於文采，則見以為史。殊釋文學，以質信言，則見以為鄙。時稱詩書，道法往古，則見以為誦。此臣非之所以難言而重患也。」「故度量雖正，未必聽也；義理雖全，未必用也。大王若以此不信，則小者以為毀訾誹謗，大者患禍災害死亡及其身。**故子胥善謀而吳戮之，仲尼善說而匡圍之，管夷吾實賢而魯囚之。**故此三大夫豈不賢哉？而三君不明也。上古有湯至聖也，伊尹至智也；夫至智說至聖，然且七十說而不受，身執鼎俎為庖宰，昵近習親，而湯乃僅知其賢而用之。故曰以至智說至聖，未必至而見受，伊尹說湯是也；以智說愚必不聽，文王說紂是也。故文王說紂而紂囚之，翼侯炙，鬼侯臘，比干剖心，梅伯醢，夷吾束縛，而曹羈奔陳，伯里子道乞，傅說轉鬻，孫子臏腳於魏，吳起收泣於岸門、痛西河之為秦、卒枝解於楚，公叔痤言國器、反為悖，公孫鞅奔秦，關龍逢斬，萇宏分胏，尹子阱於棘，司馬子期死而浮於江，田明辜射，宓子賤、西門豹不鬥而死人手，董安於死而陳於市，宰予不免於田常，范雎折脅於魏。此十數人者，皆世之仁賢忠良有道術之士也，不幸而遇悖亂闇惑之主而死，然則雖賢聖不能逃死亡避戮辱者何也？則愚者難說也，故君子不少也。且至忓於耳而倒於心，非賢聖莫能聽，願大王熟察之也。」

[150] 明、楊慎作：「滾滾長江東逝水，浪花淘盡英雄；是非成敗轉頭空，**青山依舊在，幾度夕陽紅。**白髮漁樵江渚上，慣看秋月春風。一壺濁酒喜相逢，古今多少事，都付笑談中。」（清初毛宗崗在評點《三國演義》時，將此詞作為楔子，放進了卷首裡。）

是去找有權有勢的主子「諸侯」王，加以說服，一切就會變成好辦事。聖之時者，如：孔子之「周遊列國」、孟子之「仁義之師」、墨子之「天下爲公」（原則），奔走呼號也始終無法成功，因爲無法確實掌握到「說服」之要領所在。因此在鬼谷子的授課下，終於有了《鬼谷子》，專門針對遊說謀略之書給傳承下來。所以鬼谷子說：「用其意，欲入則入，欲出則出；欲親則親，欲疏則疏；欲就則就，欲去則去；欲求則求，欲思則思。」（〈內揵第三〉）

　　大家所「謀」的不都是同一件事情，也就是一個「大一統」的天下（主旨、共識）。這是個大前題，任誰都不會反對「終結分分、走向合合」之天下，且各自認爲「夫天，未欲平治天下也；如欲平治天下，當今之世，舍我其誰也？吾何爲不豫哉？」但卻存在著「原則」之問題。明知：「天時不如地利，地利不如人和」（《孟子》〈公孫丑下〉）。但要求可能之「時變」下，只是一味的強調「原則」性，竟公然不重視還遺忘「主旨」，踐踏「共識」之機會，還不願去抓住「時機」，昧於「形勢」之重要性，以致於撕裂了與握有決策權的Key-Man，即與諸侯之和諧，一切不都是免談了嗎？因此鬼谷子之針對此而強調：「故同情而相親者，其俱成者也；同欲而相疏者，其偏害者也；同惡而相親者，其俱害者也；同惡而相疏者，其偏害者也。故相益則親，相損則疏，其數行也：此所以察異同之分其類一也」（〈謀篇第十〉），道理不是非常之簡單明瞭。

　　故《鬼谷子》又言：「因其疑，以變之；因其見，以然之；因其說，以要之；因其勢，以成之；因其惡，以權之；因其患，以斥之」（〈謀篇第十〉）。鬼谷子的意思，不就是告訴我們要懂得，以「誠意化解敵意」，做到一種眞正合乎該國國情，刻正需要「量身定作」的大謀略，才能取得認同與支持：「抓住對方疑慮的關鍵之點，千方百計幫他改變想法，以消除他的困惑；順著他的見解，而表示贊同與支持；依著對方的說法，來取得信任；因應著他們的國家所處的形勢大局，爲之規畫以成就其功業；因應著對方的民族文化思維之好惡，權橫利弊得失；針對該國的憂患現況與潛藏意識，來爲其排憂解難。」以上之重點，其實都在於「因其勢」。唯有取得君王之認同，以獲得大權，並長期進駐該國，以謀內外朝政之改善。依史實加以觀之，勝過墨者之「和平守城」，非縱橫家確實「揣切時宜」與「親疏時變」執行大謀略、大開大闔者，如張儀、公孫衍、蘇秦，實難以爲之。乃是春秋、戰國之時局與趨勢，流行使然。

　　中國古人很早以來，一直就很強調對「勢」的把握，商鞅在變法時也強調「乘勢」的重要性，「飛蓬遇飄風而至千里，乘風之勢也……故托其勢者，雖遠必至」[151]（《商君書》〈禁使第廿二〉）；故《孫子兵法》曰：「故善戰者，求之於勢，不責於人，故能責人任勢」[152]。《韓非子》〈五蠹第四十九〉：「世異則事異。……事異則備變」，「上古競於道德，中世逐於智謀，當今爭於氣力」[153]；所以《孟子》曰：「故事半古之人，功必倍之，惟此時爲然」，又言「彼一時，此一時也」[154]可見掌握時變之重要。

　　韓非子說過：「聖人之道，去智與巧」。所以，有時在無法逆轉的大局勢之面前，無法中流抵柱之時，則還是要老老實實地跟著局勢走，敢於放膽去面對，站在趨勢浪頭。例如：歷史上的楚、漢相爭之中，劉邦有自知之明，承認在「勇悍人強」方面不如項羽，所以順勢而爲，「到什麼山上唱什麼歌」

---

[151] 語見《商君書》〈禁使〉：「故先王不恃其彊，而恃其勢；不恃其信，而恃其數。今夫飛蓬，遇飄風而行千里，乘風之勢也。探淵者知千仞之深，縣繩之數也。故託其勢者，雖遠必至；守其數者，雖深必得。今夫幽夜，山陵之大，而離婁不見；清朝日撽，則上別飛鳥，下察秋毫。故目之見也，託日之勢也。得勢之至，不參官而潔，陳數而物當。今恃多官眾吏，官立丞監。夫置丞立監者，且以禁人之爲利也；而丞監亦欲爲利，則以何相禁？故恃丞監而治者，僅存之治也。通數者不然，別其勢，難道也。故曰：「其勢難匿者，雖跖不爲非焉。」故先王貴勢。

[152] 語見《孫子兵法》〈兵勢〉：「激水之疾，至於漂石者，勢也。鷙鳥之擊，至於毀折者，節也。是故善戰者，其勢險，其節短，勢如張弩，節如機發。」「故善戰者，求之於勢，不責於人，故能擇人任勢」：任勢者，其戰人也，如轉木石，木石之性，安則靜，危則動，方則止，圓則行。故善戰人之勢，如轉圓石於千仞之山者，勢也。」

[153] 語見《韓非子》〈五蠹〉：「古者文王處豐、鎬之間，地方百里，行仁義而懷西戎，遂王天下。徐偃王處漢東，地方五百里，行仁義，割地而朝者三十有六國，荊文王恐其害己也，舉兵伐徐，遂滅之。故文王行仁義而王天下，偃王行仁義而喪其國，是仁義用於古不用於今也。故曰：世異則事異。當舜之時，有苗不服，禹將伐之，舜曰：「不可。上德不厚而行武，非道也。」乃修教三年，執干戚舞，有苗乃服。共工之戰，鐵銛矩者及乎敵，鎧甲不堅者傷乎體，是干戚用於古不用於今也。故曰：事異則備變。上古競於道德，中世逐於智謀，當今爭於氣力。齊將攻魯，魯使子貢說之，齊人曰：「子言非不辯也，吾所欲者土地也，非斯言所謂也。」遂舉兵伐魯，去門十里以爲界。故偃王仁義而徐亡，子貢辯智而魯削。以是言之，夫仁義辯智，非所以持國也。去偃王之仁，息子貢之智，循徐、魯之力使敵萬乘，則齊、荊之欲不得行於二國矣。

[154] 《孟子》〈公孫丑下〉：「孟子去齊。充虞路問曰：「夫子若有不豫色然。前日虞聞諸夫子曰：『君子不怨天，不尤人。』」曰：「彼一時，此一時也。五百年必有王者興，其間必有名世者。由周而來，七百有餘歲矣。以其數則過矣，以其時考之則可矣。夫天，未欲平治天下也；如欲平治天下，當今之世，舍我其誰也？吾何爲不豫哉？」「天時不如地利，地利不如人和。三里之城，七里之郭，環而攻之而不勝。夫環而攻之，必有得天時者矣；然而不勝者，是天時不如地利也。城非不高也，池非不深也，兵革非不堅利也，米粟非不多也；委而去之，是地利不如人和也。故曰：域民不以封疆之界，固國不以山谿之險，威天下不以兵革之利。得道者多助，失道者寡助。寡助之至，親戚畔之；多助之至，天下順之。以天下之所順，攻親戚之所畔；故君子有不戰，戰必勝矣。」

[155]。採「因勢利導，因地制宜、以取機遇」，聽張良之話，好好面對政治之現實情況，「顧全域、謀全域」；最終依得大勢所趨、借助形勢，才能眞正的乘風破浪、勇往直前。最終，也始能撥亂反正，因而建立了統一的大漢朝帝國，取得更大的成功，而獲歷史定位。也才是鬼谷子作《鬼谷子》之本意。

　　《尚書》出現「四時」僅一次，其意義上也只是歲曆時節，並未如後來將四時定義成政治上之意涵。但對於「時[156]」一字之相關用語，竟多達 141 次之多，且分別出現在 89 個段落之中。四時乃是名詞，而「時」之字用法可多了。如〈學而第一〉言：「學而時習之，不亦說乎」，「子曰：「道千乘之國：敬事而信，節用而愛人，使民以時」；《管子》言：「時乃逆行，作事不成，必有大殃」（〈四時第四十〉）。

　　縱橫家在政治實踐之中，不管是「擇主而從」或「擇交安民」、「擇法而行」、「擇友而交」，於瞬息萬變之間，都必須馬上作出正確的決擇。《鬼谷子》書中，對此每有議起：

　　　　〈抵巇第四〉：「世無可抵，則深隱而待時；時有可抵，則爲之謀。此道，可以上合，可以檢下。能因能循，爲天地守神。」

　　　　「揣情者，必以其甚喜之時，……必以其甚懼之時。」

　　　　〈摩篇第八〉：「道數與時相偶者也」。

　　　　〈中經〉：「蓋士遭世異時危」，「動以忌諱，示以時禁」。

　　不講功利的儒家也會談到保握時機，如《孟子》一書中，雖沒發現「四時」一詞，但卻出現 49 次的「時」一字，例如：「食之以時、不違農時、

---

[155] 毛澤東《反對黨八股》：「俗話說：『到什麼山上唱什麼歌。』……我們無論做什麼事都要看情形辦理，文章和演說也是這樣。」比喻說話辦事，要以具體情況爲依據；也比喻按照實際情況變化，而做出相應的變化。中國大陸已將其該文，編入 2010 中學考試語文說明常用俗語中。

[156] 「時」於《漢語辭典》、《康熙字典》、《辭海》等，有下列意思：「季節。時辰。中國古代一晝夜分成十二時辰，一時辰等於二小時。光陰、歲月。時間、時候。時代、時期。時機、時勢。按時，合於時宜。當時、那時。時常，時時。」而「時」，多爲名詞、其它有形容詞、介詞、副詞等。不就是「時間、時機、時候、時況、時期、時時、時代、時刻、時段、時常、時報、時效、時常、時效、時日、時分、時光、時空、時速、時節、時勢、時下、時髦、時裝、時尚、時宜、時令、時辰、時限、時差、時鐘、時價、時運、時過境遷、時運不濟、時至今日、時浮時現、時不我予…等」。以上羅列出眾多的時間之中文語詞，可見其存在是何等之重要。人類活動向來被時間所禁錮，更勝於被空間之範圍所限制。千萬年來時間與空間的問題，每每爲世界上各文明之民族的思想家與科學家們，相繼不斷的進行各項研究與探討。當然作爲我國之諸子百家的鬼谷子，對於時間之概念與實際掌控，自有一番獨特的看法。

斧斤以時、無失其時、勿奪其時、奪其民時、祭祀以時」[157]，亦有遵從、依照與配合「時機」意思。因國君依季節時令之不同，使百姓能夠專心努力於農、林、魚、牧，如此產業興盛、經濟繁榮，國家財政、內政進而得到改善，軍政國力，自是不同。鬼谷子於《陰符經》上亦註解曰：「食者所以治百骸，失其時而傷百骸。」雖只是個人養生，注重時機也尤其重要，否則反之則傷。

以不同「時間」因素解。「彼一時，此一時也。五百年必有王者興，其間必有名世者」，〈滕文公下〉：「由周而來，七百有餘歲矣。以其數則過矣，以其時考之則可矣」；〈公孫丑上〉齊人有言曰：「雖有智慧，不如乘勢；雖有鎡基，不如待時。」，「今時則易然也。夏後、殷、周之盛……且王者之不作，未有疏於此時者也；民之憔悴於虐政，未有甚於此時者也。……當今之時，萬乘之國行仁政……故事半古之人，功必倍之，惟此時為然。」

又可當作「即時」解。〈梁惠王下〉：「誅其君，弔其民，如時雨降。民大悅。」〈盡心上〉：「君子之所以教者五：有如時雨化之者，……」。作「適應時勢發展」解。〈萬章下〉：「伯夷，聖之清者也；伊尹，聖之任者也；柳下惠，聖之和者也；孔子，聖之時者也。」以上可見《孟子》一書，已明顯的完全脫離陰陽的思維，而以人為理性的觀點來評論時政、探討人的心性。相當不同於後來董仲舒，所發展出來之「表儒家、裏陰陽」[158]了。

掌握時機是《鬼谷子》所強調之外，我們也在《易經》之中找到於對此「時」一字，多有陳述。經查証，共出現46段58次之多。〈乾卦〉：「乾：元亨，利貞。」〈彖傳〉：「大哉乾元，……大明始終，六位時成，時乘六龍以禦天。」〈文言〉：「故乾乾因其時而惕，雖危無咎矣。」〈文言〉：「九四曰：『或

---

[157] 〈盡心上〉「食之以時，用之以禮，財不可勝用也。」「五母雞，二母彘，無失其時，老者足以無失肉矣。」〈梁惠王上〉梁惠王曰：「寡人之於國也，盡心焉耳矣。……鄰國之民不加少，寡人之民不加多，何也？」「……不違農時，穀不可勝食也；數罟不入洿池，魚鼈不可勝食也；斧斤以時入山林，材木不可勝用也。……五畝之宅，樹之以桑……；雞豚狗彘之畜，無失其時，……百畝之田，勿奪其時，數口之家可以無飢矣；……然而不王者，未之有也。」梁惠王曰：「晉國，天下莫強焉……寡人恥之……」孟子對曰：「王如施仁政於民，省刑罰，薄稅斂，……彼奪其民時，……夫誰與王敵？故曰：『仁者無敵。』王請勿疑！」〈盡心下〉：「犧牲既成，粢盛既潔，祭祀以時……」〈公孫丑下〉孟子曰：「天時不如地利，地利不如人和。」

[158] 方東美著《東美全集—原始儒家與道家哲學》〈第二章原始儒家思想——尚書部份〉十、哲學的革命「將原始儒家誤解為董仲舒時代之雜家」頁82。「陰陽家的哲學思想逐漸透滲到儒家的哲學思想裡，結果把儒家思想的真面目變換了，形成漢代陽儒陰雜這麼一種複雜的哲學狀態。」頁89。黎明文化事業公司出版，1985年11月。

躍在淵，無咎。』……君子進德脩業，欲及時也，故無咎。」〈文言〉：「『潛龍勿用』，陽氣潛藏。『見龍在田』，天下文明。『終日乾乾』，與時偕行。『或躍在淵』，乾道乃革。『飛龍在天』，乃位乎天德。『亢龍有悔』，與時偕極。乾元『用九』，乃見天則。」〈文言〉：「『乾乾』因其時而『惕』，雖危『無咎』矣。」乾卦在每一個階段，都講究要趁時機，保握住該階段不宜冒進。又，坤〈象傳〉：「含章可貞；以時發也。」《文言》曰：「『坤』至柔而動也剛，至靜而德方，後得主而有常，含萬物而化光。坤道其順乎，承天而時行」，「歸妹愆期，遲歸有時」都同。

　　《易經》還有許多的「時用、時義」之「大矣哉」卦（如下），無不都稟承對於「時」之重視。王弼亦於《周易略例》說：「夫卦者，時也；爻者，適時之變者也」[159]。可見時機、時運之於人間政治、個人運勢，俗語說：「時也，命也，非吾之不行也！」與吉凶悔吝之重要。於此之時，便會發現到《易經》「時」之主張，影響鬼谷子於強調遊說與謀略之對於「時」的重視之大，例如站在非統治者角度，來看個人之抱負實現，與個人之發展。以下，收錄《易經》「時用」之卦辭，供參考：

> 〈彖傳〉：「蒙亨，以亨行時中也。」「大有，其德剛健而文明，應乎天而時行，是以元亨。」「豫，剛應而志行，順以動，豫。豫，順以動，故天地如之，而況建侯行師乎？天地以順動，故日月不過，而四時不忒；聖人以順動，則刑罰清而民服。豫之時義大矣哉！」「隨，剛來而下柔，動而說，隨。大亨貞，無咎，而天下隨時，隨之時義大矣哉！」「大觀在上，順而巽，中正以觀天下。觀，盥而不薦，有孚顒若，下觀而化也。觀天之神道，而四時不忒，聖人以神道設教，而天下服矣。」「觀乎天文，以察時變；觀乎人文，以化成天下。」「天地養萬物，聖人養賢，以及萬民；頤之時義大矣哉！」「大過之時義大矣哉！」「天險不可升也，地險山川丘陵也，王公設險以守其國，坎之時用大矣哉！」「日月得天，而能久照，四時變化，而能久成，聖人久於其道，而天下化成；觀其所恆，而天地萬物之情可見矣！」「剛當位而應，與時行也。小利貞，浸而長也。遯之時義大矣哉！」「天地睽，而其事同也；男

---

[159] 魏・王弼，《周易略例》〈明卦適變通爻〉，樓宇烈，《老子周易王弼校釋》，頁604。

女睽，而其志通也；萬物睽，而其事類也；睽之時用大矣哉！」
「利見大人，往有功也。當位貞吉，以正邦也。寒之時用大矣哉！」
「天地解，而雷雨作，雷雨作，而百果草木皆甲坼，解之時義大
矣哉！」「損剛益柔**有時**，損益盈虛，**與時偕行**。」「凡益之道，
與時偕行。」「天地相遇，品物咸章也。剛遇中正，天下大行也。
姤之時義大矣哉！」「柔**以時升**，巽而順，剛中而應，是以大亨。」
「天地革而**四時**成，湯武革命，順乎天而應乎人，革之時義大矣
哉！」「艮，止也。**時止則止，時行則行**，動靜不失其時，其道光
明。」「日中則昃，月盈則食，天地盈虛，**與時消息**，而況人於人
乎？況於鬼神乎？」「旅，小亨，柔得中乎外，而順乎剛，止而麗
乎明，是以小亨，旅貞吉也。旅之時義大矣哉！」「天地節而**四時**
成，節以制度，不傷財，不害民。」「小過，小者過而亨也。過以
利貞，**與時行也**。」〈象傳〉：「天下雷行，物與無妄；先王**以茂**
對時，育萬物。」「井泥不食，下也。舊井無禽，**時舍也**。」「澤
中有火，革；君子以治歷明時。」「不出門庭，**失時極也**。」「東
鄰殺牛，不如西鄰**之時也**；實受其福，吉大來也。」〈繫辭下〉：「吉
凶悔吝者，生乎動者也。剛柔者，立本者也。變通者，趣時者也。」
「君子藏器於身，**待時而動**，何不利之有？動而不括，是以出而
有獲，語成器而動者也。」

由上之分別，可以說是《易經》對於「時」重視的教化，在天地人的關
係上，提醒我們對於「待時」、「得時」、「應時」與「與時」要充分掌握，才
不會「失時」而以之造成不管是個人、家庭、企業、團體等之永久的疑惑與
遺憾之最佳應用。於此，鬼谷子的學說思想是有所傳承的，並非無中生有。
誠然鬼谷子主張參化天地，但更要求個人能夠以堅強的意志力，以「變動陰
陽」來改變人事。不過也必須先對於「四時陰陽五行八卦」之規律秩序、因
果關係予以完全明瞭，才能夠談論如何變動陰陽，也才能將天地陰陽給予人
為限制之枷鎖，徹底解開。其次，再列舉出幾本古籍，有關四時與時間相關
之詞句，表示出對四時陰陽之重視。

《禮器》云：「天子麻冕，朱綠藻，垂十有二旒者，法四時十二月也。諸
侯九旒。大夫七旒。士爵弁，無旒」；《白虎通義》卷八〈四時〉：「春夏秋冬。
時者，期也，陰陽消息之期也。四時天異名何？天尊各據其盛者為名也。春

秋物變盛，冬夏氣變盛。春曰蒼天，夏曰昊天，秋曰旻天，冬曰上天。《爾雅》曰：『一說春爲蒼天等是也。』四時不隨正朔變何？以爲四時據物爲名，春當生，冬當終，皆以正爲時也」；又卷二〈禮樂〉：「君父有節，臣子有義，然後四時和，四時和然後萬物生，故謂之瑟也。」都是古人認爲追求有秩序與正常的生活，必須隨順四時的運行，才能和諧完滿。鬼谷子也認爲這才是「天之正」，「不可干而逆之」（〈持樞〉）最好寫照。

　　〈文言〉：「夫大人者、與天地合其德，與日月合其明，與四時合其序，與鬼神合其吉凶」[160]；〈豫、彖傳〉：「天地以順動，故日月不過，而四時不忒」；〈觀、彖傳〉：「觀天之神道，而四時不忒，聖人以神道設教，而天下服矣。」；〈恆、彖傳〉：「日月得天，而能久照，四時變化，而能久成，聖人久於其道，而天下化成；觀其所恆，而天地萬物之情可見矣！」，〈革、彖傳〉：「天地革而四時成」；〈節、彖傳〉：「天地節而四時成，節以制度，不傷財，不害民。」；〈繫辭上〉：「廣大配天地，變通配四時，陰陽之義配日月，易簡之善配至德。」，「掛一以象三，揲之以四以象四時」，「法象莫大乎天地，變通莫大乎四時，縣象著明莫大乎日月，崇高莫大乎富貴」。

　　以上乃是《易傳》專對《易經》之卦象，在解「豫、觀、恒、革、節……等」卦，所作出「合時、匹配、不忒、及變化與變通」之相應，來成就崇高與至德富貴。這正是象徵「四時顯明易行，而陰陽隱密而藏」。國政之大本以農務國，百姓亦依四時行農作，春耕、夏耘、秋收、冬藏。所謂民以食爲天，人民之日常作息習慣均環繞於此，只知四時，不諳陰陽。翻開《尚書》〈堯典〉之文，便是上古之領導者，引用天文氣候規律，來統領百姓的記載：

> 「乃命羲和，欽若昊天，歷象日月星辰，敬授民時。……帝曰：『諮！汝羲暨和。期三百有六旬有六日，以閏月定四時，成歲。允釐百工，庶績咸熙。』」

　　又《管子》〈乘馬第五〉言：「春秋冬夏，陰陽之推移也。時之短長，陰陽之利用也；日夜之易，陰陽之化也；然則陰陽正矣，……貨多事治，則所

---

[160] 參見《周易》〈文言〉乾：「夫大人者、與天地合其德，與日月合其明，與四時合其序，與鬼神合其吉凶，先天而天弗違，後天而奉天時。天且弗違，而況於人乎？況於鬼神乎？」又《白虎通義》卷六〈聖人〉：「聖人者何？聖者，通也，道也，聲也。道無所不通，明無所不照，聞聲知情，與天地合德，日月合明，四時合序，鬼神合吉凶。」《禮別名記》：「五人曰茂，十人曰選，百人曰俊，千人曰英，倍英曰賢，萬人曰傑，萬傑曰聖。」

求於天下者寡矣，爲之有道」[161]；〈四時第四十〉：「陰陽者，天地之大理也，四時者，陰陽之大經也」；「日掌陽，月掌陰，星掌和，陽爲德，陰爲刑，和爲事，是故日食，則失德之國惡之」[162]；「人主者立於陰，陰者靜。故曰動則失位。陰則能制陽矣，靜則能制動矣」[163]，又「先王用一陰二陽者霸，盡以陽者王，以一陽二陰者削，盡以陰者亡」[164]；《淮南子》：「天地之襲精爲陰陽，陰陽之專精爲四時，四時之散精爲萬物」（〈天文訓〉）；「禹之趨時也，履遺而弗取，……非爭其先也，而爭其得時也」[165]（〈原道訓〉）。

以上，表明古之聖人重視「陰陽」與充分掌握「四時」與「時機、時宜、時變」以「天道」治國，不正是《鬼谷子》所言：「捭闔者，天地之道。捭闔

---

[161] 語見〈乘馬〉：「春秋冬夏，陰陽之推移也。時之短長，陰陽之利用也；日夜之易，陰陽之化也；然則陰陽正矣，雖不正，有餘不可損，不足不可益也。天地莫之能損益也。然則可以正政者地也。故不可不正也，正地者，其實必正，長亦正，短亦正；小亦正，大亦正；長短大小盡正。正不正，則官不理；官不理，則事不治；事不治，則貨不多；是故何以知貨之多也？曰：事治。何以知事之治也？曰：貨多。貨多事治，則所求於天下者寡矣，爲之有道。」

[162] 語見〈四時第四十〉管子曰：「令有時，無時，則必視順天之所以來，五漫漫，六惛惛，庸知之哉？唯聖人知四時。不知四時，乃失國之基。不知五穀之故，國家乃路故天曰信明，地曰信聖，四時曰正，其王信明聖，其臣乃正。何以知其王之信明信聖也曰慎使能而善聽信之。使能之謂明，聽信之謂聖，信明聖者，皆受天賞，使不能爲惛，惛而忘也者，皆受天禍。是故上見成事而貴功，則民事接勞而不謀。上見功而賤，則爲人下者直，爲人上者驕。是故陰陽者，天地之大理也，四時者，陰陽之大經也。刑德者，四時之合也。刑德合於時，則生福；詭則生禍。」

又〈四時第四十〉：「是故春凋秋榮，冬雷夏有霜雪，此皆氣之賊也刑德易節失次，……日掌陽，月掌陰，星掌和，陽爲德，陰爲刑，和爲事，是故日食，則失德之國惡之。月食，則失刑之國惡之。彗星見，則失和之國惡之。風與日爭明，則失生之國惡之。是故聖王日食則修德，月食則修刑，彗星見則修和，風與日爭明則修生，此四者聖王所以免於天地之誅也。信能行之，五穀蕃息，六畜殖，而甲兵強，治積則昌，暴虐積則亡。」

[163] 語見《管子》〈心術上第卅六〉：「心之在體，君之位也。九竅之有職，官之分也。耳目者，視聽之官也，心而無與視聽之事，則官得守其分矣。夫心有欲者，物過而目不見，聲至而耳不聞也，故曰：『上離其道，下失其事』。故曰『心術者，無爲而制竅者也。』故曰：『君，無代馬走，無代鳥飛，此言不奪能，能不與下誠也。』毋先物動者，搖者不定，趮者不靜，言動之不可以觀也。位者，謂其所立也，人主者立於陰，陰者靜。故曰動則失位。陰則能制陽矣，靜則能制動矣，故曰靜乃自得。」

[164] 《管子》〈樞言第十二〉：「天以時使，地以材使，人以德使，鬼神以祥使，禽獸以力使。所謂德者，先之之謂也，故德莫如先，應適莫如後。先王用一陰二陽者霸，盡以陽者王，以一陽二陰者削，盡以陰者亡。」

[165] 《淮南子》〈原道訓〉：「賢知者弗能避也。所謂後者，非謂其底滯而不發，凝結而不流，貴其周於數而合於時也。夫執道理以耦變，先亦制後，後亦制先。是何則？不失其所以制人，人不能制也。時之反側，間不容息，先之則太過，後之則不逮。夫日回而月周，時不與人遊。故聖人不貴尺之璧，而重寸之陰，時難得而易失也。禹之趨時也，履遺而弗取，冠掛而弗顧，非爭其先也，而爭其得時也。是故聖人守清道而抱雌節，因循應變，常後而不先。柔弱以靜，舒安以定，攻大靡堅，莫能與之爭。」

者，以變動陰陽，四時開閉，以化萬物。……捭闔者，道之大化，說之變也。」
（〈捭闔第一〉），積極訴求捭闔者等同聖人，以承先啓後強調在位者，古之「聖
人觀」的寫照與總結。同爲後人歸列爲雜家的《淮南子》，亦將聖人與「時」
作密切之結合，謂：「得在**時**，不在爭；治在道，不在聖。」（〈原道訓〉）；又
「故聖人之舉事也，進退不失**時**」（〈繆稱訓〉）；又「**禹之時**，天下大雨，……
故朝死而暮葬。此皆聖人之所以應**時耦變**……，**時移則俗易**。故聖人論世而
立法，**隨時而舉事**。」[166]《易經》變通之道理，竟於《鬼谷子》和雜家流派主
張「故聖人法與時變」（〈氾論訓〉）之理論中充分實現；「有道者，**不失時**與
人；無道者，**失於時而取人**」（〈詮言訓〉）。

　　眾所皆知「時間」[167]在古往今來的本質是流動的，也是變化的，而且
它對於人們來說，更是稍縱即逝的，不可逆性的。尤其對於從事相當有挑
戰力的縱橫家而言，因隨時之間與長時間之間，都必須處於瞬息萬變的狀
況之下有所決策與執行，其所面對時間的壓力是非常之大，所以逼不得已
或不管願不願意，都必須非常在意時間。爲此鬼谷子曾特別語重心長地說：
「動者所以安萬物，失其機而傷萬物。」故曰：「時之至間不容瞬息，先之

---

[166] 〈齊俗訓〉：「所謂禮義者，五帝三王之法籍風俗，一世之跡也。譬若芻狗土龍之始成，文以
　青黃，絹以綺繡，纏以朱絲，屍祝徇袀，大夫端冕，以送迎之。及其已用之後，則壞土草
　薊而已。夫有執貴之！故當**舜之時**，有苗不服，於是舜修政偃兵，執干戚而舞之。**禹之時**，
　天下大雨，禹令民聚土積薪，擇丘陵而處之。武王伐紂，載屍而行，海內未定，故不爲三
　所之喪始。禹遭洪水之患，陂塘之事，故朝死而暮葬。此皆聖人之所以**應時耦變**，見形而
　施宜者也。今之修干戚而笑鑹插，知三年非一日，是從牛非馬，以征笑羽也。以此應化，
　無以異於彈一弦而會棘下。夫以一世之變，欲以**耦化應時**，譬猶冬被葛而夏被裘。夫一儀
　不可以百發，一衣不可以出歲。儀必應乎高下，衣必遭乎寒暑。是故世異則事變，**時移則
　俗易**。故聖人論世而立法，**隨時而舉事**。尚古之王，封于泰山，禪于梁父。七十餘聖，法
　度不同，非務相反也，**時事異也**。」

[167] **時間** 的知識與研究，在西方哲學領域裡面也算起源甚早，柏拉圖在講宇宙學著作《狄瑪尤
　斯》*Tumaeus* 裡說，太初混沌神工強加以形式與秩序，時間乃生。便將「實存」（being）和
　「將然」（becoming）作出區別。前者「是眞正的世界，是永恆不變，只能藉由理智的論證
　才能得知」；而後者的世界「是意見與非理智感覺之客體，既生又滅，從未完全眞實過。」
　他把「將然」比做旅途，把「實存」比作終點，說只有後者才是眞實。如此一來，具有時
　間的物理世界，只有次等的眞實性了。《時間之箭》*The Arrow Of Time* 彼得、柯文尼，羅傑、
　海菲爾德博士合著。臺北藝文印書館出版發行、2002 年 7 月、修正二版。波茲曼把熱力學
　第二定律的「熵」與統計學上的「機率」連在一起，愛因斯坦將之稱「波茲曼原理」，爲熵
　的統計學定義。明顯與古典力學的達爾文進化論，生命隨時間越來越有組織有秩序發展不
　同，而是完全相反的絕對的越混亂（混沌也是另一種秩序）的理論所推翻。推演出時間是
　具又創造性的，也就是過去的時間是固定的，未來的時間是開放的。又從量子力學的發展
　中，我們好像感覺到了時間的可逆性之一面。如果這理論證明正確，那我國講究時空變化
　掌控的「奇門遁甲」秘術，便並非毫無道理。

則太過，後之則不及」(《黃帝陰符經集注》[168])；一位夠優秀的縱橫家子弟，必須充分掌握到時機之剎那到剛剛好之洽當，不管是說話時機或是處理事情之時機，所謂「順天應時」不會過與不及，否則就可能使任務無法達成，乃至於犧牲性命。

故鬼谷子又再次表達說，是以「賢者守時，不肖者守命也」。這項，是屬既優秀又有才能的人，也是想要成功的人，才會擁有的「守時」觀念的一種人格特質。其實這項成功的特質是我們人類，打從廿世紀工業革命開始之後，忙碌的工商業社會文明的規矩「守時、守分、守信」，上班族普遍才有的三大美德之一。沒想到會是二千多年以前，就已經被鬼谷子在分辨「賢與不肖」之間給強調了！

為賢能的人有能力與智慧，處理自我規畫的謀略計策或上級交付的命令，以即時或適時分段進行或待時完成，非常有決定性的事件（非常態為偶發或稀有的事情謂之）與挑戰性與有意義性；就如同縱橫家執行遊說與謀略的特殊「任務」，面對「時間」與「決定性」相互衝突高難度的抉擇，與己願而違的痛苦與無奈是一樣的難受與重要。就像蘇秦說：「臣聞用兵而喜，先天下者憂；約結而喜，主怨者孤。夫後起者，藉也；而遠怨者，時也。是以聖人從事，必藉於權而務興於時。夫權藉者，萬物之率也；而時勢者，百事之長也。故無權藉，倍時勢，而能事成者寡矣」(《戰國策、齊五》)。

蘇秦的幾句話，就用上四個時間字詞，不僅用來協助對方，也方便為自己的計謀爭取權力。他借助「時機與時勢」之現實妙用，加以說明：善用形勢，有利於事業起步；倚重天時，才是成功的關鍵。故不懂得借勢順天的道理，想成就大事業的完美結局就很困難了；方便提醒與激勵齊閔王為國家盡心又盡力。以上本節區分四個小節，是說明鬼谷子與我們先聖先賢，對於時間與空間之掌握和體悟並未閒著，只是我們未深入及不善於他們的文字與符號罷了。

然而不管是先聖先賢，或是《鬼谷子》的遊說計謀，追求功名富貴之縱橫術，千百年來都早已融入於中華民族士民與庶民的血液與思維之中，影響深遠，祇是毫無查覺而已！

---

[168] 《黃帝陰符經集注》伊尹、太公、鬼谷子、范蠡、張良、諸葛亮、李荃等註。《舊唐書、藝文志》將其列入道家，書名即《黃帝陰符經》。唐以後流傳的本子為六家註。

第四節　陰陽與五行[169]

《春秋繁露》〈五刑相生〉:「天地之氣,合而爲一,分爲陰陽,判爲四時,列爲五行。行者行也,其行不同,故謂之五行。五行者,五官也,比相生而間相勝也。故爲治,逆之則亂,順之則治。」

「五行」是屬於我國古代特有的一種物質觀。廣泛地被用於中國哲學、中醫學術和占卜等各方面。五行指:「金、水、木、火、土」。認爲大自然由五種要素所構成,隨著這五個要素的盛衰,而使得大自然產生變化,不但影響到人的命運,同時也使宇宙萬物循環不已。五行學說認爲宇宙萬物,都由金水木火土五種基本物質的運行(運動)和變化所構成。它強調整體概念,描繪了事物的結構關係和運動形式。如果說「陰陽」是一種古代的「對立統一」學說,則「五行」可以說是一種原始樸素的五元「分形集」[170]的普通系統

---

[169] 陰陽五行 學說主要由「陰陽五行」與「五運六氣」,兩個相對不同邏輯範疇的概念與關係所組成,其與現代哲學的關係,簡單的說屬於系統的理論邏輯與邏輯認識方法的關係。換一句話來說,現代哲學的基本觀點和原理,其實都是在證明或闡述陰陽五行學說的科學性。如果沒有陰陽五行理論的系統邏輯,那麼,現代哲學闡述的基本觀點和原理就是一盤散沙。比如說,現代哲學其實就是以矛盾爲立論基礎,「對立統一規律、質量互變規律、否定之否定規律」爲其具體鋪墊的思維方法,也是客觀世界普遍遵循的規律。任何理論都是抽象的,若未採取特定的思維藝術或與具體事物結合之前,不但不能具備具體的含義,而且也無法形成完整嚴密的思維體系。所以,儘管現代哲學在所有單個的認識層面很深入也較全面,但其畢竟未能採用陰陽五行學說那樣的思維藝術,所以,它的不同認識層面就無法有機的銜接,形成一種反映事物在一定的存在形式中、能在時空上一脈相承的動態變化的思維體系。而這一切恰恰陰陽五行學說出乎人們預料的做到了,且已經達到了無可複加接近絕對眞理的程度。以上「陰陽五行」學說的思維邏輯,見劉玉珍著《陰陽系統論》和《中醫生理病理系統論》。陰陽學說的基本內容包括陰陽對立、陰陽互根、陰陽消長和陰陽轉化四個方面。
「五運六氣」——古代醫家據「甲、乙、丙、丁、戊、己、庚、辛、壬、癸」,十天干以定「運」;「子、丑、寅、卯、辰、巳、午、未、申、酉、戌、亥」,十二地支以定「氣」。前人結合五行生克理論,推斷每年氣候變化與疾病的關係。爲了「地之五行」與「天之六氣」相配屬,在五行之後又加上一個火,即「木、火、土、金、水、火」,以與六氣「風、寒、暑、濕、燥、火」相對應。即「天有陰陽,地亦有陰陽」、「寒暑燥濕風火,天之陰陽也」、「木火土金水火,地之陰陽也」(《素問》、〈天元紀大論〉)。

[170] 1960 年代,本華、曼德博(Mandelbrot)開始研究「自相似」,且在路易士、弗萊、理察森之前工作的基礎上,寫下一篇論文《英國的海岸線有多長?統計自相似和分數維度。》而後,曼德博於 1975 年提出了「碎形」(fractal)一詞(來自拉丁文 frāctus,有「零碎、破裂」之意。一個數學意義上碎形的生成是基於一個不斷反覆運算的方程式,即一種基於遞歸的反饋系統),以標記一個「郝斯多夫——貝西科維奇維數、大於拓撲維數」的物件。曼德博以顯著的電腦繪製圖像,基於遞迴的圖像來描繪此一數學定義,終於征服了大眾的想像,以及對術語「碎形」(又稱之爲分形論)的通俗理解。
分形論 的創立,就像許多其它偉大學科的創立一樣,經過眾多先輩長期的奮鬥和努力,分形論的建立和發展分三個階段,即「1875～1925、1926～1975、1975～今」。再經一個「站在巨人肩上」的劃時代人物創造性思維的革命化運作,使該學科發生了從量變到質變的根本

論。「五行」（李約瑟改譯爲 "Energies"，以前被英譯爲 "Five Element"。希臘哲學家探討宇宙存在起源，亦有四種元素之學說）是奇數；「陰陽」則是偶數，發源於南方楚國所傳承之「陰陽」（捕魚重視：水文，深淺、高低、上下、前後、快慢之對比），後來與西方周國（農耕重視：日出、日落，山川、大地，氣候、天時，較爲複雜的自然生態等空間變化）所傳承之「八卦」（天、地，雷、風，水、火，山、澤），相互結合成爲《易》之系統。兩種都是一種自然界動態能量的表現，它是起源於兩種文化的產物，其合流始於《管子》〈幼官〉[171]。

前者起源更是早至於北方的商朝（畜牧、放牧、遊牧相當重視：原野方位，東、西、南、北、中），所傳承而定形的，到了春秋、戰國更發展出動態之概念。我國古代之六經論「五行」者，始見於《尚書、洪範》，曰：「五行，一曰水、二曰火、三曰木、四曰金、五曰土」。《大禹謨》曰：「水、火、金、木、土、谷，惟修」。其源起於〈河圖〉、〈洛書〉之數，所謂的：一六，「水」也；二七，「火」也；三八，「木」也；四九，「金」也；五十，「土」也。在〈河圖〉則左旋而相生，在〈洛書〉則右轉而相剋也。「土」[172]則於圖、書上，是爲五十，屬中宮之數，無定位，無專體者也。

從《尚書》〈甘誓〉：「嗟！六事之人，予誓告汝：有扈氏威侮五行，怠棄三正」；又《周書》〈洪範〉：「水曰潤下，火曰炎上，木曰曲直，金曰從革，土曰稼穡。潤下作鹹，炎上作苦，曲直作酸，從革作辛，稼穡作甘。」此處

性變革和飛躍——科學革命的分形元。IBM 公司的研究員暨哈佛大學的（Mandelbrot）教授，成功地將困擾數學，物理學界百年之久的複雜、不規則、自然界廣泛存在的，在歐氏幾何和線性科學中被認爲「病態」不可微的眞實事體，做了科學（數理）化的闡釋。使它與「混沌」成爲本世紀，繼「相對論」和「量子力學」之後最偉大的三次科學革命之一。它是 70 年代三大新科學整體觀（耗散結構、混沌、分形）的偉大發現之一。它是「整體與局部、有序與無序、確定性與隨機性、決定論與隨機論（非決定論）、有限與無限、正常與病態、常規與反常、複雜與簡單」等，新的統一；也是新的「世界觀、認識論和方法論」，更是科技界的「新語言、新思維、新思想、新方法、新工具」。

從分形論的奠基石和本質特徵：看「自相似性」，還可追溯到古老的宗教和中醫《黃帝內經》等典籍、東方哲學的「陰陽集」、「五行集」等，就是最古老、最簡單的「文字」分形集。建立起分形幾何的理論之後，分形幾何，被認爲是描述「非線性問題」的一種最好的語言與工具。分形幾何的建立、研究與發展，使「動力系統、自組織與耗散結構、湍流、分叉、人體神經元網路」等一大批的學科，得以受到充分發展。

[171] 參考魏承思著《管子解讀》第十講〈管子的陰陽五行思想〉頁 391～410。上海世紀出版集團，2014 年 7 月。

[172] 惟《呂氏春秋》則以「土」值季夏之月，以順相生之序。《白虎通》又以「土」值，辰戌丑未之四季，而分旺於四時。文王後天圖象，坤艮二土獨居夏秋冬春之交，則以火必得土而後能成金，水必得土而後能生木也。

所言「五行」中的每一行都有不同的性能。「木曰曲直」，意思是木具有生長、升發的特性；「火曰炎上」，是火具有發熱、向上的特性；「土曰稼牆」，是指土具有種植莊稼，生化萬物的特性；「金曰從革」，是金具有肅殺、變革的特性；「水曰潤下」，是水具有滋潤、向下的特性。古人基於這種認識，把宇宙間各種事物分別歸屬於「五行」，因此在概念上，已經不是木、火、土、金、水本身，而是一大類在特性上可相比擬的各種事物、現象所共有的抽象性能。

另〈洪範〉：「十有三祀，王訪於箕子。……「箕子乃言曰：「我聞在昔，鯀堙洪水，汩陳其五行」「初一曰五行，……次九曰嚮用五福，威用六極。」[173]無不表示古帝王之重視「五行」之政。事實上在我國西周末年時，已經有了樸素唯物主義觀點的「五材說」。《國語、鄭語》記載：「以土與金、木、水、火雜，以成萬物」和《左傳》：「天生五材，民並用之，廢一不可」，已開始出現了「五行」屬性之抽象化來，推演到其他事物，便構成一個固定的組合形式。到了戰國晚期陰陽家鄒衍，提出了五行「相勝（剋）相生」的思想，還把「勝（剋）、生」的次序固定下來。[174]及其漢代，思想家董仲舒認為，「木代表仁、火代表禮、土代表信、金代表義、水代表智。」《春秋繁露》〈天地陰陽〉：「聖人何其貴者？起於天，至於人而畢。畢之外謂之物，物者投所貴之端，而不在其中。以此見人之超然萬物之上，而最為天下貴也。人，下長萬物，上參天地。」又〈五刑相生〉：「地之氣，合而為一，分為陰陽，判為四時，列為五行。行者行也，其行不同，故謂之五行。五行者，五官也，比相生而間相勝也。故為治，逆之則亂，順之則治。」也就是說從《尚書》發展到漢朝，於官於朝而言，五行成「教令」之理論已然更為周全完整了。

若說在野呢？《莊子》〈說劍第卅〉：「天子之劍，……包以四夷，裹以四

---

[173] 語見《尚書、周書》〈洪範〉：「十有三祀，王訪於箕子。王乃言曰：「嗚呼！箕子。惟天陰騭下民，相協厥居，我不知其彝倫攸敘。」「箕子乃言曰：「我聞在昔，鯀堙洪水，汩陳其五行。帝乃震怒，不畀『洪範』九疇，彝倫攸斁。鯀則殛死，禹乃嗣興，天乃錫禹『洪範』九疇，彝倫攸敘。」「初一曰五行，次二曰敬用五事，次三曰農用八政，次四曰協用五紀，次五曰建用皇極，次六曰乂用三德，次七曰明用稽疑，次八曰念用庶徵，次九曰嚮用五福，威用六極。」

[174] 五行相剋：「金剋木，木剋土，土剋水，水剋火，火剋金」。其「勝（剋）、生」理論，其實剛開始是用以說明王朝統治的趨勢。其所形成「事物之間相互關聯」的模式，卻自發性地體現了，事物內部的系統結構關係，以及整體掌控與管理之思想，使用符號化來分析與推演，真是先進與高竿，筆者我覺得實在太超越時代了。在這一時期，同時也出現《黃帝內經》，將五行學說應用於醫學養生保健之上，這對研究和整理古代人民積累的大量臨床經驗，形成中醫特有的理論體系，起了重要的推動作用。五行相生：「金生水，水生木，木生火，火生土，土生金。」五行任一行與其他四行的關係為：「生我、我生、克我、我克。」

時，……制以**五行**，論以刑德，開以**陰陽**，持以春夏，行以秋冬。……此劍一用，匡諸侯，天下服矣。」[175]《鶡冠子》：「天用四時，地用**五行**，天子執一以居中央，調以五音，正以六律，紀以度數，宰以刑德。」〈世兵〉：「昔善戰者舉兵相從，陳以**五行**，戰以五音，……用一不窮，……趨吾所**時**，援吾所勝。」[176]又：「下因地利，制以**五行**」「故所肄學兵必先天權，陳以**五行**，戰以五音」[177]《文子》：「陳彼**五行**必有勝，天之所覆無不稱」[178]以上所言表示善用五行之戰可以勝利。「天有五方，地有**五行**，聲有五音，物有五味，色有五章，人有五位」[179]。

　　《文子》又於〈自然篇〉言：「上執大明，下用其光，道生萬物，**理於陰陽，化爲四時，分爲五行**，各得其所，與時往來，法度有常，下及無能，上道不傾，群臣一意，天地之道無爲而備，無求而得，是以知其無爲而有益也」[180]；〈下德〉：「老子曰：天愛其精，地愛其平，人愛其情……地之生財，大本

175 語見《莊子、雜篇》〈說劍第卅〉：「王曰：「願聞三劍。」曰：「有天子劍，有諸侯劍，有庶人劍。」王曰：「天子之劍何如？」曰：「**天子之劍**，以燕谿、石城爲鋒，齊、岱爲鍔，晉、魏爲脊，周、宋爲鐔，韓、魏爲夾，**包以四夷**，裹以四時，繞以渤海，帶以常山，制以五行，論以刑德，開以陰陽，持以春夏，行以秋冬。此劍直之無前，舉之無上，案之無下，運之無旁，上決浮雲，下絕地紀。**此劍一用，匡諸侯，天下服矣**。此天子之劍也。」

176 語見《鶡冠子》〈世兵〉：「昔善戰者舉兵相從，陳以五行，戰以五音，指天之極，與神同方，類類生成，用一不窮，明者爲法，微道是行，齊過進退，參之天地，出實觸虛，禽將破軍，發如鏃矢，動如雷霆，暴疾搗虛，殷若壞牆，執急節短，用不縵縵，避我所死，就吾所生，趨吾所時，援吾所勝。」

177 語見《鶡冠子》〈天權〉：「所謂惑者，非無日月之明四時之序星辰之行也，因乎反茲而之惑也，惑故疾視愈亂，悖而易方，兵有符而道有驗，備必豫具，慮必蚤定，下因地利，制以五行，左木右金前火後水中土，營軍陳，士不失其宜，五度既正，無事不舉，招搖在上，繕者作下，取法於天，四時求象，春用蒼龍，夏用赤鳥，秋用白虎，冬用元武。」「彼天生物而不物者，其原陰陽也，四時生長收藏而不失序者，其權音也，音在乎不可傳者，其功英也。**故所肄學兵必先天權，陳以五行，戰以五音**，左倍宮角，右挾商羽，徵君爲隨，以漢無素之眾，陸溺溺人。故能往來實決，獨金而不連，絕道之紀，亂天之文，干音之謂違物之情，天之不綱，其咎燥凶。欲無亂逆，謹司天英，天英各失，三軍無實。夫不實而實，孰有其物？常聖博古今復一日者，天地之所待而闔耳。故天權神曲，五音術兵。逸言曰：章以禍福，若合符節。凡事者，生於慮，成於務，失於驚。」

178 語見《文子》〈符言〉：「老子曰：時之行動以從，不知道者福爲禍。天爲蓋，地爲軫，善用道者終無盡，地爲軫，天爲蓋，善用道者終無害。陳彼五行必有勝，天之所覆無不稱，故『知不知，上，不知知，病也。』」

179 同上，語見〈微明〉：「昔者中黃子曰：『天有五方，地有五行，聲有五音，物有五味，色有五章，人有五位，故天地之間有二十五人也。上五有神人、眞人、道人、至人、聖人，次五有德人、賢人、智人、善人、辯人，中五有公人、忠人、信人、義人、禮人，次五有士人、工人、虞人、農人、商人，』」

180 同上〈自然〉：「老子曰：清虛者，天之明也，無爲者，治之常也，去恩惠，舍聖智，外賢能，廢仁義，減事故，棄佞辯，禁姦僞，則賢不肖者齊於道矣。靜則同，虛則通，至德無爲，

不過五行，聖人節五行，即治不荒」[181]；〈道原〉：「和陰陽、節四時、調五行，……
與陰陽俯仰兮。」[182]全都是道家講究取得大自然陰陽四時五行之平衡，人類才
能降低風險和諧相處。從中學習天文、地文、人文學科知識，前者如天象、
星象、氣象、氣候之風霜雪雨引發之各式天災；其次則爲對地球本身之地理、
水文、礦產、動植物……地變等，影響農、工、畜牧、魚、商，蘊含五行之
道理以厚植民生，充分瞭解與應用；後者，採用以上完整之系統科學，協助
人世間一切之政事、戰事、人事……人禍等，治亂管理之寫照。儒家系統之
荀子將子思和孟軻的學派統稱爲五行，並加以嚴厲的批評。龐樸[183]先生，根據
馬王堆帛書和郭店楚簡的內容研究指出，子思所謂「五行」指的是「仁、義、
禮、智、聖」五種德行。

　　綜合以上所述，我國哲學史上「五行」思想的意義，茲將列舉如下：（一）、
指人之五項行爲原則，疑爲荀子所言。（二）、指五種物性，如《尙書、洪範》
及周敦宜〈太極圖說〉所言。（三）、指人類生活上的五種必須的物質條件，

萬物皆容，虛靜之道，天長地久，神微周盈，於物無宰。十二月運行，周而復始，金木水火
土，其勢相害，其道相待。故至寒傷物，無寒不可，至暑傷物，無暑不可，故可與不可皆可，
是以大道無所不可，可在其理，見可不趨，見不可不去，可與不可，相爲左右，相爲表裏。
凡事之要，必從一始，時爲之紀，自古及今，未嘗變易，謂之天理。」下接本文之「上執大
明，……是以知其無爲而有益也。」

[181] 同上〈下德〉：「老子曰：天愛其精，地愛其平，人愛其情。天之精，日月星辰、雷霆風雨
也；地之平，水火金木土也；人之情，思慮聰明喜怒也；故閉其四關，止五道，即與道淪。
神明藏於無形，精氣反於眞；目明而不以視、耳聰而不以聽、口當而不以言、心條通而不以
思慮。委而不爲，知而不矜，直性命之情，而知故不得害。精存於目即其視明、在於耳即其
聽聰、留於口即其言當、集於心即其慮通；故閉四關即終身無患。四支九竅，莫死莫生，是
謂眞人。地之生財，大本不過五行，聖人節五行，即治不荒。」

[182] 《文子》〈道原〉：「和陰陽、節四時、調五行：潤乎草木，浸乎金石，禽獸碩大，毫毛潤澤，
鳥卵不敗，獸胎不殰，父無喪子之憂，兄無哭弟之哀，童子不孤，婦人不孀，虹蜺不見，盜
賊不行，含德之所致也。大常之道，生物而不有，成化而不宰，萬物恃之而生。莫知其德，
恃之而死，莫之能怨，收藏畜積而不加富，佈施稟受而不益貧；忽兮恍兮，不可爲象兮；恍
兮忽兮，用不詘兮；窈兮冥兮，應化無形兮；遂兮通兮，不虛動兮，與剛柔卷舒兮，與陰陽
俯仰兮。」

[183] 龐樸　字若木，原名聲祿。我國當代著名哲學史家、哲學家、研究方以智（明末清初畫家、
科學家、哲學家，提出可和黑格爾相比的「三位一體的辨證法」）學問的專家。1928 年 10
月出生于江蘇省淮陰縣。中國人民大學哲學系研究生畢業。曾任山東大學講師、《歷史研究》
主編等職，現爲中國社會科學院研究員，聯合國教科文組織《人類科學文化發展史》國際編
委，國際簡帛研究中心主任，山東大學終身教授、儒學高等研究院理事會副理事長、學術委
員會主任。致力於中國哲學史、思想史、文化史以及出土簡帛方面的研究。他發現中國式的
思維方式，最重要的就是「圓融」。在《易經》中叫做「圓而神」；儒家稱之爲「中庸之道，
中和之德」；道家謂之「得其環中，以應無窮」。西方所謂的「否定之否定」，差可比擬。通
俗一點說就是「中華智慧」，簡單說就是「一分爲三」的三分法；它是中國社會的思想文化
特色，更是中國人思維方法的精髓。

如《左傳》裏蔡墨所言。（四）、爲分類學上的五種分類原則，如《呂氏春秋》所倡導。（五）、藉著陰陽二氣之流動而存在的五種「存在形式」，如《白虎通》及《黃帝內經》〈素問〉所言。（六）、指木材（植物）、火炎、泥土、金屬及流水。它們的象徵意義分別爲生機興發，活動或變化，孕育或培植，禁制與伏藏。以上爲蕭吉[184]所倡導。

　　《鬼谷子》全書裡可以算出「陰」一字有廿次，「陽」一字出現十九次，「陰陽」兩字則共出現達七次之多。《鬼谷子》全書才十五篇，使用可說是非常頻繁，比例不可謂不高。我們採用其中一篇文章〈捭闔第一〉第九段，來加以證明。

> 「捭闔之道，以陰陽試之。故與陽言者，依崇高。故與陰言者，依卑下。……益損、去就、倍反，皆以陰陽禦其事」。第十段：「陽動而行，陰止而藏；陽動而出，陰隨而入；陽還終始，陰極反陽。以陽動者，德相生也；以陰靜者，形相成也。以陽求陰，苞以德也；以陰結陽，施以力也；陰陽相求，由捭闔也。此天地陰陽之道，而說人之法也，爲萬事之先，是謂圓方之門戶。」[185]

　　鬼谷遊說思想，採用如此高比例的陰、陽、陰陽，兩字之名詞（平均每篇幾乎出現達 2.5 次以上），可見受陰陽其理論影響之深，理論基礎係源於周易陰陽法則。於此觀之我們居乎可以說，他的學說的理論依據，是建立在陰陽辯證理論上了。不說是受陰陽五行說之影響，是因爲作者我於 2007 年初在《鬼谷子》一書中，找不出一點點「五行」之字辭，研究其文意也沒察覺到有應用到「五行說」半點的蛛絲馬跡，完全不受「相生相剋」理論之影響。其後在許富宏所著的《鬼谷子研究》，該書上編第四章〈從思想史的角度看《鬼谷子》的眞僞〉[186]，他也發現《鬼谷子》一書中，並無五行理論之應用這個事實。

---

[184] 蕭吉，隋代養生家。南蘭陵（江蘇武進）人。撰《帝王養生要方》六卷、《相經要錄》，均佚。蕭吉博學多才，尤精陰陽、曆算、養生術，曾任太府少卿。本傳見於《北史》卷八九《藝術》上、《隋書》卷七八《藝術》和《通志》卷一八三《藝術》三。傳稱蕭吉出身齊梁宗室，祖父是梁武帝蕭衍之兄、長沙宣武王蕭懿。《北史》本傳：「及隋受禪，進上儀同，以本官太常，考定古今陰陽書。」指此前流傳下來的各種陰陽類文獻，如《雜陰陽》、《泰一陰陽》、《黃帝陰陽》、《黃帝諸子論陰陽》、《諸王子論陰陽》、《太元陰陽》、《三典陰陽談論》、《陰陽遁甲》、《陰陽婚嫁書》、《嫁娶陰陽圖》等。其考定的成果，則與現今的《五行大義》內容有關聯。
[185] 陶弘景注，《鬼谷子》〈捭闔第一〉，臺北：臺灣商務印書館 1968 年，頁 6〜7。
[186] 許富宏《鬼谷子研究》上海：古籍出版社 2008 年，頁 85〜86。

　　但我們在現存的《六韜》《龍韜‧五音》上，卻發現有「五行之神，道之常也；可以知敵。金、木、水、火、土，各以其勝攻之。……無有文字，皆由五行。」筆者查《尉繚子》亦未發現有關同《六韜》的「五行」之義。有的衹是軍隊行伍隊形，例如〈經卒令〉：「卒有五章：前一行蒼章，次二行赤章……次五行黑章」，「踰五行而前進者有覺，踰五行而後者有誅。」

　　《孫子兵法》〈虛實第六〉：「夫兵形象水，……故五行無常勝，四時無常位」[187]，《六韜、龍韜》〈五音〉：「五行之神，道之常也，可以知敵。」」[188]以上，包括《六韜》、《孫子兵法》、《吳子》、《司馬法》、《尉繚子》、《三略》都不多談「五行」。

　　有的是把五音結合五行，並用之為軍戰之工具而已。例如：《龍韜‧五者》：「五管聲盡不應者，宮也，當以青龍。此五行之符，優勝之微，成敗之機。」《管子》〈五行第四十一〉：「五聲既調，然後作立五行，以正天時。五官以正人位，人與天調，然後天地之美生。」〈入國第五十四〉：「入國四旬，五行九惠之教一曰老老、二曰慈幼、三曰恤孤、四曰養疾、五曰合獨、六曰問病、七曰通窮、八曰振困、九曰接絕。」

　　《淮南子》〈原道訓〉：「而大宇宙之總，其德優天地而和陰陽，節四時而調五行，呴諭覆育，萬物群生」〈墜形訓〉：「五行相治，所以成器用。」〈本經訓〉：「聖人節五行，則治不荒。」〈主術訓〉：「事不在法律中，而可以便國佐治，必參五行。」〈兵略訓〉：「故善用兵者，上隱之天，下隱之地，……明於奇正賣、該陰陽、刑德、五行、……此善為天也。」[189]〈泰族訓〉：「五行異

---

[187] 《孫子兵法》〈虛實〉：「夫兵形象水，水之形，避高而趨下；兵之形，避實而擊虛；水因地而制流，兵因敵而制勝。故兵無常勢，水無常形；能因敵變化而取勝，謂之神。故五行無常勝，四時無常位，日有短長，月有死生。」

[188] 《六韜》〈五音〉：「五行之神，道之常也，可以知敵。金、木、水、火、土，各以其勝攻之。古者，三皇之世，虛無之情以制剛彊。無有文字，皆由五行。五行之道，天地自然。六甲之分，微妙之神。……此五行之符，佐勝之徵，成敗之機。」

[189] 〈兵略訓〉：「將者必有三隧、四義、五行、十守。所謂三隧者，上知天道，下習地形，中察人情。所謂四義者，便國不負兵，為主不顧身，見難不畏死，決疑不辟罪。所謂五行者，柔而不可卷也，剛而不可折也，仁而不可犯也，信而不可欺也，勇而不可凌也。」**故善用兵者，上隱之天，下隱之地，中隱之人。隱之天者，無不制也。何謂隱之天？大寒甚暑，疾風暴雨，大霧冥晦，因此而為變者也。何謂隱之地？山陵丘阜，林叢險阻，可以伏匿而不見形者也。何謂隱之人？敵之於前，望之於後，出奇行陳之間，發如雷霆，疾如風雨，攢巨旗，止鳴鼓，而出入無形，莫知其端緒者也。故前後正齊，四方如繩，出入解續，不相越凌，翼輕邊利，或前或後，離合散聚，不失行伍，此善修行陳也。明於奇正賣、該陰陽、刑德、五行、望氣、候星、龜策、機祥，此善為天道者也。」**

氣而皆適調，六藝異科而皆同道。」〈要略〉：「原人情而不言大聖之德，則不知五行之差」[190]。

《墨子》〈明鬼下〉：「且商書獨鬼，而夏書不鬼，則未足以爲法也。然則姑嘗上觀乎夏書禹誓曰：『大戰于甘，王乃命左右六人，下聽誓於中軍，曰：「有扈氏威侮五行，怠棄三正，天用剿絕其命。」〈經下〉：「五行毋常勝，說在宜。」〈經說下〉：「合水土火火。離。然火鑠金，火多也。金靡炭，金多也。合之府水，木離木若識麤與魚之數，惟所利。」

由以上各家對於「五行」之應用，使我們發現「五行」之效用，十分廣泛。而鬼谷思想中之「遊說」理論，僅以屬天之「陰陽」二氣理論加以建構，已經產生不可思議之力量了，那如果再加上「五行」：「金、木、水、火、土」屬於地之五種相生相剋元素，以及方位：「東、南、西、北、中」空間概念，也一起融合且建構起來，則其複雜度一定會更高，致使弟子們難以學習，而作罷？又假如把四時：「春、夏、秋、冬」、「四時八柱」之「天干地支」（我國另一門研究神秘學術的《奇門遁甲》[191]）的時間概念也填加進來，是否會更加難以理解與說明？假如鬼谷子是在這個思維架構非常明確的時代，他不會去考慮而引用，甘願讓自己的理論造成缺陷及不完美（「時」與「位」，並未

---

[190] 〈要略〉：「原人情而不言大聖之德，則不知五行之差；言帝道而不言君事，則不知小大之衰；言君事而不爲稱喻，則不知動靜之宜；言稱喻而不言俗變，則不知合同大指；已言俗變而不言往事，則不知道德之應；」

[191] 奇門遁甲 相傳起自黃帝戰蚩尤，著於夏朝，盛行於漢朝，奇門、六壬、太乙三大秘寶中的第一大秘術，其本質是一門高等的天文物理學，揭示了太陽系八大行星和地球磁場的作用情況。其典型代表人物，在古代有黃帝、姜太公、鬼谷子、張良、諸葛亮、劉伯溫等前賢，皆精通此術。用於保國衛民、行兵作戰，料敵如神決勝千里。爲我國最大的一門秘術學問，預測準確度很高，有古語言：「學會奇門遁，來人不用問」。可說是世界上唯一可以如意控制對方爲主的命邸，古代被稱爲帝王之學，其中奧秘是極端守秘的，不得洩露于外人，如盜用經發現者斬首勿論（如美國 CIA 殺害洩漏 UFO 知情之科研人士），是秘傳中的秘傳。奇門遁甲所研究探討自然界的磁性作用在『每年、每月、每日、每時中』流動情形，以至於影響到萬物之心靈，還分析有十種活用的符，加以推演計算。由十天干與十二地支的組合而成的六十花甲子，代表時間；以後天八卦爲主的九宮八卦，代表空間爲主要特徵的全息符號。奇門遁甲就是將這二者，按一定的規則組合在一起，構成一個融合時間空間爲一體，由奇、門、遁甲三組概念組合，以及三甲、三奇、六儀、八卦（記方位）、八門（人事）、九星、九神（周圍的環境）、九宮（天象及地象）、九遁、十乾等，包括「天、地、人、神、」（宇宙中的暗物）在內，多維立體的動態思維，以模型中的時間資訊爲主，起局、造盤、排宮進行系統思辨，從而達到預測事物流轉、趨吉避凶，研究或揭露時空動力所表現出的超時代學問。《黃帝陰符經》上講：「八卦甲子，神機鬼藏」，即是說，「奇門遁甲」的神妙之處均藏在八卦和甲子之中。紮實的「易學知識」、深厚的「陰陽五行」、「天干地支」基礎，才得以一窺這門認識自然奇妙的工具，古代如行軍佈陣、現代如企業經營、占卜（命運謀事婚姻等）的大學問。

統合起來考量）嗎？或則是計謀與遊說的人事理論，不必使用到如此複雜的境界，便已足夠了！只在兵學軍事之上，才必須更加細微考量之，因爲傳統兩度空間的步兵、騎兵的作戰，才會有「陣術」的方位需求？

　　然而我們以現代的商界常用的話術、溝通、遊說、談判、協調、協商……等技巧中，最重要的心理因素，來看《鬼谷子》一書的相關內涵，卻都已存在「知人、知心」的教戰手法，但是還有一項非常重要的「知面」層次，（也就是所謂的「面相術」）。這個道理與學問，居然於《鬼谷子》一書之中絕口不提，如此將致使弟子們於遊說縱橫之中屢次深陷危險？實在是令人難以相信，絕不可能的事[192]。就像是出色的武術師父，教人用技打擊敵人，就必然會教人如何被挨打與防身之術。或以《莊子》〈應帝王第七〉記載：「鄭有神巫曰季咸，知人之生死存亡，禍福壽夭，期以歲月旬日，若神。」這事並不怪異，古書記載極多。故鬼谷子大有可能是爲教學方便，劃分出不同學科之所致？但這非本書主要論述之所在，故就此打住。

　　以上所謂僅談論「陰陽」，而無「五行」論述，這乃是早期先秦諸子思想的特色，故此項疑點，正可以用來證明出這本書成書甚早。因西漢劉向未列

---

[192] 所以我們發現在《隋書》〈經籍志、卷卅四、三兵家〉有一《鬼谷子先生占氣》一卷之書目，該書將其列入兵家與《司馬兵法》、《孫子兵法》、《五行侯氣占災》等書並列，但此卷書早已亡佚，後人已難以曉得其中內涵。又《新唐書》〈卷五十九、藝文志、三道家、神仙類〉載有《集注陰符經一卷》。《永樂大典》集錄《命書三卷》周鬼谷子撰、唐李虛中註，此書已佚。大典又錄有《貴賤定格三世相書一卷》、《相掌金龜卦一卷》周鬼谷子撰。《道藏》〈洞部、神部、方法類簿下〉收錄《鬼谷子天髓靈文二卷》。又坊間流傳有《鬼谷子傳心術》、《鬼谷子天武經》、《鬼谷子天書三卷》〈天冊、卅六無敵神招〉與南史王敬則所傳之〈檀公卅六計〉同、〈地冊、鬥法七十二變〉、〈人冊、破敵一百零八殺手〉，（以上見於蕭登福《鬼谷子研究》〈第一章鬼谷子其人與著作〉）。又（陳英略先生著《鬼谷子鬥法七十二變》頁 14～15，舉出我國卅六計有：漢時江湖所傳、唐時江湖所傳，以及宋時江湖所傳之三種不同版本）。以上蓋屬「命、相、符、靈、卦、法、術……」等書，或年代久遠、或不爲官方書目、或傳抄誤謬、或考據困難、或流於低俗，乃不爲學界接受。但筆者本人卻認爲，依眞正的算命風水先生，不懂四柱八字及命相與陰陽五行、易經八卦，那會是何等的不配？甚將淪落爲行走江湖之騙人郎中，而無以自處！同樣的教授縱橫遊說、兵法謀略的鬼谷先生，卻也同樣不懂天文地理與心理、面相、命理，是否會過於鄙陋可疑！我國古來蓋有學說或五術秘技或醫藥祕方，常有屬於單傳或秘傳或不傳之現象，尤有甚者毀之於兵荒馬亂之中，或有自命不凡之無知官吏，如燒燬鄭和下西洋的經貿外交文史檔案之一般，自以爲是。故鬼谷先生不傳之術，如無考古出土之新發現，可以佐證的資料，很可能會永遠流於民間傳說，永世不解其謎。「時間」是在當今宇宙天文學以及許多基礎物理學上都必須研究的一門很難理解的學科之一，它是這個地球三維空間的另一維度；我國老祖宗早已有興趣，研究出一套完整之學問，並擁有一門奇特之解法，還加以應用於人事上。後代炎黃子孫不知傾全國之力以跨科技研究，竟還以迷信或方術嗤之以鼻，不將置整個民族命脈與未來，永遠寄人籬下呼！？它的命運與跨訊息科學、能量科學與系統科學的人體經絡系統醫學，奧妙的中醫一樣的下場與處境嗎？

入《別錄》，或到東漢班固未將其列入《漢書、藝文誌》，或至隋朝時才被收錄於《隋書、經籍志》，才被認為是一部偽書[193]，以至令世人懷疑其眞實性。但蕭登福亦在其著作《鬼谷子研究》再版序文中，也表示經研究多年，應為先秦作品；所以《鬼谷子》典籍，隨著思想研究日加嚴密，與晚近出土之文獻，已被証實確為先秦與鬼谷子之作。又將之與《管子》的〈四時第四十〉比較，發覺《鬼谷子》成書時間，更應該是在《管子》之前。[194]

第五節　陰陽與人生之關係

　　鬼谷子以「陰陽」理論為首，所建立及推演出極其入世，積極實踐為主的遊說計謀思想（君王有權、臣子有謀），早期皆應用在「社會政治、國際外交、軍事兵法、經濟市場」之「心理、遊說、權謀、談判」的「輸贏、成敗、競合、配對[195]」……等，國與國之間的博弈賽局[196]之上，而顯少被應用於民間

---

[193] 第一位提出鬼谷子係後出偽書的人，乃是唐朝大文學家柳宗元。他在《柳先生集》書中的〈鬼谷子辯〉一文中說「鬼谷子後出而險螫峭薄，恐其妄言亂世難信，學者宜其不道。……怪謬異甚，不可考校……。」參見蕭登福著《鬼谷子研究》〈上編〉貳、〈鬼谷子眞偽考〉頁 30，臺北：文津出版社，1984 年 10 月。

[194] 許富宏《鬼谷子研究》：「陰陽思想與五行合流在《管子》中就已經實現了……」等，表示鬼谷子成書在《管子》之前；又經古韻用韻、古音規律〈從漢語史的角度看《鬼谷子》的眞偽〉的研究探討，亦經多位學者專家證實乃先秦著作無誤。上海：古籍出版社，2008 年，前者頁 84～86、後者頁 105～120。

[195] 市場配對理論 2012 年諾貝爾獎經濟傑出貢獻獎。該年 10 月 15 日瑞典皇家科學院宣佈，夏普利（Lloyd Shapley）高齡八十九歲，是美國洛杉磯加州大學榮譽教授；羅斯（Alvin E.Roth）現年六十歲，是美國哈佛大學商學院教授，並將於明年轉入史丹福大學執教。兩人是因為在「穩定分配理論及市場設計行為」，而獲得均分八百萬（台幣三千五百萬元）獎金以鼓勵他們在「配對理論」及「市場實驗」方面的貢獻。兩人研究的重點是如何在不同的經濟活動參與者之間進行配對，例如學生與學校，醫生與醫院，甚至器官捐贈者與病人之間，使市場能夠更有效率地滿足供給與需求雙方面的需要。皇家科學院指出，「今年的獎項，攸關一項核心的經濟問題：如何盡可能地在不同的經濟活動參與者之間進行配對。」諾貝爾獎已經獎勵過弗農、史密斯代表的「實驗經濟學」以及納什代表的「博弈論」，羅斯和沙普利都是研究實驗經濟學和博弈論的高手。大多數時候，實驗經濟學是離不開博弈論的。沙普利則是推進博弈論的重要人物，他研究的是一群人（一個聯盟）和另一群人（另一個聯盟）之間的博弈，以他為名的「Shapley 值」是 N 人聯盟博弈理論中一種解的概念，它實現了聯盟總體利益在各成員之間的公平和有效的分配。而羅斯則出過一本《實驗經濟學手冊》，他在《手冊》裡反復強調要制定實驗經濟學的標準化範式，因為很多不同知識背景的實驗經濟學家經常交流得一塌糊塗，彼此都指責對手設計的實驗有問題，有設定意圖和偏好干擾，因此無法有效對話，所以羅斯研究建立實驗經濟學標準化，比如怎麼報告實驗的步驟、如何採用資料、資料分析的基本方法等等。配對理論，大體上可以追溯沙普利和蓋爾 1962 年發表的重要論文《大學錄取和婚姻的穩定性》，這其實可以分析中國的「剩女」。所謂的配對理論，就是考慮到男女相親之間進行「條件和意願」上的排序，最終形成「穩定解」，即市場上不存在剩下的彼此願意與對方匹配。

活動，如個人生活之行為當中。這也是因為「古典鬼谷學說」[197]，自古以來乃是以「帝王學」的面貌展現。在當時的統治者階級們之既得利益的團體裡面，一向是被認為是公然「挑戰威權、破壞秩序、瓜分利益」，危及國家社會安全及傳統價值，是「人心動亂」的根源，此種窄狹、不理性又霸道的意識，為

[196] **賽局理論**（Game theory）：有時也稱為策論，或者博弈論，應用數學的一個分支，目前在生物學、經濟學、國際關係、計算機科學、政治學、軍事戰略和其他很多學科都有廣泛的應用。研究開始於恩斯特、策梅洛（1913 AD）、約翰、福布斯、納什（1951 AD）利用不動點定理證明瞭均衡點的存在，為賽局理論的一般化奠定了堅實的基礎。主要研究公式化了的激勵結構（遊戲或者博弈）間的相互作用。是研究具有鬥爭或競爭性質現象的數學理論和方法。也是運籌學的一個重要學科。賽局理論考慮遊戲中的個體的預測行為和實際行為，並研究它們的優化策略。表面上不同的相互作用，可能表現出相似的激勵結構（incentive structure），所以他們是同一個遊戲的特例，其中一個有名有趣的應用例子是「囚徒困境」。具有競爭或對抗性質的行為成為博弈行為。在這類行為中，參加鬥爭或競爭的各方各自具有不同的目標或利益。為了達到各自的目標和利益，各方必須考慮對手的各種可能的行動方案，並力圖選取對自己最為有利或最為合理的方案。比如日常生活中的下棋，打牌等。賽局理論就是研究博弈行為中鬥爭各方是否存在著最合理的行為方案，以及如何找到這個合理的行為方案的數學理論和方法。博弈的分類根據不同的基準也有不同的分類。一般認為，博弈主要可以分為「合作博弈和非合作博弈」。從行為的時間序列性，賽局理論進一步分為兩類：「靜態博弈、動態博弈」。非合作博弈又分為：「完全資訊靜態博弈，完全資訊動態博弈，不完全資訊靜態博弈，不完全資訊動態博弈」；以博弈進行的次數或者持續長短可以分為「有限博弈和無限博弈」；以表現形式也可以分為「一般型（戰略型）、展開型」等；展開形式的博弈又可譯為「擴展形式的博弈、擴展式賽局或擴展型賽局」。零和博弈（英語：Zero-Sum Game）又稱「零和遊戲或零和賽局，與非零和博弈相對」，是博弈論的一個概念，屬非合作博弈，指參與博弈的各方，在嚴格競爭下，一方的收益必然意味著另一方的損失，博弈各方的收益和損失相加總和永遠為「零」。雙方不存在合作的可能。也可以說：自己的幸福是建立在他人的痛苦之上的，二者的大小完全相等，因而雙方都想盡一切辦法以實現「損人利己」。零和博弈的例子有：賭博、期貨等。零和博弈被引申為「快樂守恆定律」（Conservation of Happiness），意思是「有人快樂，就必定有人失落」，也就是「快樂必須要建築於別人的痛苦身上」。
在宏觀經濟學中，配對理論也稱之為搜尋與配對理論，它運用一個數理框架來描述相互互利關係隨著趕時間發展的形成過程，它為摩擦阻礙經濟活動水準調整的有關市場，提供了建模的方法。此外，這種模型還有很多可以廣泛的使用，譬如運用在勞動經濟學上，特別是研究失業與市場之間的關係（克里斯多夫、皮薩里德斯和戴爾、莫坦森研究的主要領域之一）；運用於婚姻經濟學，用於分析婚姻市場的配對問題；還用於金融保險和社會保障領域，研究於金融機構上，如何將資金貸款給有創新精神的創業者和企業家（彼得、戴蒙德研究的主要領域）。還有，儘管配對理論對勞動力市場的摩擦有很好的研究，但仍然存在著很大的爭議，許多經濟學家對這種理論的研究的定量方法之準確度有很大的懷疑，因為所運用的定量方法可能過分的被高估了這種理論的作用。例如失業代表了更高層次的商業週期，經濟學家羅伯特希默，將其修正並提出更加優良的配對模型（擴展版），用它可以預測，如失業市場上更細微波動之影響！

[197] **古典鬼谷學說** 一詞，乃是筆者為方便推演鬼谷子思想，以因應當今「以民為本」的自由民主時代下，不同的社會生活意識與思維環境下的變化，所造成對原創者該學說與時代之影響。因僅為研究起見，而擅至取名並於後續再以「現代鬼谷思想」對應之，並無支離鬼谷思想之意思，反而有活化其思想之動能，茲請凡愛好鬼谷學說專家學者與諸前輩們之諒解。（西方常為對人類世界之思想進步有所貢獻的思想家，每每將其學術思想之演變，採用此分類手法方便研究，如前期康得思想、後期康得思想，謂之。不僅有所傳承，還會有發揚的作用和效益。）

歷代之專制政權箝制思想所採用，以做為鞏固政權藉口而遭唾棄；所以造成該學說思想，無法進一步在民間，真正得到發展與推廣而呆滯不前，乃至於面臨消失之處境的主要原因之一。

誠然我國後來之發展，走向「大一統」朝代輪替之政治安全統治思維，與歐西諸國保持既分裂又競爭之文明態勢大不相同（其實他們也經過幾次的統一戰爭，如法國拿破崙、德國希特勒等均未成功，甚至於當今的歐元單一金融體系都屬之），也是一種歷史發展的因素。此乃歷代以異姓為主的中華帝國之朝廷（政府），透過軍事霸權與政治霸權，再加上意識形態霸權之交相壟斷下必然的產物。這項行之千年的國家一統思維，於清末遭受歐西以經濟之新霸權為主的強大的海權力量，所完全摧毀。但並不代表春秋、戰國眾多學人的主張：聖人政治與王道精神之一，終極講究陰陽天地、人事和諧的鬼谷子思想，便毫無可能實現？筆者卻認為未必，只要秉持國家有發展、人民亦有發展，國富民強的中華道統再加上現代文明的理念，最重要乃是經濟貿易與科學發展與學術成就的發達，便有可能讓傳承已幾千年的中國人夢想，以天道人德之行為規範的「王道民本」的優質民主政治思想，（不似西方霸權，挾其經濟優勢，標榜其競選式議會制度，那種毫不節制的劣質民主，引發社會與人民無此堅銳對立的亂源）[198]，予以實現。

明朝宋濂[199]瞧不起鬼谷子思想，曾加以譏諷為「是皆小夫蛇鼠之智」[200]，其著作《諸子辯》[201]以為《鬼谷子》一書：「家用之則家亡，國用則國僨，天

---

[198] 王道民本 之政治思想是包含鬼谷子在內的先秦眾多諸子百家獨特的主張，民本是基於中華民族五千多年來的優秀傳統為出發。其間雖然為封建與專制之帝制所挫傷與阻隔，但是其傳承從不間斷過。民本亦是以民為主，民本超越民主，民主不崇高不神秘、非萬能，它祇是一種政治管理方式之指稱，一種現代人在經濟與物質生活達到一定的充沛與富足之後，人民對於參政權力的渴望，以及執政者的治國治民的分權主張。但是如錢穆精研西方活動以權力為無窮消費的民主政治，早就看出其矛盾與危機，謂：「因誤認政治僅一權力，而非代表人類之德性與道義，乃有此病。此西方政治一致命傷，無可原治。」有關「王道民主」，於本書下冊第四章再加論述。

[199] 宋濂（1310～1381 AD）明初散文家。字景濂，號潛溪。先祖潛溪人（今屬浙江金華），至宋濂時遷到浦江（今浙江浦江縣）。宋濂自幼好學，曾從散文大家吳萊、柳貫等人學習。元至正時被薦為翰林編修，以親老辭不就，隱居龍門山著書10餘年。朱元璋起兵取婺州，召見宋濂，命他為五經師。朱元璋稱帝后又命他為文學顧問、江南儒學提舉，授太子經。洪武二年（1369）奉命修《元史》，為總裁官。當時朝廷祭祀、朝會、詔諭、封賜文章大多由他執筆。累官至學士承旨知制誥，被譽為「開國文臣之首」。洪武十年因年老辭官還家。後因長孫犯法，又牽涉胡惟庸案，全家謫茂州，中途病故於夔州。正德時追諡文憲。

[200] 見蕭登福著《鬼谷子研究》，〈上編〉〈參、鬼谷子諸篇要義〉，頁74。

[201] 語出《諸子辯》（一名龍門子）：「《鬼谷子》三卷，鬼谷子撰。一名《玄微子》。鬼谷子無姓

下用之則失天下」[202]。這不是與《鬼谷子》〈捭闔第一〉上說：「可以說家，可以說國，可以說天下」，出現完全的矛盾嗎？到底誰說的才是正確的話，我們一時無法在此說明白，也不必以一句對錯，便能加以簡易區分，來一刀劃清界線。然而卻可肯定的，《鬼谷子》已有更多人在作學術研究了，海峽兩岸之出版社逐漸有專書發行，企業管理之顧問單位也多有相關課程講座與書籍出現。其遊說、心理學方面：也早就成為西方之顯學。商業活動：如企業集團間，各類之競爭或吞併或收購，於今日之國際社會裡，都已經算是習以為常，而倍增其重要性。

　　鬼谷思想之「互蒙其利」、「積極有為」、「進取人生」、「追求富貴」、「為才是用」、「意志修練」、「智慧謀略」、「抵而得之」……之風潮，已然使得「資方與勞方、員工與雇主、百姓與官員、生產者與消費者」在過去利益與私心，無法有效公開與迴避之下，已然煥然一新，連「天道與環境」也都能由陰陽對立態勢，改成為和諧統一；可使現代西方因講究科技文明速成，而使「天與人」、「地與人」、「人與人」產生對立的苦果化解為甜食的指導原則。以上，

名里居，戰國時隱潁川陽城之鬼谷，故以為號。或曰王詡（或云王翊）者，妄也。長於養性治身，蘇秦、張儀師之，受《捭》《闔》之術十三章，又受《轉圓》、《胠篋》及《本經》、《持樞》、《中經》三篇。《轉圓》、《胠篋》今亡。梁陶宏景注。劉向、班固錄書無《鬼谷子》，《隋志》始有之，列於縱橫家。《唐志》以為蘇秦之書。大抵其書皆捭闔、鉤箝、揣摩之術。其曰：「與人言之道，或撥動之令有言，以示其同；或閉藏之使自言，以示其異，捭闔也。既內感之而得其情，即外持之使不得移，鉤箝也。量天下之權，度諸侯之情，而以其所欲動之，揣摩也。」「是皆小夫蛇鼠之智，**家用之則家亡，國用之則國偾，天下用之則失天下**，學士大夫宜唾去不道。高氏獨謂其得于《易》之『闔闢翕張』之外，不亦過許矣哉！其中雖有『知性寡累，知命不憂』，及『中稽道德之祖，散入神明之頤』等言，亦恒語爾，初非有甚高論也。嗚呼！曷不觀之儀、秦乎？儀、秦用其術而最售者，其後竟何如也？高愛之慕之，則吾有以識高矣。」（註：文中之高氏指其好友高似孫）

[202] **顧頡剛** 標點《諸子辨》之《序》批宋濂言：「我們現在要表章這些著作，只為它們的作者肯用一點自己的心思，能給與讀者一個求真的暗示之故，並不是說他們的批評和考證都是很精確的。老實說，在現在時候，這些著作是早該沒有價值的了。即如此書，你看宋濂在序跋中所說的話，成見何等的重，態度何等的迂腐，他簡直是董仲舒請罷百家的口氣。他恨不使莊子受孟子的教誨，恨不強葛洪改學《六藝》，恨不把《公孫龍子》燒毀了。他一方面既以《吳子》的『五勝者禍，一勝者帝』的話為然，一方面又以吳起的『與諸侯大戰七十六，全勝六十四』的事為合理，這是怎樣的矛盾自陷？他稱許《尉繚子》的『兵不血刃而天下親』的話為慈仁，卻忘記了本書中尚有『古之善用兵者能殺士卒之半，……威加海內』等鼓吹殺人的話。這種遮遮掩掩，縛手縛腳的態度，真使我們看了難過。就是考證方面，也有許多很淺陋的地方。如他信《鶡子》非偽書，而其理由只是『其文質，其義弘』。他不信《化書》為宋、齊丘作，而其理由只是『使齊丘知此，則何為不得其死也？』（裡面自然也有很好的，如《亢倉子》、《子華子》、《淮南子》、《文中子》諸條。）總之，他是用善惡功過的信條來論定古書的真偽的。這種觀念，在現代的學術界裡是絕對站不住的了。」樸社、1928 年 7 月，第三版。

我們祖先所創造的現象界與存在界雙贏的永續思維，甚至是多贏時代的來臨，也非夢想。以鬼谷子所創導的「健康人生」之養生哲學，也早就成爲全民運動之焦點了，不是嗎？

鬼谷子於千年之前所提倡「世可以治，則抵而塞之；不可治，則抵而得之」的思想，此一唯能力主義之理想，終究在當今社會已達部份施行之域，這乃是現代之民主政治與自由思想之經濟工商社會時代進步使然，於任何之「職場、商場、官場、考場、情場或戰場」，都能採取的。所謂「用能力取代世襲、用選票換取鈔票、用心力換武力、用智力取代暴力、用說服代替爭服，用口水換血水、用純理性代替泛感性（情緒）、數人頭取代比拳頭」，一種良性競爭的態勢。將人爲之「貪婪、腐敗、落伍、封建、專制、霸道、不勝任、不上進」的上司或團體給淘汰掉，乃至於公司裡的總經理、董事長經由董事會給予撤換；甚至是位爲國家最高領導人，也需要經過由專責機構選舉才會產生，或透國國會加以罷免。

以上與「當今鬼谷子的理論，也可以運用在現代人爲人處事、追求成功發展的道路上。他的理論不是教你耍詐，而是要能瞭解世道人心，進而用來謀求事業的成功」[203]。互爲形成古今價值批判的兩極化。就中外而言，今天之西方資本主義國家，存在著民主政治與個人自由的工商社會制度而言，其兩黨政治下之競選活動、自由經濟制度下的供需活動，不就是以奉鬼谷子理論爲首，強調「挑戰權威」、「積極有爲」、「公平競爭」、「智慧創新」、「溝通瞭解」、「追求名利」的縱橫家之人生哲學與社會風氣。於如此文化氛圍之下，誕生出以移民及多民族爲主之國家—「美利堅合眾國」，自獨立建國二百多年以來，以歐洲爲文化爲母體，在地廣人稀、無中生有的土地上，開墾營造、生養繁息、發展創新、除惡棄舊（指歐陸的政治制度、傳統文化、社會弊病），在沒有傳統包袱之下，形成國家強盛與社會繁榮和百姓富裕的主因。

我們由美國總統採用西方式的民主競選，可以發現這種早在我國二千多年前的戰國時代，就已流行的「兵不血刃」國與國爭鬥的方式（當時還不是

---

[203] 語出《鬼谷子成功發展的藝術》方鵬程，臺北：商務印書館，2006 年 4 月。其中一篇〈鬼谷子神秘人生〉頁 31：「現代人的眼光看，鬼谷子提倡的是：靈活適當的成功發展策略，可用於修身、齊家、治國、平天下，也可以用於內政外交、經濟政治、兵學戰略國家發展。……要發展，趨吉避凶、生存發展，都有賴於運用智慧，瞭解情勢，提出策略，說服他人，共臻成功。這就是鬼谷學說的基本原則。」亦著作有《孫子：談判說服的策略》、《兩岸談判實錄：台灣海基會實錄》。

很純粹與完全），竟然能夠巧妙的運用於國家之最高領導者之產生，一種全然成熟之選舉制度，兩個政治超級團體的角力，經過公然的、合法的、合平的、民主的，以進行權力重分配與利益再獲取的鬥爭。分析這種方式，乃是透過「古典鬼谷術」之鬥智不鬥力[204]原則，只是當今由於社會文化之推演與物質文明之進步，手段更加之高明、手法更加之複雜與細微，甚至於不分平時或戰時，民主政治的黨派選戰活動，更爲激烈有加。筆者特別加以稱之爲「現代鬼谷術」，當代版的縱橫術「選戰語言」實不爲過，乃當之無愧。筆者暫且將之整理區分爲五類，各種軟、硬辦法（從陰陽對立演變而出），化作成各種戰力，如下：

明言的	溝通	傾聽	遊說	說服	辯論	演講	攻詰	申訴	談判……等。
暗語的	關說	流言	中傷	詐欺	攻奸	放矢	欺騙	恐嚇	威脅……等。
文字的	廣告	宣傳	形象	情報	出書	計畫	公告	傳單	海報……等。
金錢的	義賣	募款	餽贈	收買	慈善	贊助	捐助	獎勵	投資……等。
行爲的	遊行	抗議	公關	造勢	分化	攏絡	策反	結盟	反間……等。

表一、「現代鬼谷術」的選戰語言與手法

　　以上，已是追求「自我實現需求」[205]之人生，爲謀取最高級榮耀與頂尖的權力活動之最高層次了。當然不包括使用非法之行爲，例如：美國 CIA 所最常執行的：「暗殺、監聽、軟禁、傷害、污辱……等」野蠻暴力，極其不文明之舉動。我們由此人生需求面之最上層，可能合理之政治集體活動之競選行爲，來看鬼谷子之陰陽人生，來看追求「名利富貴」的縱橫家之自由意志，以便進一步說明如何可能。以下是〈燕策〉郭隈[206]之言，可看出善待追求名利

---

[204] 語見《史記、本紀》〈項羽本紀〉：「楚漢久相持未決，丁壯苦軍旅，老弱罷轉漕。項王謂漢王曰：「天下匈匈數歲者，徒以吾兩人耳，願與漢王挑戰決雌雄，毋徒苦天下之民父子爲也。」漢王笑謝曰：「吾寧鬥智，不能鬥力。」項王令壯士出挑戰。漢有善騎射者樓煩，楚挑戰三合，樓煩輒射殺之。項王大怒，乃自被甲持戟挑戰。樓煩欲射之，項王瞋目叱之，樓煩目不敢視，手不敢發，遂走還入壁，不敢復出。漢王使人間問之，乃項王也。漢王大驚。於是項王乃即漢王相與臨廣武閒而語。漢王數之，項王怒，欲一戰。漢王不聽，項王伏弩射中漢王。漢王傷，走入成臯。」

[205] 馬斯洛（1908～1970 AD）美國人本主義心理學家。以需求層次理論（Maslow's Hierarchy of Needs Theory）最爲人熟悉，是研究組織激勵時應用得最廣泛的理論。馬斯洛理論把需求分成生理需求、安全需求、社交需求、尊重需求和自我實現需求五類，依次由較低層次到較高層次。依金字塔的最底層到最高層，需求層次如下：（爲後來增加的需求）1.生理需求 2.安全需求 3.愛與隸屬需求 4.尊嚴需求（尊重需求、自尊需求）5.自我實現需求 6.超越個人或靈性的需求（爲 1969 年提出的 Z 理論）。

[206] 唐、李白：「大道如青天，我獨不得出。……淮陰市井笑韓信，漢朝公卿忌賈生。君不見昔

榮耀方法之重要：

> 《戰國策、燕策一》〈燕昭王收破燕後即位〉郭隗先生對曰：「帝者與
> 師處，王者與友處，霸者與臣處，亡國與役處。詘指而事者，北面而
> 受學，則百己者至。先趨而後息，先問而後嘿，則什己者至。人趨己
> 趨，則若己者至。馮幾據杖，眄視指使，則廝役之人至。若恣睢奮擊，
> 呴籍叱咄，則徒隸之人至矣。此古服道致士之法也。王誠博選國中
> 之賢者，而朝其門下，天下聞王朝其賢臣，天下之士必趨於燕矣。」

一、觀陰陽之開闔

茲先引用《鬼谷子》陰陽相關之原文，〈捭闔第一〉如下：

> 「觀陰陽之開闔以名命物」，「各有所歸，或陰或陽」，「捭之者，開
> 也，言也，陽也。闔之者，閉也，默也，陰也。陰陽其和，終始其
> 義」，「諸言法陽之類者，皆曰『始』；言善以始其事。諸言法陰之類
> 者，皆曰『終』；言惡以終其謀。」

由以上〈捭闔第一〉部份不同的文字句子，我們可以明瞭一個門派的宗師，如何建立起宏大理論的一家之言。而且是確實可行，沒有虛言，用字遣辭還要簡潔扼要。編訂起這套能夠通行天下、縱橫古今，還真不是容易的事。

以上，可見鬼谷子將遊說與人生大法，是以最簡單的捭闔動作的觀念來做比擬。他還告訴我們，遊說的根本法則，有如開門的動作那麼容易。當你想要學會遊說大法，就必須將這一扇門與這把鑰匙，視諸如同個人的性命「存亡之門戶」（〈捭闔第一〉），那麼的珍貴之一般；宜善加用心愛惜使用，不得隨意破壞。還有，你要注意喔！天下的門，類型雖然千變萬化，但是只有以陰陽做出的開鎖工具，便由得輕鬆打開。用這把萬能的鑰匙，任何奇怪或複

時燕家重郭隗，擁篲折節無嫌猜。劇辛、樂毅感恩分，輸肝剖膽效英才。昭王白骨縈蔓草，誰人更掃黃金台？行路難，歸去來！陳子昂〈詠郭隗〉：「逢時獨爲貴，歷代豈無才。隗君亦何幸，遂起黃金台。」郭隗另一知名「千金買骨」故事：「昭王曰：『寡人將誰朝而可？』郭隗先生曰：『臣聞古之君人，有以千金求千里馬者，三年不能得。涓人言於君曰：「請求之。」君遣之。三月得千里馬，馬已死。買其首五百金，反以報君。君大怒曰：「所求者生馬，安事死馬而捐五百金？」涓人對曰：「死馬且買之五百金，況生馬乎？天下必以王爲能市馬，馬今至矣。」於是不能期年，千里之馬至者三。今王誠欲致士，先從隗始；隗且見事，況賢於隗者乎？豈遠千里哉？』於是昭王爲隗築宮而師之。樂毅自魏往，鄒衍自齊往，劇辛自趙往，士爭湊燕。燕王吊死問生，與百姓同其甘苦。十二八年，燕國殷富，士卒樂佚輕戰。於是遂以樂毅爲上將軍，與秦、楚、三晉合謀以伐齊。齊兵敗，閔王出走於外。燕兵獨追北入至臨淄，盡取齊寶，燒其宮室宗廟。齊城之不下者，唯獨莒、即墨。」

雜的門鎖都得以打開。還有最神秘的是，連人的心房也都可以打得開，進而通達到每一個人的心坎裡面。所以你一定要記得，不管是自己還是別人呀！都要小心謹慎嚴加看管「守司其門戶」（〈捭闔第一〉）。只要你相信以上這個唯一的道理，你就會像一位聖人一般，可以借此行走於天地之間，無有阻礙！你只要曉得這層次的道理，聖人便不會是如儒道所說的，那麼的神秘與高不可攀了。最後，讓我（鬼谷子）再次告訴你，「道理」從古至今都是一樣的。

捭之者，開也，言也，陽也；
闔之者，閉也，默也，陰也。
陰陽其和，終始其義。

捭闔者，道之大化，說之變也

圖八、鬼谷子迴圈－人事陰陽

二、變化無窮，各有所歸

第二段：「變化無窮，各有所歸。……度校其伎巧短長。」開始，鬼谷子擔心學生不懂又不信，所以又進一步說明：「門呀！雖然千千萬種，你們會問說有的很難開啟！怎麼辦？」。我（鬼谷子）告訴你：「首先得冷靜下來，好好觀察有何不同？之後就可以將其歸類，輕鬆找到門戶的類型與開鎖的方法。你可先要看一看門是正面的，還是反面的，不要太慌張了！還有門，到底上了鎖了沒有？那是非常一項很關鍵與重要的事！」，「之後再決定要不要

開門，用何種工具去開好呢？是號碼鎖就用柔軟善巧的心去應對，是傳統的或是必須要用剛硬的鐵剪刀去處理！開好了鎖後，也要注意門框是否很緊，還是鬆鬆的？」所以呀！想學會我這套遊說大法，就要如好好的先學會愛護這個門窗開始，才能學成爲行走四方，如聖人般活於天地之間無礙與自由。所以別小看細心的心思，如〈本經陰符七術〉上言：「事有適然，物有成敗；幾微之動，不可不察。」這一切，都與平日養成的優秀技巧有關！

三、闔而捭之，以求其利

第三段：「夫賢不肖、智愚……微排其所言而捭反之，以求其實，貴得其指；闔而捭之，以求其利。」鬼谷子又說了：「你們不必擔心，你自己沒有對方那麼有才能？讀了很多的書，懂得很多知識又經驗相當豐富的讀書人；或是遇上了一位不學無術，又不講理沒是非，很難纏！還是位霸道又兇巴巴，動不動就會找你打架的粗人？或者根本對上了愚笨，完全聽不懂你說什麼話的人？」，「這樣全都會讓你們擔心，害怕自己會無法與他們溝通！」其實只要用對了我這一套方法，對付任何類型的人，事實是非常有效，而且沒有什麼分別，應用與管理起來，都會十分的得心應手。

《鬼谷子》通篇言簡意奧，但二千年以前的訓勉，總是語意清楚絕未稍加遺漏，他說：「其實只要依你本身的目的，大膽的去注意觀查分析，你就能清楚的明瞭，對方到底有無份量與眞正的能力與其意圖，其意志則會隨著你對他的遊說與各種試探誘惑奉承[207]，他便無法阻擋，會加以顯露出來！」。細讀之，文意裡還教導我們「還有對付一種多話，或者是意圖明顯或隱瞞實情的人，你要抓住不妥的話柄，排開其意見，非難他、反對他、逼迫他，使其眞正的實情呈現出來，才能掌握到眞正的意涵；這就是先用關門然後再開門，非常單純的方法呀！簡單好用，又有好處。何樂而不爲？」

〈揣篇第七〉：「觀蜎飛蠕動，無不有利害，可以生事美。變生事者，幾

---

[207] 美國大總統林肯的名言：「任何人都喜歡受奉承」。杜威博士說：「人類最原始的欲望是，渴望變得更重要，更有價值。」威廉、詹姆斯也說：「人性深處最大的願望，莫過於受到外界的認可與讚揚。」而這種深藏心底的人性需求，事實也正是人獸分野之所在。語出於《人性的弱點》頁 28～29。（How To Friends And Influence People）dale Carnegic 著 Simon & Schuster 出版 殷金生譯，臺北禮記出版社，1990 年 8 月二版。該書於是有史以來最暢銷的勵志書之一。1936 年出版，至今售出超過 1500 萬本，被翻譯成世界上主要的語言。曾保持在紐約時報暢銷書榜中長達 10 年之久，超過 42 個版本。其內容主要講述人際關係，例如溝通策略與生活態度。

之勢也。」陶宏景註：「蜎飛蠕動，微蟲耳，亦猶懷利害之心，故順之則喜説（悦），逆之則勃怒，況於人乎？況於鬼神乎？是以利害者，理所不能無。生事者，必審幾微之勢，故曰生事者，幾之勢也。」所以説：「微之爲著者強，察乎息民者爲用者伯，明乎輕之爲重者王。」[208]（《戰國策、趙策三》）。凡爲人欲有所出人頭地，都要擁有發現這種「幾微之動」的能力，進而加以培養出「幾微之勢」[209]。促使事物陰陽轉化，使自己之人生態勢由弱轉強，便可在各種社會鬥爭中取勝，進而可能讓人之一生立於不敗之地。

　　以上採用《鬼谷子》第一篇的前三段，來分析其利用陰陽原則，建立起遊説的理論基礎。發現是先説出陰陽道理，是古來偉大的聖人們，所辛苦建構出來的。緊接著，再連接將陰陽這個很難懂得、抽象的、無形的之借用名詞，轉化爲人較易懂的、看得見的、有形的動作[210]，即「開與闔」。再將世間千千萬萬，不同類型的：有形、無形的，具象與抽象的，將之分類歸屬，都可以拿來應用。主動的成爲捭闔之一種簡單的，開與關之動作罷了！這就是在世界史上，一個在國祚長達五千年，歷史攸久、文化燦爛，淵源流長的古文明之國度中，僅此一家，別無分號。

　　尤其是在二千年前，民智未開且物質條件奇差的封建社會裡，能夠排除萬難，獨特的、巧思的將陰陽兩種自然的物理現象之元素，轉化成遊説的堅實理論，並成功從天地結合人之心理，建構成獨樹一家之言，不僅於混亂的時代有用，在工商業興盛的經濟社會亦倍加需要，可眞是奇蹟呀！這項工程是偉大的，足夠詳加研究，貴爲商業談判、國際貿易、外交事務、人際溝通……等之所用。不須以權謀詐詭排斥之，因爲這是人性本來面目，也是鬥智之本

---

[208] 《戰國策、趙策三》〈秦攻趙〉：「秦攻趙，蘇子爲謂秦王曰：「臣聞明王之於其民也，博論而技藝之，是故官無乏事而力不困；於前言也，多聽而時用之，是故事無敗業而惡不章。臣願王察臣之所謁，而效之於一時之用也。臣聞懷重寶者，不以夜行；任大功者，不以輕敵。是以賢者任重而行恭，知者功大而辭順。故民不惡其尊，而世不妒其業。臣聞之：百倍之國者，民不樂後也；功業高世者，人主不再行也；力盡之民，仁者不用也；求得而反靜，聖主之制也；功大而息民，用兵之道也。今用兵重申不休，力盡不罷，趙怒必於其己邑，趙僅存哉！然而四輪之國也，今雖得邯鄲，非國之長利也。意者，地廣而不耕，民贏而不休，又嚴之以刑罰，則雖從而不止矣。語曰：『戰勝而國危者，物不斷也。功大而權輕者，地不入也。』故過任之事，父不得於子；無已之求，君不得於臣。故微之爲著者強，察乎息民者爲用者伯，明乎輕之爲重者王。」

[209] 參閱鄭傑文著《鬼谷子人生智慧》八講〈鬼谷哲學——柔弱爲強説〉頁103、北京：清華大學出版社、2008年。

[210] 「從看得見到看不見的，從看不見到看得見」，「無形的妙用」。這兩句話是陳榮波教授，常在課堂上對學生智慧的教誨。

性，天生的一種保護自我利益的本能，也是任何文明社會所無法去除的。所以西方發展至今以工商業經濟發展爲文明之社會，終能以理性與思維的精神去研究，脫離哲學的領域進一步發展成心理學，並運用人性的弱點[211]，讓社會大眾於繁忙與複雜的人際關係中，更容易溝通與相處。

四、陰陽終始

鬼谷子發現陰陽之妙用後，繼續在第八段的文字中「捭之者，開也，言也，陽也；闔之者，閉也，默也，陰也。」告訴他的門徒說：「我的捭闔是這樣的：捭的意思就是：雙手開開、打開門、張開嘴、接納的、光明的、有能量的。闔的意思就是：把門關起來、閉上嘴、沉默的、拒絕的、陰暗的、隱藏的。」

「故言長生、安樂、富貴、尊榮、顯名、愛好、財利、得意、喜欲，爲陽，曰始。」所以說「你們想得到的：長命百歲、平安快樂、榮華富貴、尊貴榮耀、彰顯名望、……喜好欲樂、錢財利益，都是一種追求，能夠增進人際關係，獲得各種配合，可以一起合作，做事業以營利發財，也是人生的開始。」；「故言死亡、憂患、貧賤、苦辱、棄損、亡利、失意、有害、刑戮、誅罰，爲陰，曰終。」無不都是人生所厭惡，但卻是在你我之一生中，可能與必須面對的。

以上之陰陽二氣所生出之人間消息，常人是難以知曉與應用的，更常爲此陰陽所形成的牢籠，所加以禁錮苦於因應無法逃脫。前段鬼谷子之兩句話不就是彷彿今日，他跨越時空面對著我們說：「人的一生有開始，必將會有結束，所謂物極必反，因此死亡就跟著來到、例如憂傷患病、貧窮卑賤、遭遇到各種艱苦羞辱、或是受到棄絕損傷、以及可能的財物遺棄毀損與負債累累、或妻離子散、考場官場情場各式戰情等之失意、合夥投資做生意屢次失敗、

---

[211] 《卡內基溝通與人際關係——如何贏取友誼與影響他人》"*How to Win Friends and Influence People*"，是有史以來最後歡迎與最暢銷的勵志類型書籍之一。本書是戴爾、卡內基的著作，在 1936 年出版，至今全世界各種文字之版本，已售出超過 1500 萬本。它曾保持在紐約時報暢銷書榜中長達 10 年之久，至今已經出版超過 42 個版本。其內容主要講述人際關係，例如溝通策略與生活態度。2011 年，正逢該書七十五周年，再度推出數位時代增訂版 "*How to Win Friends and Influence People in the Digital Age*"，商周出版，書名爲《人性的弱點、七十五周年最新增訂紀念版：改變一生的人際溝通關鍵法則》。卡內基充份掌握人性弱點爲人際關係之開展理論與作法，廣爲工商業現代經濟社會所接受與歡迎，而提倡同樣理論的《鬼谷子》，卻會被我們的老祖宗所壓抑與拒絕，歸結最根本之原因，乃是過去泛道德之主流意識所影響，因而錯失了民族智慧與思想發展的大好時機。

因利害關係與人延生出刑事訴訟官司纏身、或誣告入獄、受盡各種折磨、離家逃脫、全家入罪流離失所、臭名萬世、遭破財刑罰、斬首遊街示眾、配發邊疆勞改、禍延子孫……等等，都是不好的、凶惡的、黑暗的、隱藏的，也就是我剛剛所說－陽的反面，終止與結束的意思。」那般的眞實與受用。

　　鬼谷子接著又進一步的說：「諸言法陽之類者，皆曰始；言善以始其事。諸言法陰之類者，皆曰終；言惡以終其謀。」所以能夠效法學習類似這類陽光的、正派的、善良的，就是好的開始，可以正正當當的與人配合去進行你所有的計畫。但是你如果偷偷摸摸的、背地裡去學習效法，那類陰險黑暗、不正當、偷雞摸狗、喪盡天良的行為，無的放矢、說盡惡毒的話、做盡傷天害理的勾當，那你將遭受到報應。但是假如你，根本只是引用來做爲勾引對方的險惡，那你將會成功的揭露他的陰謀，而且非常的有效說。

　　《易經、繫辭》說「陰陽合德，而剛柔有體。」鬼谷子也在〈捭闔第一〉這篇的第九段文章中，跟門生們繼續談到。他說：「捭闔之道，以陰陽試之」。……「益損、去就、倍反，皆以陰陽禦其事。」[212]於此，可以發現到我們老祖宗的「陰陽」，兩種元素是如何的管用！我們再取《黃帝內經》一段內容來比較：

　　　　〈素問、陰陽應象大論〉黃帝曰：「陰陽[213]者，天地之道也，萬物之
　　　　綱紀，變化之父母，生殺之本始，神明之府也，治病必求於本。故
　　　　積陽爲天，積陰爲地。陰靜陽躁，陽生陰長，陽殺陰藏。陽化氣，

---

[212] 陶弘景註：以「道相成曰益，以事相賊曰損。義乖曰去，志同曰就。去而遂曰倍，去而覆闚來曰反凡此皆以陰陽禦其事也。」

[213] 陰陽五行緣由從中國早期的文獻看來，「陰陽」最先是作爲自然觀念的表述而出現。許愼《說文解字》中以雲覆日、易開也，等比擬的方式，明白的解釋了「陰」與「陽」兩字各代表的意思，而陸續得在《左傳》、《國語》、《詩經》、《老子》、《易經》、《易傳》中論述到陰陽的觀念。而「五行」兩字最初見於經典者，屬《尙書》〈甘誓〉：「有扈氏威侮五行，怠棄三正」。其次爲《尙書》〈洪範〉，自此之後，洪範的「五行思想」便紮根於我們的生活中。陰陽思想自鄒衍以降，經過後學的發揚，到漢代大至方法論與知識論發展完備，當朝代更換時，其理論一定與五行相契合，五行生剋相演，更符應了新的政權的合法性。另一方面陰陽思想也對讖諱預言、災異有所記載，更對「天人相應」的思想有所重大影響。陰陽五行學說，是用以解釋社會人事。陰陽學說認爲陰陽是事物本身具有的正反兩種對立和轉化的力量，可用以說明事物發展變化的規律。五行學說認爲萬物皆由木、火、土、金、水五種元素組成，其間有相生相剋相生相剋、互相牽制兩大定律，當一事物氣數已盡，便會被其他事物取代。以此解釋事物的循環。可用以說明宇宙萬物的起源和變化。
鄺芷人著《陰陽五行及其體系》，頁 46，「五行相生並不一定是由董仲舒最先提出，但相較於劉向，董仲舒在年代上還是比較早的，另外與鄒衍相比，鄒衍只有五行相剋的思想，並沒有五行相生的論點。」

陰成形。寒極生熱，熱極生寒。寒氣生濁，熱氣生清。清氣在下，則生飧泄，濁氣在上，則生䐜脹。此陰陽反作，病之逆從也。故清陽爲天，濁陰爲地；地氣上爲雲，天氣下爲雨；雨出地氣，雲出天氣。」

〈陰陽應象大論〉是將陰陽表示爲一種能量，是存在界萬物構成的基本元素。在人體中，如果此兩股能量逆而不順（陰靜陽躁，陽生陰長，陽殺陰藏）或於穴道、內臟或腺體、組織中過度屯積（陽化氣，陰成形），例如風邪（風寒邪氣）入侵頸部風池穴，太多了，該穴無法承載，就將如水庫必須洩洪般（此陰陽反作，病之逆從也。）將汙濁不純、溫度過低的風寒，分流至內臟器官使病菌大量滋長，免疫系統難以抵禦必將生病。鬼谷子也利用此「物極必反」的理論，於第一階段的第十堂課（第九段）[214]授課給門生們，強調陰陽兩股勢力的正確使用之方法。

在三者觀看起來，「陰陽合和」在《易經》上，可以是剛柔有體；在《鬼谷子》上說可以是駕馭事情；在《黃帝內經》理論上，可以是治病求於本。因此鬼谷子將之應用於遊說術、人生哲學上「此天地陰陽之道，而說人之法也。爲萬事之先，是謂圓方之門戶」；與〈素問篇〉上之：「陰陽者，天地之道也，萬物之剛紀，……神明之府也，治病必求於本。」很是類似的，亦是奇妙無窮。《易經》取陰陽來卜卦、問吉凶，指點人生迷津，以當作人生與爲政之明燈；〈素問篇〉則取陰陽，來醫人治病。鬼谷子則取陰陽，以建立縱橫術的根本理論之基礎，進而來教人遊說與爲人處事，也都能駕輕就熟。依此努力學習與應用之，則人人都可能有所成就，一番珍貴的人生。

《鬼谷子》一書的後一些篇章裡，更對於「陰陽」理論，提出了許多的定義之規範與使用，例如：「孤陰不生，獨陽不長」及「無陽則陰無以生，無陰則陽無以化」，具對立又統一的道理。老子在《道德經》中說：「道生一，一生二，二生三，三生萬物。萬物負陰而抱陽，沖氣以爲和」。以及陰陽的特性如下：

陰的屬性：沉靜、有形、內向、向下、寒冷、晦暗、衰退、抑制、物質、凝聚、涼潤、滋潤、柔弱、順從的。**象徵**：地、月、母、雌、寒、夜、水、黑、裡、末、柔、刑、複數……等。例如：〈捭闔第一〉「諸言法陰之類者，

---

[214] 本書所提之鬼谷子〈捭闔篇〉的分段標準，乃是採用許富宏撰的《鬼谷子集校集註》爲藍本。

皆曰『終』；言惡以終其謀」。「或闔而閉之，即欲闔之貴密」。「陰賊」……等。

　　「陰」不是一般的看法，以為只是「陰險」、「耍詐」，不堪入耳的所謂「邪惡」那麼之泛道德。原本看似如此之單純的觀念，卻讓人稱智聖的、得道的：鬼谷子，他讓我們更加明白，那才是聖人的處世原則與做事方法之一。能暗地裡的、靜悄悄的，小自將兩造或多方人馬，複雜難解的利益糾葛之事，給加以喬好了；大至把國家大政，如：內政、外交、軍事、經濟等，一切都無聲無息，安排得十分妥當。無怪乎《鬼谷子》一書，會演繹顛覆出千古名言的話來：「故曰：主事日成，而人不知；主兵日勝，而人不畏也」，「聖人謀之於陰，故曰神；成之於陽，故曰明。」，「所謂主事日成者：積德也，而民安之，不知其所以利；積善也，而民道之，不知其所以然；而天下比之神明也」，「主兵日勝者，常戰於不爭，國不費，而民不知所以服，不知所以畏，而天下比之神明。」[215]一位真正有理論與實務兼具的全方位之世紀領導者，絕不是只有號稱仁義道德之舉，而是徹底由衷的發自百姓內心的一句話－「你好神」！那才是我國古之哲人，所推舉號稱的真正之「聖人」！《易經》〈繫亂‧上傳〉亦言：「聖人之所以極深而研幾也。唯深也，……；唯幾也，……；唯神也，……。」

　　鬼谷子居然以「神明」，比喻聖人之用「陰與陽」之原則來成功辦事，而屢次受到百姓的敬重與讚揚。以如此「超凡聖潔」之名詞，還不厭其煩的在同一篇章裡面，使用達三次之多，不是充分表示出他個人，也深深的被感動到了嗎？才會有如此高分貝的讚嘆。翻開我國古書，從來就沒有一本，如此直率地歌頌著聖人用「陰」之辦法。故此，它反而能夠指導世人，在缺乏光明的環境裡走出陰暗之人生。或遇上呆滯不前、或沉悶、或迷失、或是初看是暫停與退步，卻可能是另一次躍進與進步的開始。老子在《道德經》中說：「柔若勝剛強」，「天下之至柔，馳騁天下之至堅」，「弱之勝強，柔之勝剛，天下莫不知，莫能行」；俗語說：「滴水可穿石」，都是屬「陰」柔之寫照。是的，能夠同時掌握陰與陽之道，方是崇德廣業的人，如此之人不稱他是「聖人」、是「神明」才怪！鬼谷子其傳承自儒、道兼具的《易經》之勇氣與智慧，

---

215 語見〈摩篇第八〉：「摩之在此，符應在彼，從而用之，事無不可。古之善摩者，如操鉤而臨深淵，餌而投之，必得魚焉。故曰：主事日成，而人不知；主兵日勝，而人不畏也。聖人謀之於陰，故曰神；成之於陽，故曰明。所謂主事日成者：積德也，而民安之，不知其所以利；積善也，而民道之，不知其所以然；而天下比之神明也。主兵日勝者，常戰於不爭，國不費，而民不知所以服，不知所以畏，而天下比之神明。」

不正是縱橫家「思辯人生」之寫照。思考至此，還真是會令人拍案叫絕，驚嘆不已呀！

　　陽的屬性：活動、無形、向外、向上、溫熱、明亮、亢進、功能、興奮、推動、溫煦、剛強、堅定的。**象徵**：天、日、父、雄性、熱、晝、火、白、表、始、剛、德、單數……等。例如〈捭闔第一〉：「諸言法陽之類者，皆曰『始』；言善以始其事」，「或開而示之，即欲捭之貴周」，「陽德」……等。鬼谷子言：「成之於陽，故曰明。」努力，或有其光明面，但超出則反成不及。老子說：「見小曰明，守柔曰強」。一切安靜私下之作為，無不是要做光明之下展現嗎？我們常說：「你準備好了沒？」就是人生陰陽之道理！

　　互相對立：萬物皆有其互相對立的特性。如熱為陽，寒為陰；天為陽，地為陰，說明瞭宇宙間所有事物皆對立存在。然這種相對特性並非絕對，而是相對。如上為陽，下為陰，平地相對於山峰，山峰為陽，平地為陰；但平地若相對於地底，則平地屬陽、地底屬陰，可見陰陽的相對性關係。如〈反應第二〉：「其與人也微，其見情也疾；如陰與陽，如圓與方」，「陽親而陰疏」；〈決篇第十一〉：「有以陽德之者，有以陰賊之者」……等。給我們人生之啓示，有哲學邏輯之啓迪，與為人處事之正確判斷的道路指標。

　　相互依靠、轉化、消長：陰陽存在著相輔相成，互為轉化的關係。「陰中有陽、陽中有陰」，任何一方都不可能離開另一方單獨而存在，因彼此的消長，陰陽可以變化出許多不同的現象分類。如〈內楗第三〉：「乃通於天，以化四時，使鬼神，合於陰陽」。〈謀篇第十〉：「故陰道而陽取之」；〈決篇第十一〉：「陽勵一言，陰勵於二言」；《易經》〈繫辭・上傳〉亦言：「一陰一陽謂之道」，「陰陽不測」之謂神等。

　　人的存在得有「陰陽奇正」意識形態互異的正反之個人或團隊，碰撞、磨擦、合作，才算是合乎自然天道的巧妙設計，也才能彰顯出：由生老病死、悲歡離合、愛恨情仇，所交織而成的幸福、快樂以及悲傷、苦難，彌足珍貴的真實人生。不管是個人或群體，都得接受人、事、物混合，所發生的一切紛爭、矛盾、挫折、失敗的事實，從來都會有轉環的餘地。鬼谷子告訴後人，可以經由「學習、成長、溝通、遊說」的一系列努力，便能夠解決問題，而可以「轉敗為勝」、「功成名就」、「富貴榮耀」乃至於「成聖成賢」、「修真養志」，都是有方法可加以依尋，一種積極有為的「進取人生」的縱橫家之精神。

　　然而，由於我們當今所處的世界，因為過於強調科學發展與超講究消費

的經濟活動，使得以物質爲重之「器文明」的主流意識，一時之間攪亂了「陰陽虛實」之本質，而影響世人，普遍造成了錯覺，也阻礙了「識文明」之發展。誤認成，過多世俗之假「虛」的生活方式，是眞實世界所要追求的幸福（眞「虛」）人生，以爲那才是「實質」生命之必須品。

　　總之，我們的老祖先發明「陰陽二元論」，用來解釋存在的自然界之總總現象，然後再根據這樣的自然觀，對於人間社會也能得到合理的解釋。之後，鬼谷先生將其經過他詮釋後的「陰陽」理論，拿來建立「遊說」、「計謀」之辯證基礎，在廿一世紀的今天，我們發現依然是完全合適的。它還是一個完整的系統理論，並且還經過蘇秦與張儀和戰國時代，許多的縱橫策士之「積極人生」的實戰驗證，可以貴爲世人一般日常生活上使用，已屬足夠、毫無疑問、確切可行的人生哲學。人乃是在合乎自然規律之天地下，所被創造或演化出來之傑出佳作，任誰均難以反駁。是以，人生依據四時陰陽兩氣能量轉化而生存的關係，古已有之、今後亦同。筆者遂敢認爲鬼谷子把陰陽理論，轉變爲人們「心理與遊說」之「理論與實務」所用，是正確的、是偉大的創舉。它是屬於自然律之關係，亦是爲人永所遠無法脫離的範疇，此不成文法之規制。

　　《鬼谷子》是不是偽書，實在毫無爭辯意義。它就是部先民思想之偉大著作，只要有人類與社會存在，就會有許多參考與使用上之價值。除了在人生哲學上之外，可用在治國理念，政治策略或戰爭策略……等等管理思想之理念，還可以作爲學術研究之用，此將接續於下一章再繼續談論。

第二章　《鬼谷子》思想之理論與應用

　　鬼谷子作爲一位諸子百家的宗師，人間思想的啓迪者，理應受人敬仰，但，對他陌生、看不懂他的著作，不注重其學說理論也就算了，居然還遭無情的辱罵。這使人想起老子《道德經》的一句千古名言：「上士聞道，勤而行之；中士聞道，若存若亡；下士聞道，大笑之。不笑不足以爲道。故建言有之：明道若昧、進道若退、夷道若纇。」（〈四十一章〉）。老子蔚爲道家大宗師，將「天道」（宇宙觀）告之人世間，但無法眞正廣爲普世之人而受用。只有《鬼谷子》熟稔《道德經》結合儒家《周易》（《易經》、《易傳》），「易爲天地準，故能彌綸天地之道」（《易》〈繫辭〉）；廣博深厚的學問，將之徹底融合於「人道」之中，亦即將其天道哲理，眞實無僞的完全應用於積極進取的人生觀之中。如此「天、地、人」三才，才能相合融洽，也算是正式定位。

　　我們已於上一章，將《鬼谷子》的學術淵源一探究竟，認爲與各家學說思想源頭均有所涉及。不過其本人所發展出來的獨特思想，才是之所以能夠擔當起重量級的一家之言，成爲縱橫學派理論之集大成的主要原因。大凡春秋戰國百家之言，無不是做爲「救國救民、經世濟民」之應用，很少是純理論的學問。而《鬼谷子》一書其奇特之點，也就是彌補我國傳統學問、知識類別之缺失，它承接孔子的語言科教學、墨子的談辯學「能談辯者談辯」（《墨子》卷十一〈耕柱〉），並啓後以開創出我國「說辭學」與「謀略學」，一反「無智略權謀，王者愼勿使爲將。有名無實，出入異言；掩善揚惡，進退爲巧，王者愼勿與謀。言無欲以求利，王者愼勿近。博聞辯辭，虛論高議……王者愼勿寵。」（《文韜、上賢》）理論的先河。

　　再加上，所塑造出縱橫家不一樣的天道（宇宙觀）、人生觀之外，還具有科學化的心理與經驗的哲學方法論[1]。語錄式的思想，是屬於東方國家，尤其是我先秦諸子百家的特色；要形成學問，得必須長期的研究探討。如西方之學科知識，還不是要經過個人的發想、歸納、分類、收集、筆記、實驗、教學、修訂、檢討、論文、審察、學術期刊出版發表，再由可能的學術專家學者們之會議、批判、實踐、傳承，才能有標準訂定出來，成為一門學問。何況已被冷淡了二千多年的《鬼谷子》，當然也不會例外。

　　誠然一門學問的演進，都有其一定的發展階段，就像心理學由哲學中分開而獨立成一學科。「謀略學」當然並非鬼谷子獨創，「說辭學」也是一樣。可說是從《周書、陰符》開始，再由《太公陰符》思想延續而出，而更加的完整與充實，初始由官學而後私學，逐漸的深入中華道統文化與百家思想學說的精髓裡面。如《尚書》〈洪範〉：「五事：一曰貌，二曰言，三曰視，四曰聽，五曰思。貌曰恭，言曰從，視曰明，聽曰聰，思曰睿。恭作肅，從作乂，明作哲，聰作謀，睿作聖」；「七、稽疑：……汝則有大疑，謀及乃心，謀及卿士，謀及庶人，謀及卜筮」。以上乃商之遺臣箕子回答周武王：「我不知其彝倫攸敘？」曰：「天乃錫禹『洪範』九疇……初一曰五行，次二曰敬用五事……」。可見有商一朝，「謀」乃是君王處理國家日常政事中之五件事中之大事。又〈大禹謨〉：「任賢勿貳，去邪勿疑。疑謀勿成，百志惟熙。」〈秦誓〉：「惟古之謀人，則曰未就予忌；惟今之謀人，姑將以為親。」顯示出有關帝王統治之「謀」略、政略、兵略等，所涉及範圍很廣，不只是專指計謀，甚至於諮詢、商量、商榷、還有專門的官人與通路，所在多有。可見古之帝王對於「謀」之策、之人，何等的慎重與何等的重視。

　　《詩經》提到「謀」，更有 24 次 19 段落之多。舉《小雅》〈小旻之什、小旻〉這首詩中，光提到「謀」一字就佔有 10 次之多：「旻天疾威、敷於下土。謀猶回遹、何日斯沮。謀臧不從、不臧覆用。我視謀猶、亦孔之邛。潝潝訿訿、亦孔之哀。謀之其臧、則具是違。謀之不臧、則具是依。我視謀猶、伊于胡底。我龜既厭、不我告猶。謀夫孔多、是用不集。發言盈庭、誰敢執其咎。如匪行邁謀、是用不得於道。哀哉為猶、匪先民是程、匪大猶是經、維邇言是聽、維邇言是爭。如彼築室於道謀、是用不潰于成。國雖靡止、或

---

[1] 參閱俞誠之著《中國政略學史》〈第三篇、第四章政略的哲學原理〉，上海：社會科學院出版，2009 年 3 月。

聖或否。民雖靡膴、或哲或謀、或肅或艾。如彼泉流、無淪胥以敗。」[2]可見一向以反映眞實的民風、民俗的《詩經》，並不避諱人「謀」。它充分正視與反映古時的朝野，有人便會有問題要面對，乃生出思考，所以「計謀、謀略、謀求、謀生、謀殺、謀害、謀取、謀面、謀議、謀事、謀反、謀財害命……等」之事實在所難免。因此不必刻意加以掩飾這些事實或人性，如此「經驗、智慧、知識、學問、科學」才能績累增長。

　　以上更是由失寵的朝廷命官，寫下〈小旻〉乙詩對於統制者加以批評，全篇大要爲：「朝廷策謀竟聽僻邪，謀劃弊病太多，善謀良策不從，謀臣策士雖多，卻多使壞計策欠缺遠見，令臣子我痛心。謀劃不效法古聖先賢，常規大道又不遵從。王呀！您是最愛聽近僻之言，才會使得那極端膚淺之見紛聚，致使國內訟事纏繞不休。令人哀嘆呀！我國人並不富足，而您貴爲君王實在應該要有明哲與善謀，才能以嚴正治國。就能像長流不絕的那股泉水，不可讓那衰敗與陳腐觀念與作爲，來加害我國才對！」所以遠至三皇五帝有了「謀略」，從周文王與姜太公謀畫推動革命，將紂王推翻建立周王朝，「謀略」更是成熟又周全的一大套。其國家的大戰爭所包含的兵謀政略，相當完整。直至《孫子兵法》，則「兵謀軍略」大抵完成了理論之建構；以及《鬼谷子》出書之後，則「說辭政略」我國最早屬政治策略之純理論，可說亦同時完成了。國父孫中山於《中國國民黨章程草案》：「決定對時事問題，應取之政策及政略。」又民國年間之作家沙汀[3]之《記賀龍》[4]一書，於第十九節上寫到：「他

---

[2]　〈小旻〉詩名，全詩描述及諷刺君王的寫作。作者是西周王朝末期的一位官吏，目前已無資料可考該君王是指幽王還是厲王，但都是驕奢腐朽，昏憒無道，善惡不辨，是非不分。作者進一步言明，他們聽信邪僻之言，重用奸佞之臣，不知覆滅之禍，已積薪待燃。以諷刺的口吻，揭露最君王重用邪僻，而致使「猶謀回遹」爲主軸，使用揭露、感歎、批判和比喻……等文學表達方式，一氣呵成，詞完意足。清楚的表達出他的憤恨，卻又因朝政黑暗腐敗，盡於詩文之中表露，無限的憂國憂民、忠君愛國的思想情操。

[3]　沙汀（1904～1992 AD）作家。原名楊朝熙、楊子青，安縣人。畢業於四川省立第一師範學校，參加中共組織領導的革命活動。1904 年出生于四川安縣一個破落的封建家庭。七歲讀家塾。少年跟隨舅父經常出入於四川鄉鎮之間，對地方軍閥、地主豪紳及其他各種社會勢力的腐敗情形非常熟悉。1932 年出版小說集《法律外的航線》。同年加入「左聯」並繼續創作。以《獸道》、《代理縣長》等一批反映川西北鄉鎮生活，別具一格的沉實之作著稱於左翼文壇，被魯迅譽爲最優秀的左翼作家之一。《隨軍散記》上海知識出版社出版，1940 年 11 月。中附有三十八節的《記賀龍》全部文字，及附錄《賀龍將軍印象記》短文。

[4]　賀龍（1896～1969 AD）出生在湖南省桑植縣洪家關一戶貧苦農民家庭。由於家境貧寒，念私塾五年，便輟學務家。少年的賀龍以憤世嫉俗，仗義疏財，敢於同惡勢力相抗爭而聞名鄉里。在辛亥革命的影響下，於 1914 年參加了孫中山領導的中華革命黨，在桑植、石門、沅陵等縣從事反帝反封建的武裝鬥爭。曾三度入獄，威武不屈。1916 年，他以兩把菜刀鬧革

一再強調：正確的政略是正確的戰略的基礎。」以上可見「謀略」對於國是、政事、戰事之重要。

鬼谷子思想學說之會受阻礙，或遭遺棄不能發揚光大，除了歷代皇權帝制的箝制影響之外，就是起於部分曲解了孔、孟學說，以爲不談論人性惡的一面，天下就能永遠太平的人。其實他們反而會是害盡天下蒼生，成爲中華民族的罪人，竟不自知。挾持泛道德之旗幟，大加韃伐禁錮破壞所使然，他們是儒家三聖之一荀子所言的：「陋儒、散儒、瞀儒也」[5]。怪不得很早以前，就有秦昭王質疑孫卿子曰：「儒無益於人之國。」（《荀子》〈儒效第八〉）。而千年以後的明朝，還有這種自以爲「大儒」，朝廷中的一位大官員，竟然將鄭和下西洋辛苦收集來的檔案，以防再有勞民傷財爲藉口，於紫禁城中偷偷將之全數銷毀[6]，眞是一群害得中國之國力長久以來，在經濟、軍事與科學上，

命，奪取了反動派的武器，組織起一支農民革命武裝。這支武裝在軍閥林立的舊社會，屢遭失敗，幾經起落，在賀龍的堅強領導下，逐漸發展壯大，在討袁護國和護法戰爭中屢建戰功。1924 至 1927 年，中國第一次國內革命戰爭期間，賀龍積極擁護孫中山先生「聯俄、聯共、扶助農工」的三大政策，高舉打倒列強、打倒軍閥的旗幟，率部參加北伐戰爭。1927 年 6月，由於戰功卓著，升任國民革命軍第廿軍之軍長。他不斷追求眞理，在北伐戰爭中，逐漸由信仰三民主義轉變爲信仰共產主義。文化大革命中遭到林彪、江青、康生一夥的殘酷，迫害致死。

[5] 參閱《荀子》〈勸學第一〉：「上不能好其人，下不能隆禮，安特將學雜識志，順詩書而已耳。則末世窮年，不免爲陋儒而已。」，「不道禮憲，以詩書爲之，譬之猶以指測河也，以戈舂黍也，以錐餐壺也，不可以得之矣。故隆禮，雖未明，法士也；不隆禮，雖察辯，散儒也。」〈修身第二〉：「體倨固而心埶詐，術順墨而精雜汙；橫行天下，雖達四方，人莫不賤。勞苦之事則偷儒轉脫，饒樂之事則佞兌而不曲，辟違而不愨，程役而不錄：橫行天下，雖達四方，人莫不棄。……偷儒憚事，無廉恥而嗜乎飲食，則可謂惡少者矣」〈非相第五〉：「鄙夫反是：好其實不恤其文，是以終身不免埤汙傭俗。故《易》曰：『括囊無咎無譽。』腐儒之謂也。」〈非十二子第六〉：「世俗之溝猶瞀儒、嚾嚾然不知其所非也，遂受而傳之，以爲仲尼子弓爲茲厚於後世：是則子思孟軻之罪也。……弟陀其冠，神襌其辭，禹行而舜趨：是子張氏之賤儒也。正其衣冠，齊其顏色，嗛然而終日不言，是子夏氏之賤儒也。偷儒憚事，無廉恥而耆飲食，必曰君子固不用力：是子遊氏之賤儒也。彼君子則不然：佚而不惰，勞而不侵，宗原應變，曲得其宜，如是然後聖人也。」〈儒效第八〉：「故人主用俗人，則萬乘之國亡；用俗儒，則萬乘之國存；用雅儒，則千乘之國安；用大儒，則百里之地，久而後三年，天下爲一，諸侯爲臣；用萬乘之國，則舉錯而定，一朝而伯。」「公脩而才，可謂小儒矣。志安公，行安脩，知通統類：如是則可謂大儒矣。大儒者，天子三公也；小儒者，諸侯、大夫、士也；眾人者，工農商賈也。禮者、人主之所以爲群臣寸尺尋丈檢式也。人倫盡矣。」

[6] 至西元 2004 年止以來，由梁啓超先生開創的「鄭和研究」已走過了百年歷程。雖然經過了幾代學者的奮鬥，但是這場 600 年前的航海壯舉，仍然被許多迷霧所籠罩。原因是當年由鄭和參加整理的，詳細記載七下西洋全過程的官方資料，在 600 年間竟悄無聲息地消失殆盡，這令所有的學者扼腕歎息。誰動了這些資料？從明代中期開始，供職兵部的劉大夏，就被認爲私自燒毀全部鄭和資料的主謀。《殊域周諮錄》（任京官的嘉興人嚴從簡所撰）記載：憲宗成化間，有太監勸皇帝效仿明成祖故事，重新下西洋。皇帝便下詔兵部索要鄭和出使的海圖等資料。時任車駕郎中的劉大夏，事先將這些資料藏匿起來，兵部尙書項忠命吏入庫搜索，

均大不如它國，以管窺天可恨又可憐，既自大又不自知之人。

第一節　鬼谷子的政略與戰略觀

　　一部由《鬼谷子》的「說辭與謀略」學說思想，所共同發展出來的「政略哲學」，無不是淵源與植根於自古以來，所稱呼的「中國」之龐大陸地上。以及華夏等眾多不同民族，全體居民共同生活在此同一土地上，受此地理與文化環境之薰陶與影響，而製造出相互關連休戚與共，興衰的血淚與歡笑的歷史。因此諸子百家獨缺縱橫家，或故意將其移除，我們的歷史與民族人格就會失真，這又是為什麼我們的學科與人性會受到壓抑，而無法得到正常發展與解釋的原因所在！

　　《鬼谷子》的思想「說辭與謀略」學說的歷史發展進程，如《韓非子》〈五蠹〉所謂的：「上古競於道德，中世逐於智謀，當今爭於氣力。」（環顧現代各國與企業集團……等，幾乎人人更是圍於各種無窮利益的維護與追求。）所以其一切政略思想制度，當然便是受地理限制及歷史進程之因素相輔助，所以不可能出現有如當代海洋戰略的學說，也像鄭和下西洋的檔案被銷毀一樣，它消失匿跡了二千多年。慘酷的歷史經驗，也告訴我們鬼谷子在戰略領域上，對後代子孫的影響，尤其是像我們受到地理環境限制之同樣強烈。人是有記憶力，會懷念往事，更會對未來有所希冀與預猜。所以今日身為後代子孫的我們，在兩岸共同遭受到，西方之歐美強權國家之欺凌歧視與不公平的對待，任其挾帶著極端個人化的意識型態，以及以自我民族為觀念的「民主、自由、人權、法治、科學、資本」為幌子的霸權世界，徹底迷失了上百年，無法掙脫而出。先前是因沒有「船堅砲利」的軍事武力，之後又發現說沒有「賽先生」（科學）、沒有現代之「大型工業」，還有就是「政治不民主」，學識思想、生活……均比不上。始終認為自己的民族不管精神、物質等所有的文化、文明都落後，乃至於臉孔、身體都比不上外國人，自認什麼都不如，什麼都不行。自信心，極度之低落！

始終沒發現。下西洋一事因此作罷。明代記載歷代皇帝言行的《實錄》，也記載劉大夏任兵部侍郎時，為實現「閉關自保」政策，對一些外國資料實行藏匿的事情。嘉靖二十年進士、官至吏部右侍郎的陸樹聲所撰寫的筆記《長水日抄》中也記載類似內容。據《殊域周諮錄》記載，兵部尚書項忠沒有找到鄭和資料後非常惱火，他責問看管檔案的小吏：「庫中案卷怎能丟失！」在於旁的劉大夏從容地說：「三保下西洋，費錢糧數十萬，軍民死且萬計，縱得寶而回，于國家何益，此特一弊政，大臣所當諫也。舊案雖存，亦當煅之。」

　　接著，我們開始懷疑祖先的智慧與才能，之後一次又一次的崩潰了。大陸發動起驚天動地的「文化大革命」，也才發現中國人真的很窮，沒飯吃還堅決「只要核子，不要褲子」[7]；幾乎同一時期，台灣內部也發生了激烈的中西文化思想論戰，更甚至及於國家民族是否全盤西化等尖銳的問題。於此同時，被否定的學術界的良知們，看出了學問不如西洋人。於是努力找尋答案，但卻有不少學者名人，懾服於西方的學術巨星足下，而輕蔑自己民族曾經有過的輝煌。國家民族之衰敗雖然有許多種原因，但主要由於我們在思想與科技、軍事、經濟……等現代化的進程中，嚴重落後於國際水平；當然許多官人、士人召辱、商人受挫與庶民生活困頓，終難不被西方價值與繁榮的假像與意識型態給矇涅沒住了，使我國固有的思想菁華，無法發光發熱。甚至於還有些崇拜西方哲學的人士，並未深研過《易經》、《老子》，卻將之批評為「都盡是些『詩文學』，沒有半點學術思想價值。」絲毫不知西方幾十萬字的推理論述，到最後就僅短短的幾句幾字之名言而已。其實，語錄式的經典，那才是我古人一生思想精華與生命智慧的寶貴結晶，也是西方科學新發現的啟示所在之一（例如萊布尼茲[8]的「0 與 1」之電子計算機原理發現，就是由此而來。）

---

[7] 前蘇聯黨和國家的領導人赫魯雪夫（1894〜1971 AD）罵中共政權「只要核子，不要褲子」（1960 年代與中共關係惡化後，便撤銷所有的援助計劃）。1963 年 10 月，金庸（查良鏞 1924 AD 〜）也針對中共外交部長陳毅，在北平對日本記者團發表聲明：「不管中國有多窮，我當了褲子也要造核子！」後，立即在《明報》發表主題為《要褲子不要核子》的社評，反對國家於貧窮下造出核彈。此論調引發軒然大波。香港《大公報》、《文匯報》、《新晚報》……等左派報章猛烈圍攻《明報》。《明報》還發表《我們關於褲核問題的十點立場》社評，甚至不惜以全部版面闡述對「核褲論」，堅持反對的立場。最後因新華社主管廖承志批評左派報章在論戰中的表現，而停止此次論戰。

[8] 萊布尼茲 哥特佛萊德、威廉、萊布尼茲（Gottfried Wilhelm Leibniz，1646〜1716 AD），德國最重要的自然科學家、數學家、物理學家和哲學家，舉世罕見的科學天才，被譽為十七世紀的亞里士多德，一生沒有結婚。和牛頓（1643 年〜1727 年）同為微積分先後的創建人。其研究成果涉及廣泛，包括遍及力學、邏輯學、化學、地理學、解剖學、生物學、動物學、植物學、氣體學、航海學、地質學、語言學、法學、哲學、歷史、外交、醫學、機率論、心理學和資訊科學的概念等 40 多個範疇，1714 年寫《單子論》。留下許多著作及分散在各種學術期刊、成千上萬封信件、和未發表的手稿中，截止至 2010 年，還沒有收集完全（2007 年被收入聯合國教科文組織編寫的「世界記憶項目」）。「世界上沒有兩片完全相同的樹葉」就是他的話，且是最早研究中國文化和中國哲學（如《易經》之陰陽）的德國人，對「二進位（0 與 1）」發展做出了貢獻。去世前幾個月，才寫完一份關於中國人宗教思想的手稿：《論中國人的自然神學》。有人認為，萊布尼茲最大的貢獻不是發明微積分，而是微積分中的數學符號，因為牛頓使用的符號被普遍認為比較差。在哲學上，他以樂觀主義著名，例如他說「我們的宇宙，在某種意義上是上帝所創造的最好的一個。」與「笛卡爾、斯賓諾莎」，被認為是十七世紀三位最偉大的理性主義哲學家。其哲學方面的工作，預見「現代邏輯學」和「分析哲學」誕生的同時，也顯然深受經院哲學傳統的影響，更多地應用第一性原理或先驗定義，而不是實驗證據來推導以得到結論。

多麼偉大與奧秘。

　　只因追求眞相與思索，改進落伍與不合時代和現況的思想學說……等等觀念與學派，屢屢被僵化的傳統封建思維與意識形態，以及統治者與既得利益者、部分當權與當道者們之有心與有計畫的牽制阻礙，遭到致命的反制。使得中華民族的學術思想等文明，始終呆滯無法向前邁進，甚至於在滿清政權末年，國家民族的命脈便遭到外來列強空前的衝擊。不合時宜與錯誤的意識形態及政治體制或戰略思想，足使國家民族深陷於萬絕不復之地。當時的鬼谷子雖處封建時代，卻不願抱殘守缺，而得時代之宜未若明朝王艮[9]、李贄等泰州學派[10]，推倡反封建專制、社會平等、個性解放等之失敗。

　　《鬼谷子》成功的教化激發個人自由意志，取代敗壞的王權體制，解放了過去菁英們愚忠的封建思想。鼓勵弟子以積極的縱橫術進入政治體系，接近權力核心，以便進行有策略的改造行爲與鬥爭。所以這就不僅只是「遊說權謀」，那般簡單就可以結束那個混亂時代，更存在有許多方法，也才能是近些年來受盡歡迎的顯學之一，因爲它有承先且啓後的大學問之大效用存在，那既龐大又艱困且複雜的各項細小的技術工程於其中大有學問。距今，雖然已落後現代許多專門的學術晚了二千多年，但依舊彌足珍貴。若說戰爭是關係到血肉生死的存亡之鬥，已知過去是兵法的天下；但講求不費一兵一卒的

---

[9]　王艮（1483～1541）明代思想家言：「百姓之用即爲道」、「百姓日用條理處，即是聖人之條理處」的觀點，從儒學世俗化角度看，傳承王守仁思想家；更發揚光大，主張「道」不是先天存在。這思想的產生與當時封建社會制度開始走向衰落、社會生產力、商品經濟發展、資本主義萌芽產生有密切關係。其學說代表被壓迫與被剝削階級的利益，具有反封建專制和反封建道德傳統、反正宗聖教的戰鬥精神和人民性；在王艮的學說中，比較明確地提出了不完全成熟的社會平等、個人自由、個性解放等思想主張。學者認爲他是我國「早期啓蒙思潮的先驅者」。史學家翦伯贊（1898～1968AD）在《中國史綱要》中說：「以王艮……等爲代表的王學左派，不僅對程朱理學更加反對，而且對君主專制政體和封建理教也給予尖銳的抨擊……他的學說……甚至被統治者目爲『異端之尤』。」《中國通史》作者白壽彝（1909～2000AD）也說：「王艮創建的泰州學派，是我國學術史上第一個具有早期啓蒙色彩的學派。」還說「他所創建的富有平民色彩的理論，雖不能摧垮專制的封建統治，亦無力沖決封建倫理綱常的藩籬，但是他的閃爍著啓蒙色彩的理論，他以『萬世師』自命的『狂者』風格和鼓動家、傳道者的熱忱，以及從事平民教育、傳道講學而終身不入仕途的『氣骨』，卻深得下層百姓的擁護，而且成爲泰州學派的思想傳統」。

[10]　泰州學派 是中國封建制社會後期的第一個啓蒙學派。黃宗羲在《明儒學案》中說：「陽明先生之學，有泰州（指王艮）、龍溪（指王畿）而風行天下……泰州以後，其人多能赤手以搏龍蛇……遂復非名教之所能羈絡矣……諸公掀翻天地，前不見有古人，後不見有來者。」與黃宗羲他同時代、轟動全國朝野的李贄，及泰州學派晚期（李贄的弟子、再弟子）進步、革新人物湯顯祖、袁宏道三兄弟、徐光啓等都是代表人物。對於明清之際早期啓蒙思潮，都具有深刻的思想影響。鴉片戰爭以後的洋務運動、維新運動、改良運動，也不無受到泰州學派思想的影響。

外交戰、心理戰、間諜戰，已無國界、無真刀真槍的戰爭，則其政治策略、戰爭策略更將會是不同凡響。以下就《鬼谷子》學說之「政略、戰略」相關理論加以探討說明。

《鬼谷子》的「遊說計謀」術，換個辭就是所謂的「說辭與謀略」學，這並非有意的抬轎，而是許多學者精心費神的發現。眾所皆知鬼谷子將「說辭與謀略」，不同的學科為求「政略與戰略」教學授課之方便，而由其親身將其合併起來編輯成講義，或是由弟子編採追錄記載成冊，詳情已不得而知，但書本內容所反應出來的就是如此樣貌。由此之中，存有一哲學思想之時間主軸存在，那就是如，法國阿宏[11]之一句名言：「戰略思想是在每一個世紀，又或在歷史的每一個時段裡，從現象本身所出現之問題中，而吸取靈感的。」雖然不同時代會有不同的戰略思想出現，但是不管是政略家或戰略家，無不重視著「歷史教訓」之諍言，則是事實，鬼谷子當然也不例外。

他首先，將社會歷史之真相提出：「天下紛錯，上無明主，公侯無道德，則小人讒賊、賢人不用、聖人竄匿，貪利詐偽者作；君臣相惑，土崩瓦解而相伐射，父子離散，乖亂反目」（〈抵巇第四〉）。接著馬上說出，距離當時之春秋、戰國年代，已算很古老與久遠的政治歷史真相：「五帝之政，抵而塞之；三王之事，抵而得之。諸侯相抵，不可勝數」；這兩項都是事實，也都是屬於不正常，更是被當時之思想家們所一致聲討。或許，後者有不同意鬼谷子之說法者，但是歷史就是真正記載那幾次的改朝換代，不管說法如何，都是一種歷史教訓。鬼谷子將問題丟了出來，那總得提出自己解決問題的方法，才算得上是一代宗師。他不負眾望的說出：「當此之時，能抵為右」。「抵」就是抵抗，就是政變，就是革命，推翻前朝，不管以什麼理由。東方視分裂是非常態，但持相反看法的西方與我們完全不同，當然其治國治世之理念也就互異了。

為何中國與西方各有其不同戰略思想，主要原因是東西兩個地理區域，

---

[11] 雷蒙、阿隆（阿宏）（Raymond Aron，1905～1983 AD）法國社會學家、哲學家、政治學家，Aron 也有人翻譯成阿巨集或亞巨集。以批判左派法國思想家薩特聞名。阿宏為一名猶太律師之子，1930 年獲巴黎師範大學校哲學史博士，1940 年為逃離納粹而流亡倫敦加入自由法國，戰爭結束後任教於巴黎政治學院和國家行政學院，1955 年至 1968 年任教於索邦大學，1970 年起任教法蘭西學院。在社會學上主張自由主義，主要以研究人和組織之關係以及公民社會、工業社會之諸多問題，但也以現實主義國際關係大師聞名於世。在報紙上的投書大大影響了法國和德國建立共同體，但毫不客氣批評薩特和西蒙波娃的左派傾共、無神思想，說他是「知識圈一霸，在圈內大行恐怖主義，但只在某一層次」1983 年，獲得荷蘭伊拉斯謨斯獎。

位居於地球上之不同位置，各有不同歷史、政治等發展之經驗。我國偏處東亞，河流山脈是東西向；西隔沙漠（塔里木盆地大沙漠）與高山高原（青康藏大高原），和中亞長久阻隔；歷史雖是分分合合，但卻是屬於大一統趨勢的發展，原則上均屬於中原陸權之戰略思想，雖在明朝有鄭和七次下西洋，但也只是曇花一現，並非是實質的海權國家。而歐洲地理形勢明顯與我不同，由環繞地中海北岸的早期希臘文明，義大利半島與伊比利半島和巴爾幹半島，以及南岸北非的埃及古文明，所發展出東西羅馬帝國態勢。爾後政治歷史分成東歐、西歐、北歐與中歐、南歐各自發展。統一時間少，大部分是呈現分裂的狀態與趨勢。很明顯的，歐洲大國的興起不僅依靠路權，例如：法國、德國、俄國的興起；還有海權的爭奪：例如荷蘭、葡萄牙、西班牙、日不落國的英國等之崛起，及其後進美國的空權、海權領域的雙爭戰。從古至今，東西方其戰略思想，隨著地理極大的先天環境之差異外，各民族的政治與武力擴張與相互侵略與歷史的發展之下，當然各有其不同的演變。

對我國來說，歷史上及政治戰略之發展自西周開國（1122BC）至滿清遜國（1911AD），總共花了三千多年。於此全部過程，我國戰略思想又隨著時局之變化，而有所不同之演變與發展。依目前學術上之研究劃分來說，概分為五個大階段（時代），但是筆者卻認為夏 商 周對於諸小國之戰略，已有其可觀之處，所以估且強分為六階段。每一階段可再分為若干小階段（朝代）於其中，大階段總共區分為：（一）、夏，商，周之時代；（二）、先秦時代（西周、春秋、戰國）；（三）、秦，漢之時代；（四）、魏，晉，南北朝之時代；（五）、隋，唐，宋之時代；（六）、元，明，清之時代。以上之第一階段，雖屬信史缺乏，各自發展，但其改朝換代與周邊小國之收編也見出諸端倪，故將之置入。其實吾國應該有個第七階段，這乃是中華民族的當下與及影響可能之未來的現在進行式。也就是中國與美國世界霸權，不得不的鬥爭抗衡之全球戰略再分配。

在那三千多年的完整過程中，從歷史時間之背景觀察，是有其不同生存活動之鬥爭思維狀態；從地理空間背景而言，則均以稱呼「中國」之陸地為限，並無任何改變。事實上經過三千多年，這個叫中國的境內，遭遇到不同民族之間的激烈爭戰，形成許多不同的時局，而塑造出不同的命運。其間每有不同的戰略思想，更有不少作為戰略思想源頭之戰略家（兵家）誕生，與創造出許多的戰略著作（兵書），均被珍藏保留了下來，西漢時期張良就曾經

整理過一遍。裡面都是充滿血淚所換取的，盡是些激蕩人心、動人心弦的偉大詩篇。

誠然，鬼谷子面對的是失序的世界，以及戰亂層出不窮的諸侯政體，列國百姓生活於水深火熱之中。《鬼谷子》之對於先秦逐鹿中原統一的「政略觀」，也就是如何結束此一亂局之思維而設定，根本上與政治哲學[12]有所不同。政治哲學以治世為主要意義之「政策」，反之「政略學」則是以「權謀、辯智、辭命」之行人（外交官）之方式，行政治之手段，而達成該國政治方略（政略）之目的[13]使然。

《鬼谷子》「政略學」的哲學原理，與一般學者所研究的諸子百家之「政治哲學」是完全不一樣的，由於很難白明不同價值所在，而遭刻意貶低抑制，這可說是一種誤解。故必須清楚《鬼谷子》政略的意涵，才能明瞭其理論與系統性的健全，因為未經整理，所以會覺得好像只是文章而已。《鬼谷子》政略原理是建構在：「以天道宇宙觀為『本體論』、採『說辭學理論』與法則、『謀略學理論』與法則、和經驗的『實證理論』哲學，以及健全的身心靈『修持理論』」等之五個層級，所建構出來屬於鬼谷子式的辯證理論，完整又獨特的「政略學」。它常於繫諸於縱橫家子弟，一二人之身上執行，非一群人所共籌策謀劃與執行。所以其堅難度與持續性與危險性，經歷如此長期之挑戰，實非常人所能忍受與達成。如此的通則之外，還必須加上個別之人格特質，所以在《鬼谷子》理論上，屬於內心之建設的部份，是相當的重要。

---

[12] **政治哲學** 是政治學的一個分支學科，是研究政治關係的本質及其發展一般規律的學科，又是政治理論的方法、原則、體系的學科。它主要關注於政治之價值和政治的本質，以及常見的政治問題理論，可說是政治理論的哲學基礎。政治哲學其所關注，乃是權力的本質和形式。更具體地說，政治哲學所牽涉的是政府統治的適當原則。西方的政治哲學起源，可以追溯自古希臘，當時城市和國家採取了各種不同的政治組織形式，包括了君主制、專制、貴族政治、寡頭政治和民主制等。根據傳統的說法，雅典人之蘇格拉底是政治哲學的創始人。柏拉圖所著的《理想國》一書，則成政治哲學的經典作品，也被亞里士多德所吸納。羅馬人的政治哲學受到斯多噶學派（Stoicism）的影響，羅馬的政治家西塞羅，便是政治哲學的人物之一。在我國的孔子、孟子、荀子、墨子、和法家思想，以及印度的考底利耶，都試著尋求回復政治統一和穩定的方法；孔、孟、荀都訴諸於人類的善性，而法家卻主張對人民施加嚴苛的紀律。在印度，考底利耶則發展出，類似法學和馬基維利的論點。中國和印度的古文明，如同希臘政治現實，都是在統一的文化上，產生諸多的思想分支。在中國的哲學家們發現，他們不得不面對當時社會和政治上的崩解，而極力尋求能夠解決文明危機的方法。早期奧古斯丁的基督教哲學便是將柏拉圖的思想重新以基督教方式改寫。基督教思想的主要變更，不認同斯多葛學派和羅馬世界的司法理論，而主張強調國家應該運用仁慈的治國方式，以耶穌基督的博愛，做為施政上以宗教道德為榜樣。以上，乃為政治哲學不同之簡單類型。

[13] 參閱俞誠之著《中國政略學史》〈第一篇序論〉，頁 7 。

一、心理部份

　　將《鬼谷子》的政略學之心理層次，比擬以「說辭言論」爲子彈，則可攻亦可守；以「兵謀權術」爲盾牌，可檔可躲又可隱匿。當然必須在健全的身心意志與欲望下，與務實的人世間之常態思維，與不凡的聖人之智慧下的權謀心志，才行得通《鬼谷子》的完整無暇疵的「政略」學說。

　　《鬼谷子》主張個人內心的層面，必須要能自我訓練「知己、知彼、知類」，此經驗是種反復再重複，於能力積累之中確實可行的知識論與方法論。「故知之始己，自知而後知人也」，「反以知彼，覆以知此」（〈反應第二〉）；《管子》言：「人皆欲知而莫索之，其所以知彼也，其所以知此也」（〈心術上〉）。「知己知彼」，我們在《孫子兵法》：「知彼知己，百戰不殆；不知彼而知己，一勝一負；不知彼，不知己，每戰必敗」（〈謀攻〉）；「知彼知己，勝乃不殆；知天知地，勝乃可全」（〈地形〉）；裡面每一項都說得很清楚了。

　　而「分類」[14]一辭早在《尚書、舜典》：「帝釐下土，方設居方，別生分類，作《汩作》、《九共》九篇、《槀飫》。」用上了，但卻在《鬼谷子》書冊中，才有更細膩的應用：

> 「籌策萬類之終始」，「諸言法陽之類者……諸言法陰之類者」（〈捭闔第一〉）；「雖非其事，見微知類」（〈反應第二〉）；「不見其類而爲之者，見逆」（〈內揵第三〉）；「故物歸類；抱薪趨火，燥者先燃；平地注水，濕者先濡；此物類相應」，「摩之以其類，焉有不相應者；乃摩之以其欲，焉有不聽者」（〈摩篇第八〉）；「故言多類，事多變。故終日言不失其類，故此不亂；終日不變，而不失其主」（〈權篇第九〉）；「此所以察異同之分其類一也」（〈謀篇第十〉）；「執一而養產

---

[14] **科學分類法** 又稱生物分類法，是生物學用來對生物的物種歸類的辦法。現代生物分類法源於林奈的系統，他根據物種共有的生理特徵分類。在林奈之後，根據達爾文關於共同祖先的原則，此系統被逐漸改進。近年來，分子系統學應用了生物資訊學方法分析基因組 DNA，正在大幅改動很多原有的分類。生物分類法屬於分類學以及生物系統學。最早已知的對生命形式的分類系統由希臘哲學家亞里士多德所建立。他將動物根據運動方式（空中，陸上或水中）分類。在我國，明代李時珍（約 1518～1593 AD）在藥典《本草綱目》中，將生物藥材分爲草部、穀部、菜部、果部、木部、蟲部、鱗部、介部、禽部、獸部和人部。卡爾‧林奈（Carolus Linnaeus，1707～1778 AD）的巨著《自然系統》（拉丁文 Systema Naturae）在其一生中被改編過 12 次（1735 AD 第一版）。在此書中，自然界被劃分爲三個界：礦物、植物和動物。林奈用了四個分類等級：綱、目、屬和種。林奈所建立了用於命名所有物種的學名的方法，並沿用至今。林奈將物種名稱統一成兩個單詞的拉丁文名稱，即學名，由此分開了命名法和分類法。這種生物命名的方法稱作雙名法，具體命名辦法和書寫規則參見雙名法條目。

萬類」「知類在竅」（〈盛神第一〉）；「以變論萬象類，說義無窮」，「事
類不同」，「天地無極，人事無窮，各以成其類」（〈轉圓第五〉）。

以上鬼谷子所講究的分類法則，是將所有廣博的天地自然知識與人間世
之事務等萬象，鉅細靡遺有效的加以分類，（雖然已不知道何種分法，陰陽家
鄒衍曾被稱為當時知道物種最多，有如當之博物學家），才正是成就與強化個
人有形無形之能力與新知識、新觀念。所以對於一位最需要常時間，經年累
月奔走忙碌於國際社會上，面對諸多不相同之「風俗、文化、民情、語言、
制度……等」列國之領袖、政要、達官貴人、社會名流而言，不僅需要有開
放的心靈，還要有廣博可用的敵情訊息與智慧，所謂：「可知者，可用也；不
可知者，謀者所不用也」（〈謀篇第十〉）。這就涉及了的情報收集與分析，需
要有如當今我國的國防部「軍事情報局」，可能甚至於龐大得要像美國之 CIA
「中央情報局」[15]組織，才能夠完成諸如國家、領袖、君王、人民等所託付的
重要使命。「故相益則親，相損則疏，其數行也：此所以察異同之分其類一也」
（〈謀篇第十〉）；這是鬼谷子不只說理論還會說出方法，很實際與務實相當特
別之處。

鬼谷子應用於「遊說計謀」學問上的所謂「分類」，即是今日我們所稱
的「歸類、歸納」之意。它因與「演繹」法則被充分的使用，才能造就今日
西方文明鼎盛的基本科學法則，這項發現與應用的學問是多麼的不容易呀！
這項禮物，是萬能與博愛的神祇特別送給人類的。居然會讓二千多年前的鬼
谷子發現到，不僅能夠自我深切體驗，還特別利用當時諸子百家普世所一致
推崇的，人世間之最高等級的「聖人」名諱，用此神聖之文字圖騰來勉勵他

---

[15] 中央情報局（Central Intelligence Agency，簡稱 CIA）是美國最大的情報機構，當時由美
國總統杜魯門所簽署的 1947 年國家安全法，經美國國會通過而成立國安法下，國家安全
局及中央情報局分別成立。他說：「此局會採取明顯和隱密的手段獲取情報而同時提供情
報分析，判斷國家情報目標及從所有政府機構搜集相關情報資料。」情報局局長由美國
總統直接任命，還擔任總統和國會的高級情報顧問。主要任務是公開和秘密地收集和分
析關於國外政府、公司和個人；政治、文化、科技等方面的情報，協調其他國內情報機
構的活動，情報直接給政府相關各個部門。也負責維持大量軍事設備，曾在冷戰期間用
於推翻外國政府，例如前蘇聯，和對美國利益構成威脅的反對者，如瓜地馬拉的阿本斯
和智利的阿連德。總部設在維吉尼亞州的蘭利。地位和功能相當於英國的軍情六處和以
色列的摩薩德。又，美國情報體系中，唯一獨立的情報部門之「聯邦調查局」（Federal
Bureau of Investigation），簡稱 FBI，是美國司法部的主要調查機關，根據美國法典第 28
條 533 款，授權司法部長「委任官員偵測反美的罪行」，另外其它聯邦的法令，給予
FBI 權力和職責調查特定的罪行。FBI 調查司法權已超過 200 種聯邦罪行，還有該國十大
通緝要犯清單從 1930 年起公佈於眾。

的學生，要求他們以聖人爲榜樣，參照後以學習與應用「而知之者，內修練而知之，謂之聖人；聖人者，以類知之」可掌握知識管理的分類法則。還有抽象不定的心智其實際修爲的法則，則要採「養志法」與「實意法」。其它在身上部份，得「口貴奇，耳貴聰，目貴明」，並且要「參調而應，利道而動」，才能「故繁言而不亂、翱翔而不迷、變易而不危者，觀要得理」（〈權篇第七〉）。

二、經驗部份

　　經驗乃是我們早期人類遭遇生存危機，當面對困擾時後，他人或自己正確解決問題的方法，所累積起來的知識、技巧總稱。一般概念是體驗或觀察某一事或某一事件後，所獲得的心得並應用於後續作業。事實上，現今各領域的專家大都是以可觀的經驗來評斷。尤其是宗教、教育、文化、工藝、軍事、旅遊、體育和醫藥等等領域，工作或教授學問上，已掌握到相當重要的關鍵。所以「經驗」的累積與運用，對於當今人類文明算是非常的重要。鬼谷子於二千多年前，就已在前人「遊說、謀略」前者如各國行人（外交官）的談判修辭，後者如姜太公的《六韜》，所發展出來諸多可貴的經驗；加上其理性之自我研判，將之歸納分析出好幾項「政略學」上有用的法則。

　　鬼谷子「政略學」的施行，對此提出了四個方法，現將之分析如下：首先是一種參考比照的法則：「度往事、驗來事、參平素」[16]也是鬼谷子於〈決篇〉上所言，參考聖人之爲人處事之決策要領奠定。以及第二項：「度權量能」，察看比較自身能力之量權的法則：「司其門戶，審察其所先後，度權量能，校其伎巧短長」（〈捭闔第一〉）；「凡度權量能，所以微遠求近」，「將欲用之於天下，必度權量能」（〈飛箝第五〉）。《莊子》：「爲之鬥斛以量之，則並與鬥斛而竊之；爲之權衡以稱之，則並與權衡而竊之」（〈胠篋篇〉），總是有一股被潑冷水之感覺；列子雖也知「其使多智之人，量利害，料虛實，度人情」，但接著也吐嘈的說：「得亦中，亡亦中。量與不量，料與不料，度與不度，奚以異？唯亡所量，亡所不量，則全而亡喪」（〈力命篇〉），還真令人有點喪氣。

　　第三項所採用之方法，是一種判斷到底好不好之區別的標準方法。鬼谷

---

[16] 語見〈決篇第十一〉：「聖人所以能成其事者有五：有以陽德之者，有以陰賊之者，有以信誠之者，有以蔽匿之者，有以平素之者。陽勵於一言，陰勵於二言，平素、樞機以用；四者微而施之。於是度之往事，驗之來事，參之平素，可則決之。」

子是以簡單的二分法，做判斷基礎。他建議以所謂的同異法則：「察同異、定有無、別是非、見內外、決安危、定親疏。」[17]我們於此，不就也看到了老子說明聖人爲人處事方法的影子：「故有無相生，難易相成，長短相較，高下相傾，音聲相和，前後相隨。是以聖人處無爲之事」(《道德經》〈第二章〉)。說到方法，於《詩經》上的百姓也有不同看法：「國雖靡止、或聖或否。民雖靡膴、或哲或謀、或肅或艾。如彼泉流、無淪胥以敗」(〈小雅、小旻〉)；上是聖之有無？下則另有對策。

第四項，就是參考自己上次或別人成功失敗的經驗，不也可以拿來重複使用嗎？這時，就必須使用所謂的反覆之法則：「縱橫反出，反覆反忤，必由此矣」(〈捭闔第一〉)；「反以觀往，覆以驗來；反以知古，覆以知今；反以知彼，覆以知此」，「事有反而得覆者，聖人之意也，不可不察」，「己反往，彼覆來」，「重之、襲之、反之、覆之，萬事不失其辭」，「以反求覆，觀其所託，故用此者」(〈反應第二〉)；「凡趨合背反，計有適合」，「化轉環屬，各有形勢，反覆相求，因事爲制」(〈忤合第六〉)。鬼谷子眞所謂的對「反覆」一詞的應用，已達「反反覆覆」不厭其煩的地步，可見反覆之妥善應用，其功效不可計量。莊子於〈天下篇〉對「反覆」也提出見解「反覆終始，不知端倪」，不若鬼谷子拿來當經驗法則之用，只當之爲「芒然彷徨乎塵垢之外，逍遙乎無爲之業」甚爲可惜。但總比以韓非子所代表的法家，謂：「私學成群謂之師徒。閒靜安居謂之有思。損仁逐利謂之疾。險躁佻反覆謂之智……上宜禁其欲、滅其跡而不止也」(〈詭使第四十五〉)，誤解好得多，來得有用處得多。

韓非認爲世人所樂道，而又受人主禮遇的「高、賢、重、忠、烈士、勇夫、正、廉、齊、勇、願、仁、長者」等等，完全不利於治國。認爲都是因爲心懷異志，私自授徒風氣所致；相反，而被社會上鄙視的「寡、愚、怯、不肖、陋」的人，他卻認爲是守法之民，是國家農戰政策的依靠物件、社會基礎。主張「立法令、廢私學，禁其行、破其群、散其黨，使莫得爲私」，然後君主才能有效地控制臣民，實現國家社會對安定。韓非面對這些傳統價值竟坐立難安，棄之唯恐不及。主張以「法制治國」沒錯，但爲協助統治者高壓專制之方便，卻讓治國之基礎觀念「以民爲本」[18]出岔路了（今日之世界不

---

[17] 語見〈飛箝第五〉：「凡度權量能，所以徵遠求近。立勢而制事，必先察同異，別是非之語，見內外之辭，知有無之數，決安危之計，定親疏之事，然後乃權量之。其有隱括，乃可徵，乃可求，乃可用。」

[18] 語出《尚書》〈五子之歌〉：「皇祖有訓，民可近，不可下，民惟邦本，本固邦寧。予視天下

就是以「民主、法治」國家爲主流）；挫傷了永續發展之民族智慧、自由競爭的多元價值於不顧，料其僵化的國家建設、社會管理等「政略」，必將出問題。雖成就了帝國，但卻無法長治久安。鬼谷子觀看到了問題之正反兩面，並能顧及全域之發展；韓非他卻只能看到一半，還想極力將另一半消滅，實不知「紙」永遠存在著正反兩面，才算是一張紙。兩相之下判若雲泥。可見思想先進的《鬼谷子》之「政略學」是屬自由智慧與民主理性的產物，他無私的提倡，最是當仁不讓了。

三、說辭學部份

　　一位順從天道之陰陽，從事眞正「遊說縱橫、權謀治國」的聖人，得有「口貴奇，耳貴聰，目貴明」，並且要「參調而應，利道而動」，才能「故繁言而不亂、翱翔而不迷、變易而不危者，睹要得理。」（〈權篇第七〉）。必須「身體健康、心智健全」，這是《鬼谷子》全書全篇的要旨。所以「政略」的制定與推行，是本乎「常道」的範圍內，且必須植基於健康肥沃的土地上，也就是眾多健健康康的百姓，以及各式各樣欲望的人士，能夠給百姓承諾保證隨著人性之自然生活的政策，這個國家才有足夠發展的優秀資源，「人力、物力、財力」也才能順利快速的到位，而不是勉強而來。

　　鬼谷子因此於〈捭闔第一〉中，他說「粵若稽古聖人之在天地間也，爲眾生之先，觀陰陽之開闔以名命物；知存亡之門戶，籌策萬類之終始，達人心之理，見變化之朕焉，而守司其門戶。」將政略學的「說辭」原理，以天道解釋得相當的到位。又說到「夫賢不肖、智愚、勇怯、仁、義有差。乃可捭，乃可闔；乃可進，乃可退；乃可賤，乃可貴；無爲以牧之」人是縱使有差異，但還是可以借著「說話與不說話」之間的停頓，獲取雙方的接近與信認。接著亮出「捭闔之道，以陰陽試之。故與陽言者，依崇高。與陰言者，依卑小。以下求小，以高求大。由此言之，無所不出，無所不入，無所不可。可以說人，可以說家，可以說國，可以說天下。」以各種不同的說辭，順應不同的人之個性，便能將自己設定的「政略」說服與貫徹出來。以上便是說詞學的捭闔之原理。它分別有：「反應、內揵、飛箝」之三項法則。由於鬼谷子認爲「道一以貫之」，因此在方法之設計上，也盡

愚夫愚婦一能勝予，一人三失，怨豈在明，不見是圖。予臨兆民，懷乎若朽索之馭六馬，爲人上者，柰何不敬？」我國道統思想的反映，《孟子》〈盡心下〉曰：「民爲貴，社稷次之，君爲輕。」認爲萬民百姓是國家的根本。

量採用統一之方式。故在「謀略學」法則也有重疊之部份，如「謀略」之抵巇原理「捭闔、反應、內揵、飛箝、忤合、三儀、決疑、轉圓、分威、散勢」，前四項均相同。而「揣與摩」則是貫穿於此兩大學問之必要手法。因為「說辭與計謀」，它是因著人心之情態與環境之事態，圍繞於其中而變化。

四、謀略學部份

　　要談中國之「謀略」其實起源甚早，打從姜太公協助周文王推翻商紂王，便可說是政治作戰與軍事作戰雙管齊下，才有可能完成的大業。自古以來，相對「政略」之於「戰略」而言，可說完全離不開「謀略」兩個字。謀略也就是種計畫，它乃是敵我雙方為避免可能或即將發生的戰事與災難，為達成此目的之一種應運的縝密計畫之一。春秋、戰國以來，國與國的不管是大國或小國激烈的戰爭，無不充滿著謀略，也沒有一個國家對於戰爭不使用謀略，或國之重臣於國家臨危之際而不思計策，或有人公然反對使用謀略，可說絕無僅有。但很不幸的，在我國歷史上充滿人為智慧之「謀略」思想的發展上確有遭此蒙塵，例如有愚儒大力反對鬼古子言論，致使「謀略學」之發展隱晦難明，甚至於難登學術殿堂，猶如正晝無見，風雨晦冥。《史記》：「故書建稽疑，五謀而卜筮居其二，五占從其多，明有而不專之道也。」[19]《史記》表示在《尚書》、周公便已有謀略施政難以定奪，而巧用龜卜之說。

　　孔子也有此觀念「子曰：臨難用詐，足以卻敵。」(《呂氏春秋》〈孝行覽、義賞〉)。這表示孔子在戰爭時後，肯定軍事將領指揮軍隊作戰的一種詐術的謀略。「戰」指戰爭，「略」指「謀略」。鬼谷子亦言：「詐謀得而惑之」(〈實意法螣蛇〉)。春秋時期孫武的《孫子兵法》，是最早被公認為我國對「戰略」，

治國應以安民、得民作為根本。與西式民主有很大出入。2013 新華社出版《以民為本：中國全面建設小康社會 10 年（2002～2012）》。回顧當作中共 2002 年十六大首次闡述「全面建設小康社會」的理論體系和實施戰略。十七大提升小康之路，十八大再進一步深化和弘揚小康之慧。將小康與民本思想連結，白居易將小康入詩：「昨因風發甘長往，今遇陽和又小康」。

[19] 《史記》〈龜策列傳〉：「夫推策定數，灼龜觀兆，變化無窮，是以擇賢而用占焉，可謂聖人重事者乎！周公葡三龜，而武王有瘳。紂為暴虐，而元龜不占。晉文將定襄王之位，葡得黃帝之兆，卒受彤弓之命。獻公貪驪姬之色，葡而兆有口象，其禍竟流五世。楚靈將背周室，葡而龜逆，終被乾谿之敗。兆應信誠於內，而時人明察見之於外，可不謂兩合者哉！君子謂夫輕卜筮，無神明者，悖；背人道，信禎祥者，鬼神不得其正。**故書建稽疑，五謀而卜筮居其二，五占從其多，明有而不專之道也。**」

進行全域籌畫的著作。然而在現代「戰略」一詞，早就超越軍事作戰，廣爲世界各國於政治上或外交或競選引用之外，也已被進而引申至經濟貿易之商業公關各式作戰、乃至於體育競賽活動等領域，其涵義演變爲泛指統領性的、全域性的、左右勝敗的謀略、方案和對策。而鬼谷子之「戰略觀」，也就是採用超越傳統戰爭的一種有形與無形的戰爭手法，動員全民族可能之力，以達成國家戰爭之最終勝利。所謂以政治結合戰爭之策略，乃講究達成所有「政治作戰」上，必須要求之目的。

　　鬼谷子最著名的一句話「主兵日勝，而人不畏也」，雖與《道德經》主張「以道佐人主者，不以兵強天下」（〈不道章第卅〉），隱性的強國原則有雷同之處，但明顯的鬼谷子並不反對戰爭。縱橫家主張「合縱連橫、遠交近攻、越境用兵」，「伐交、伐謀、伐兵」等交相運用。老子的戰爭觀首先是「兵者兇器」，但另一軍事思想是：「守柔貴雌、以柔克剛」的戰略思想，彼此有矛盾之處。這是因爲道家的最大戰略上，是在不侵患別國的立場上而設定，所謂「鄰國相望，雞犬之聲相聞，民至老死，不相往來」（〈不徙章第八十〉）；反戰厭戰的老子，特地舉出上古部落時代，小國寡民之設言爲最理想之國家戰略「政略」。

　　《道德經》言：「夫佳兵者，……不得已而用之，恬淡爲上」（〈貴左章第卅一〉）；也就是不代表願意強國興兵，但卻因而會遭致國家民族被踐踏。又「不祥之器，物或惡之，故有道者不處。君子居則貴左，用兵則貴右。兵者不祥之器，非君子之器，不得已而用之」，故是不可爲而爲之。這裡所謂的「君子居則貴左」，古以左青龍爲尊，右白虎爲凶，用兵乃凶事也，「吉事尚左，凶事尚右」；而「非君子之器」，明顯主張用智力，盡量少用暴力以取勝；「勝而不美，而美之者，是樂殺人。夫樂殺人者，不可以得志於天下矣。」可說也是種獨特於世界的中國之「王道」思想，通曉整個世界之所有人、事、物之正確的系統性綜合之管理原則。以合乎「天道」之生養肅殺，之自然界運行的原型爲參考依據。

　　《鬼谷子》的軍事戰略其內涵是：「主兵日勝者，常戰於不爭，國不費，而民不知所以服，不知所以畏」；這項全勝的戰略思想，即是鬼谷子的戰略主張之一，不同於老子完全合乎「天道」之平淡無奇，以及以防守的戰略主張。「戰於不爭」其意味著不使用武力，以今天的角度觀之，就是不採用暴力，也就是以和平談判的法則，來進行國際紛爭的一種談判桌上的民主

議會方法。鬼谷子主張平時就常必須以「外交官」之類的各式人士，取代戰時「將軍」之職務，盡一切國家之所能，加以阻止以武力相衝突的傳統形式之戰爭，因為戰爭會對人類社會生命與財產帶來巨大的破壞。

　　縱橫家長期習於外交慣例與行為，除了道家一般之生命智慧洞察真相外，還有它所沒有的熟稔不同民族文化，與國際慣例等見識與敏銳之眼光，因為對歷史上民族興亡與國家政權等更替，有深刻的考察，而充分認識到戰爭之可怕，進而在一般的意義上對戰爭持反對態度。知道通過外交周旋、會議談判、條件交換、賠款議和，均能夠等同於戰爭之實質效益。一種無形，相對於有形之武器軍事兵力而言，化爭戰於無形，止於霸道；一種無為，最深層之表現，直驅「王道」之可能，不迫害他國政權之國家民族命脈與文化意識；意即我國古代雖毀人國，瓦解其國家政府組織、解散兵力、使之臣服，但不破壞其家廟宗祠。如周武王滅商紂，但乃「封紂子武庚、祿父，以續殷祀，令修行盤庚之政」[20]。

　　而表面「談判議和」，在鬼谷子的戰略主張之下，卻只是謀略使用上的一種陽謀之一。背地裡則雙方各懷鬼胎，為了各自的國家利益，私下進行另一種陰謀，或破壞、或阻擾、或挑釁、或恐嚇、或威脅，無所不用其極「智略計謀，各有形容，或圓或方，或陰或陽，或吉或凶，事類不同」（〈轉圓第六〉）。他於〈本經陰符七術〉上明說：「計謀者存亡之樞機」，可見計謀是國家安全的關鍵策略之一大要素，不能隨意藐視不加重視，丟棄或不加使用，致民族存亡難以維續。又〈忤合第六〉：「成於事，而合於計謀。」無不嚴正說明有計畫、有謀略等戰略配合之最高需要，才能成就國家外交、軍事、貿易等談判之籌碼，以備表面冷靜、實地裡暗潮洶湧澎湃，各式交鋒之大事難以間斷。而以上這些曝不了光、看不見的鬥爭，只是少數人的

---

[20] 《史記》卷三〈殷本紀第三〉：「百姓怨望而諸侯有畔者，於是紂乃重刑辟，有炮格之法。以西伯昌、九侯、鄂侯為三公。九侯有好女，入之紂。九侯女不喜淫，紂怒，殺之，而醢九侯。鄂侯爭之彊，辨之疾，並脯鄂侯。西伯昌聞之，竊歎。崇侯虎知之，以告紂，紂囚西伯羑里。……西伯歸，乃陰修德行善，諸侯多叛紂而往歸西伯。……紂愈荒淫不止。微子數諫不聽，乃與大師、少師謀，遂去。比干曰：『為人臣者，不得不以死爭。』乃彊諫紂。紂怒曰：『吾聞聖人心有七竅。』剖比干，觀其心。箕子懼，乃詳狂為奴，紂又囚之。殷之大師、少師乃持其祭樂器奔周。周武王於是遂率諸侯伐紂。紂亦發兵距之牧野。甲子日，紂兵敗。紂走入，登鹿臺，衣其寶玉衣，赴火而死。周武王遂斬紂頭，懸之大白旗。殺妲己。釋箕子之囚，封比干之墓，表商容之閭。封紂子武庚、祿父，以續殷祀，令修行盤庚之政。殷民大說。於是周武王為天子。其後世貶帝號，號為王。而封殷後為諸侯，屬周。周武王崩，武庚與管叔、蔡叔作亂，成王命周公誅之，而立微子於宋，以續殷後焉。」

事，「故聖人懷此，用轉圓而求其合。故與造化者爲始，動作無不包大道，以觀神明之域」（〈轉圓第六〉）。只有極少數之聖人有資格、有能力從事此大事，乃是鬼谷子高度重視謀略之對於戰略實質上之幫助。時改朝換代，亦不使百姓受害。

〈摩篇第八〉說：「聖人謀之陰，故曰神；成之於陽，故曰明。」所以「陰陽謀略」，是鬼谷子戰略觀的法則之三。還有一項本也是《孫子兵法》所強調的「知己知彼」，只是《鬼谷子》書裡多一項所謂的「知類」（於前一小節論述）是謂鬼谷子的第四項戰略主張「知己、知彼、知類」。而最後一項法則是奇正相生，「故智貴不妄、聽貴聰、智貴明、辭貴奇。」（〈權篇第九〉）；「參以立焉，以生奇；奇不知其所壅，始於古之所從。」「正不如奇，奇流而不止者也。故說人主者，必與之言奇」（〈謀篇第十〉）；「有利焉，去其利，則不受也；奇之所託」；（〈決篇第十二〉）「方驗之道，驚以奇怪，人繫其心於己，效之於人，驗去亂其前，吾歸誠於己」（〈中經〉）。

以上這五項是相當具有「彈性、創新性、可行性、合意性」之現代謀略學的要求，想不到二千多年以前的《鬼谷子》，已經有了如此前衛的無形之思想武器。分別設身處地的設想與設計、計畫、方略……等各式謀略，以保證戰略之安全，進而短期達成政治策略之目的，長期上則是保障國家安全與維護人民之生活之安定。如此循序當時之時空常態與變化，以符合思維規律和思維物件規律的要求，進而能夠維持在相當複雜的機動系統中，進行高度思維的心理活動，以實現意志行爲的智慧保證。令人佩服！如過去朝代，能夠重視與確實執行和發展鬼谷子戰略思想學說，今日的中華民族與世界局勢，不知會是個什麼模樣的光景？可惜的是，人性常因過度維護自己的利益，偏執一方，而致使自己的智慧僵化，反致深陷於危機之中，難以自拔。個人如是，團體如是，乃至於國家也難逃此命運。

第二節　鬼谷子論治政之道

牟宗三先生在《政道與治道》[21]一書說：「關於中國以往的治道：一、是儒家的德化的治道，二、是道家的道化的治道，三、是法家的物化治道」。其論述最後是中國缺乏政道「中國文化，在之前只順治道方面想，是不夠

21　牟宗三著《政道與治道》〈第二章、論中國的治道〉頁 26，台北、台灣學生書店，1970 年 4 月初版。

的，必須轉出政道來，對於政權有安排，始可以推進一大步，別開一境界。」
於該章結論又言：「然四十餘年來，吾人的思想與文化生命，始終不健全」。
牟先生的目的，即是要辛亥革命後，所建造的民主共合國「未能走上軌道」，
嘆息「民主共和之建造工作始終在顛沛流逝中」。我民主共合國爲何發展未
能健全？即如蕭公權先生於《中國政治思想史》所言：「缺乏近代國家之觀
念而已」[22]。

他所謂的現代國家之觀念：「一、樹立民族自主之政權。二、承認列國並
存，彼此交互之關係。三、尊法律、重制度，而不偏人倫道德以爲治。四、
擴充人民參政權利」。還說：「此四種品性，吾國在專制天下之時期固完全缺
乏，即在封建天下之分割時期亦僅略有痕跡，似是而非。」[23]。蕭先生以思想
之歷史背景，將中國政治思想史劃分爲三個時期：分別是「封建天下、專制
天下與近代國家」之三個思想時期，並再以「創造、因襲、轉變、成熟」等
功能區分爲四個時期。所謂創造時期，是一般學術界所共識的先秦時期。

《詩經》〈小雅、小旻〉曰：「我龜旣厭，不我告猶。謀夫孔多，是用不
集。發言盈庭，誰敢執其咎？如匪行邁謀，是用不得於道」。《鬼谷子》正是
處於這個政治思想的「創造時期」，只是並未以上兩本書上出現，對於鬼谷子
與其所代表的縱橫家學派思想，均有所遺漏、未加以談論。對於鬼谷思想與
縱橫家從政經驗，在此一時期之巔峰，其「治道」精神如以牟宗三先生在《政
道與治道》而言，我認爲縱橫家所代表短暫的治道政績，該是一種異於「儒
家的德化，道家的道化，法家的物化，而是一種全新的進化」；因爲它是在討
論與實踐等列國政治外交互動之中，所形成的實質治道之現實，並非關起門
來，自我歡喜滿足的治國之道。

爲何在我國之學術思想史上會將其扼殺？本書之前各章多有提起，於此
不另重複，只嘆眞是吾國百姓兩千多年來的不幸。就以蕭先生的四項現代國
家之觀念來說，幾乎全都在《鬼谷子》書中，非兩位先生之過也。實在是因
爲吾國長期以來，始終以「泛道德」之治道爲主的政治思想所寡佔，所形成
之後遺症，致使鬼谷學說長期蒙塵，以致於無法彰顯。

當今這個以西方主導的時局勢態，就是鼓勵以個人意識之英雄主義，走

---

[22] 蕭公權先生全集《中國政治思想史》〈緒論〉頁 11，台北、聯經出版事業公司，1982 年 3 月
初版。
[23] 同上。

向以鬼谷子思想為代表的縱橫世紀。事實它存在於我國好久，只是被封建宗族與專制之集體意識所圍剿，深深禁錮著民族的靈魂，使我們不察，待西方勢力興起之後，我國思想界才群起思考此一問題。而鬼谷子就是要突破此藩籬，他不厭其煩力創透過言語與思辯，以解放與利用人性之弱點而達成治國之目的，根本逃離儒家的德化、道家的道化，極其超現實與無法達成之理想主義的巢臼，也未如法家毫無人性之物化。如此之合乎實際社會之世俗與人性的主張，只因後來的政治形勢中央專制集權的大一統帝國形成之發展，使縱橫家凋零，力有未殆罷了。

　　鬼谷子於〈謀篇第十〉言：「故變生事，事生謀，謀生計，計生議，議生說，說生進，進生退，退生制；因以制於事」。國父孫中山先生說：「政治乃管理眾人之事」所以能夠將眾人之事做好，也就是能夠將政治實務給做好。鬼谷子亦說：「故百事一道，而百度一數也。」老子說：「治大國若烹小鮮」，以上這兩句話有何關係，竟擺在一起？因為老子又說了：「以道莅天下，其鬼不神；非其鬼不神，其神不傷人；非其神不傷人，聖人亦不傷人。夫兩不相傷，故德交歸焉」（〈第六十章〉）。鬼谷子的治政之道，就是老子所言「以道莅天下」。

一、鬼谷子迴圈理論

　　《鬼谷子》的「變→事→謀→計→議→說→進→退→制[24]→事」（圖九），如此完整的管理循環系統「故百事一道，而百度一數也」，用於處理國家整個內政、外交、軍事……等等，之政治問題的方法上。此套方法聖人早已了然於心，問題走到那個階段？該用何方法去處理？不都清清楚楚嗎！千百年前的「鬼谷子迴圈」，早就勝過於現代的「戴明迴圈」[25]千百倍。

---

[24] 陳蒲清著之《鬼谷子詳解》頁237，指「制」，有三解：一為、制定；《謀篇》：「聖人之制道，在隱與」。一為、制約；《捭闔》：「制之以出入」。一為、掌握，了解；《飛鉗》：「制地形之廣狹」。其實鬼谷子的計謀、遊說、做事的配套方法之「制」，應該還存在有另一種解釋，即「制定與制式」解，也就是制定成為事情的「標準」之涵義存在。

[25] 戴明迴圈 或稱 PDCA 迴圈、PDSA 迴圈。戴明迴圈的研究起源於廿世紀的 20 年代，先是有著「統計質量控制之父」之稱的著名的統計學家沃特、阿曼德、休哈特（Walter A. Shewhart）在當時引入了「計劃→執行→檢查（Plan-Do-See）」的雛形，後來有戴明將休哈特的 PDS 迴圈進一步完善，發展成為「計劃→執行→檢查→處理（Plan-Do-Check/Study-Act）」這樣一個質量持續改進模型。戴明迴圈是一個持續改進模型，它包括持續改進與不斷學習的四個迴圈反覆的步驟，即計劃（Plan）、執行（Do）、檢查（Check/Study）、處理（Act）。戴明迴圈有時也被為稱戴明輪（Deming Wheel）或持續改進螺旋（Continuous Improvement Spiral）。戴明迴圈與生產管理中的「改善」、「即

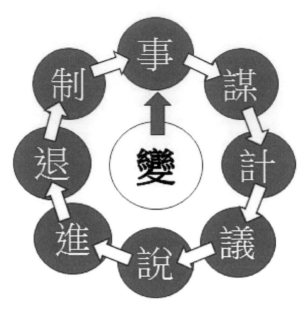

圖: 藍馨歌 繪

圖九、鬼谷子計謀迴圈

「戴明迴圈」只有四個程序（P→D→C→A），而鬼谷子不僅擁有戴明迴圈的精神與內涵，更將之劃分為四組，再精細分為八個步驟。各為一、「謀，計」；二、「議，說」；三、「進，退」；四、「制，事」；而以「變」為中心。

第一組：以「謀」為先，先謀劃清楚，掌握出目的與方向之正確、周圓，系統性、完整性的謀略定奪之後；再推演規劃出各種各類之「計」策、方法、辦法、方案、細則，可能之獎勵或罰則……，此處就牽涉到詭計多端的層面了。本組「計」的層次與「戴明迴圈」的計劃（Plan）相同，但戴明未談「謀」。

第二組：因有了「謀」、也有了「計」之整套「可行性分析計畫報告書」，

時生產」緊密相關。搜索一下「五同時」，「五同時」原則即企業各級領導或管理者在計劃、佈置、檢查、總結、評比生產的同時，要計劃、佈置、檢查、總結、評比安全。就會發現戴明迴圈與「五同時」也是一致的，處置涵蓋了總結評比。用中國話來概括，循序漸進，泥古創新，一元復始也是滾動發展的意思。以上引用自中文智庫百科（http：//wiki.mbalib.com/zh-tw/Deming_Cycle）。

經呈送主管審決簽呈批示，接著才能進行跨部們之「會議」；才可以給全體會議人員加以討論，提供各式正反之「意見」；各配合部門與業務（或工作流程上技術有關動作）有關人員容或有反對意見，謀劃之本人與部門主管，於此會議場合上便必須展開對於本案的清楚「說明」與周詳的「解釋」；或許可能還需於「會前會」或是「會後會」，再進一步就其該部門，所牽連之困難或麻煩不解之處，向其主管、經辦等相關人員，進行「遊說」；甚至於必要之時，要拜會關鍵人物（Key Men）於居家住所。當然其困難度，高出於戴明迴圈的「檢查、學習（Check/Study）」。因為「戴明迴圈」只有了計畫或工令下達，便可依指示與標準，直接進行執行（Do）的步驟了；但「鬼谷子迴圈」明顯不依執行命令（計，謀）進行，因為還有可能存在著有危險性，或是還未能得到相關配合單位之允諾與協助，更重要的是尚未得到有權利的領導者之首肯。因為處於鬼谷子時代「權」與「謀」，「能」與「事」是區分得非常之明顯與清楚，何況是外來的縱橫家說客與策士，更是絕對不可擅加踰越尺度、超出紅線。所以戴明所面對與處理的僅只是「定案」，簡單的「標準流程」；而鬼谷子強調的是屬於國家層級，政府「議案」中的許多「個案」之一，雖都屬於蔚為外交軍事之重大等級，雖常有例外，但還得依議政層序經過複雜的「決議流程」，才行。

　　第三組：經過眾人之「議」，以及各個之「說」，得到共識之後，便能夠因而知有所「進，退」。此前一階段之會議、審議、決議，說明、解說、辯說、遊說，也可以是「事前」，也可以是「事後」之會議，便是一種檢討、學習與改進，「進退」於焉發生。與「戴明迴圈」的「檢查、學習（Check/Study）」相同。就如同 IF 邏輯的「可、否」或「Yes」Or「No」之一般。這兩組表示鬼谷子辦事之慎重，事前之「議、說」與事後之「進、退」，全然沒有半點的含糊與模糊餘地，用兩階段取代戴明的一階段，因為鬼谷子所要進行的是國家大事，其複雜度當然高於工商業生產之「質與量」品質控管，重要性是關係到人民生與死，攸關到國家民族之生死存亡。

　　第四組：便是「戴明迴圈」的「執行（Do）」與「處理（Act）」了。「制，事」，如鬼谷子所言：「化轉環屬，各有形勢，反覆相求，因事為制」（〈忤合第六〉）；前者「制」是指：制式、制定、制度、制服、制伏、制止、制裁、制勝、制書、制軍，管制、抵制、受制、限制。後者「事」則當然是事情了，做事不管是事由、事因、事故、事勢、事態、事務、事權、事變；

以上不管事情之演化如何，即時遭逢是「事與願違」百般困難之下，或是「事出有因」使交辦之事無法達成，身為一位縱橫家、外交官、臥底間諜……等身負秘密特殊任務，與重責大任的人物，即時是接獲不可能完成之任務，亦必須都得盡一切有莫大之決心與毅力，以「事半功倍」之可能去完成，因為「事在人為」，也是鬼谷子強調的「擇事而為」：「見可否，擇事而為之，所以自為也。見不可，擇事而為之，所以為人也」（〈謀篇第十〉）的變通之情、理與法。

　　鬼谷子還將以上四組，治政之道規範於「變」與「常」之道，因為事情超乎「常」態之時，則會有「變」化之情況發生，《易經》言：「通變之謂事」（〈繫辭上〉）。所以得必須善加面對更加艱難的挑戰，妥善加以因應與處理，才不會失控造成社會混亂失常，百姓不得安寧。其實八個元素之可能變動不定（請參考圖六），鬼谷子的原意已設想到了，它們都會遭受到各種可能之人、事、地（實空間）、物、時、位（虛空間）、氣侯……等等變化與變故。也就是例如「議」遭「變」了，就可能「進」，則採用「說」服、遊「說」；可能需要以「退」為進之策略，則另擇採「計」為之。若「制」遭「變」時，可則採「進」以成「事」，行「事」、完「事」；若時勢不好了，對我方不利，一採用「退」，則以另行以不同之方法轉進之，並非是一成不變之制式法理，或則是同樣之動作，逢變之時得以變化之。它可以是既關聯又統合，還可能是相斥互異，一切視乎實況之變，存乎於一心之用，而已矣！以下，筆者以較具現代感的電腦繪圖表現之，請參考（圖十）。

　　鬼谷子整組的「鬼谷子迴圈」系統，除以上之屬「人道迴圈」之「人事迴圈」，以及《黃帝內經》之「人體迴圈」：「凡此五臟六府十二經水者，外有源泉，而內有所稟，此皆內外相貫，如環無端，人經亦然」（《素問》〈經水〉）。另有其它之主迴圈，如屬「天道迴圈」者，若：「持樞，謂春生、夏長、秋收、冬藏，天之正也」。此類總共有三組：第一組是「陰陽迴圈」，是《易經》所特別強調：「一陰一陽之謂道，繼之者善也，成之者性也。仁者見之謂之仁，知者見之謂之知。百姓日用而，故君子之道鮮矣。顯諸仁，藏諸用，鼓萬物而不與聖人同慢，盛德大業至矣哉。富有之謂大業，日新之謂盛德。生生之謂易，成象之謂乾，效法之為坤，極數知來之謂占，通變之謂事，陰陽不測之謂神。」（〈繫辭上〉）。

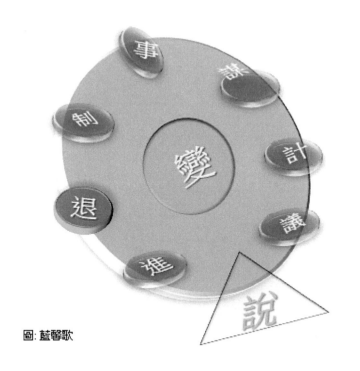

變動的場域之間
存在著可能隨機漂浮的　八個元素

事　謀　制　計　退　議　進　變　說

圖：藍馨歌

圖十、鬼谷子超時空迴圈

　　另「八卦迴圈」，有流入民間成為另一陰陽宅的「羅盤迴圈」系統；第二組是「奇正迴圈」，則是孫子所特別強調；「奇正相生，如迴圈之無端，孰能窮之」（《孫子兵法》〈勢篇〉）」；鬼谷子亦言：「正不如奇，奇流而不止者也」（〈謀篇第十〉）。第三組是「五行迴圈」：「金木水火土，相生相剋」；如明朝、萬民英《三命通會》載曰：「玄一氣，生五行，統三才，周萬物。發乾坤之妙用，剖陰陽之樞機；在乎推四方，分其貴賤，得其中道八字，一定榮枯。是以強明，其生剋制化：清、濁，貴、賤，壽、夭，賢、愚，此原造化之始。……五行克制，要言中和，而太過不及，胥失之矣！」（〈玄理賦第廿卷〉）；以上屬五行四柱八字與子微斗數等「命理迴圈」，則人之一生，不就成了被命定之「宿命論」所限制，所左右。若「性」與「命」鐵定無法改變是宇宙生命定律，但在「心」、「意」、「志」、「欲」方面，鬼谷子卻認為有其自我變化的可能性，它操之在己。人之自由度很明顯的是存在著，這方面也是《鬼谷子》聖人政治掌握住「未變」之前的徵兆防範，及「變後」之處理作業之主張，所要發揮之處。人人因而可以成民、民成士、士成賢、賢成聖，有學習的道次第存在（佛教雖各宗有別，但也都以修行進入阿羅漢、菩薩等多層次之品

第，再進入最高與最後－佛之境界的位階）。儒家認爲士必須是「君子」，才夠有資格進入治國理政之層級裡面；墨家則透過嚴密的私學教育及訓練，以具備「十論」[26]救世思想之國家社會責任感的子弟，才有資格進入各國爲官。此群在各國爲官原爲墨家之弟子，於各該國中堅持「以民爲本」、「以天下爲己任」，充分影響該國與世局，行有餘力並協助墨者以促進和平，視爲必然之任務。然而毫無組織運作的縱橫家，則較無如此之嚴格規定，以各自擁有出色的能力即可，觀之較爲平等與自由。如今雖距其年代已二千多年，但祇要詳讀《鬼谷子》一書，如蘇秦般頭銜梁、刀刺股，發憤圖強、努力用功、虛心學習，當可自學完成一身絕技，發揮理想爲世所用，協助邦國，以治國平天下。

唯《鬼谷子》之「鬼谷子迴圈」，大都涉及「人事迴圈」部分，該書另有輔助原則，「方圓理論」：「當其難易，而後爲之謀；因自然之道以爲實。圓者不行，方者不止，是謂大功。」（〈轉圓第六〉）；與「轉圓理論」：「轉圓者，或轉而吉，或轉而凶，聖人以道，先知存亡，乃知轉圓而從方。」（〈損兌第七〉）。它也是如同「戴明迴圈」所講究之一般，但更強調《易經》變化的道理，可以持續滾動向前的，並非完全靜止不動之平靜態，也非完全封鎖之閉鎖態情況，必須有其它之子系統的加入，方能運作順暢活絡，以及永續、連續與持續性的進行下去。尤其「鬼谷子迴圈」加上以「變」異（如：例外、意外、危機等管理）爲中心的迴圈主軸點，更可說是在我國古老迴圈理論之應用發明上，最有突破性價值的偉大貢獻之一，至今無人能出其右。

還有鬼谷子於現代尚屬明顯與管用的，例如：「人道迴圈」裡面的「識人、用人迴圈」之一般。而當今最典型的是，經濟循環的「供需理論」、「產銷理論」、「借貸理論」在常態上，一向都必須維持在一種平衡的狀態之上。另外屬於有形的「地道迴圈」的系統，例如：「城市迴圈」裏的「交通系統」，以及「維生系統」之「貨物配送」之市場之進貨、送貨等；「電路迴圈」之電力、電信、網路；「水路迴圈」之供水、排水、汙水、下水道……等系統；「空調系統」之進氣、排氣等；「火路迴圈」之瓦斯、消防等完全封閉的系統，均屬之。

---

[26] 墨家「十論」分五組：一、尚賢，尚同。二、節用，節葬。三、非樂，非命。四、天志，明鬼。五、兼愛，非攻。主要體現墨家救世思想，涵蓋以各國各自安定、和平共存、治天下的理想世界。破除特權治國理政，獎善懲惡的神鬼信仰，行人利民的經濟私觀念……維持周朝之封建制度。

二、鬼谷子拉鍊理論

　　以上，所有複雜的人事管理問題，因尚處於以人力和獸力為主的能源動力原始時代的鬼谷子，除「地道迴圈」未涉及之外，可說完全能夠掌握得到，並教導後進抵達此「天道」之巔峰，雖接近「人道」因人欲所衍生出無盡的複雜問題，卻已能依自然天道規律之巧妙因應而化解開來。鬼谷子充分應用《易經》的「吉凶悔吝」陰陽，特別發展出來的「人事陰陽」專屬人生禍福迴圈系統，屬於半封閉型態的「拉鍊迴圈」理論（請參考圖八）。這是專屬中國文明的系統才會擁有的，如果要強迫將西方的文化相比擬，那可以將樸克牌取出作說明。要玩樸克牌遊戲，就必須取出一副有 52 張牌，加上大鬼、小鬼兩張共 54 張，才是完全的一整套，缺一張不可，多一張也不行，因為那樣便形同作弊。但是有些遊戲就不必取整副牌來玩，像接龍遊戲就取四色，也就是黑桃（spade）、紅桃（heart）、鑽石（diamond 方片）、梅花（club）各 13 張，共 52 張牌不用鬼牌，就可以玩起來了。

　　但是「鬼谷子拉鍊」則是秉持《易經》陰陽理論，將固定與封閉的人生可能遇上的正反、好壞，將之區分為兩大類，如同衣褲拉鍊的兩邊。從出生開始便須走完整個人生，直到死亡終了；有些人可能將拉鍊拉到一半，就離開人世間；但絕大部分的人，皆可以將拉鍊完整地拉到定位，經歷一切人生可能的步驟之酸甜苦辣。就如同古老中國的思想主張「奇正雖反，必兼解以俱通」（《文心雕龍》〈定勢〉），其哲理非常的貼近實際人生。而「鬼谷子拉鍊」模型，其實天天都在正常運行，雖然人人都不明白其理論，但也能於不知不覺之中自動的使用與操作，絕不像樸克牌偶一玩之。陰陽天道互動隨時為之，有始有終，不能不玩、不能不參與，只能直到人生終了，才可能退出。每人都各有一條「鬼谷拉鍊」，凡人不明亦受封閉於陰陽，終始於其中；聖人知曉陰陽，並能「審察其所先後，度權量能，校其伎巧短長。」

　　「鬼谷子拉鍊」有十個齒牙屬「陰」，九個齒牙屬「陽」。如同十九個台階，可以上樓也可以下樓，任憑自己為之。也就是說有的是虛階，例如：遇上「死亡、憂患、貧賤、苦辱、棄損、亡利、失意、有害、刑戮、誅罰，為陰，曰終」之「否卦」、「艮卦」之一般；然而鬼谷子，卻告訴我們，你可以不需要去踏這個階梯，也就是如同拉鍊的虛擬齒牙，可以跨越而過，攀上屬「陽」的「長生、安樂、富貴、尊榮、顯名、愛好、財利、得意、喜欲，為陽，曰始」齒牙，如「泰卦」前進而無礙。這也就是「變動陰陽」的理論實

現，一個英明的領導者逢水搭橋，逢山搭梯。遇上陽光型的人，「依崇高，言善以始其事」；遇上陰沉行的人，「依卑小，言惡以終其謀」。如是「無所不出，無所不入，無所不可。可以說人，可以說家，可以說國，可以說天下。」沒有不能結交的人，沒有不能完成的事；做人做事，也就如同拉鍊，都可以拉到定位，壞上了齒牙一樣也可以攀越而過，因為已然心知肚明，因為那是虛位實用、實位虛用，鬼谷子早就看透此理。「失意」者，避談「得意」而化之；逢「貧賤」者，亦不得以「富貴」顯耀之；而「憂患」、「安樂」，「苦辱」、「尊榮」，「亡利」、「財利」，「棄損」、「顯名」，「喜欲」對「刑戮」、「誅罰」亦同。以「遊說溝通」，達成「變動陰陽」之效用，終能「責人任勢」，化陰為陽的、化剛陽成為柔陰，以執正馭奇，全民攜手一條心，為國為民向前走去。

「說話」的疆域是無形刀劍槍砲的戰場，「識人」的能力是無形的防衛盾牌。「政治」鬥爭，不僅是個人權力的舞台，更是關係到國計民生的依靠。聖人為謀千萬人之福，故必須滅民之敵及去敵其惡，乃至於使之成為良民，或永消其惡。這是我古聖先賢之遺志，唯鬼谷子之術能為之，因為心識陰陽之理，善明陰陽之變，而又採科學之法，巧用陰陽之方，妙用陰陽之圓「為小無內，為大無外；益損、去就、倍反，皆以陰陽御其事。」一位現代化國家的領導人，不能沒有鬼谷子式的聖人之智與膽識勇氣，才能在政治圈內優游有餘，否則何止於僅只是，子曰：「苛政猛於虎」（《禮記》〈檀弓下〉）、乃至於孟子所言：「民有飢色，野有餓莩，此率獸而食人也」（〈梁惠王上〉）。

鬼谷子主張真正治世的王政，言：「五帝之政，抵而塞之；三王之事，抵而得之」（〈抵巇第三〉）。上不愧於天，下不愧於民，不論內政外交，皆能「守司其門戶」，真正達成保護人民身家性命、國家社稷的重責大任，也才能成就聖人。並非今人，美其名假裝流行民主憲政，實施公平選舉僅為圖方便爭相輪流當王，四年一任以享盛名，春風得意、一走了之，乃自於違法亂紀、銀鐺入獄，勾結外國成就漢奸，世所有之。玩弄國之名器，實質無才無德、無大智無大謀，無富國富民之能，只能一時欺騙百姓，殃民禍國，餘害千百年。與先聖先賢孔、孟子「仁君」〈滕文公上〉：「聞君行聖人之政，是亦聖人也」；墨子：「聖人者，事無辭也，物無違也，故能為天下器」（〈親士篇〉）；「故古者聖王唯而審以尚同，以為正長，是故上下情請為通。上有隱事遺利，下得而利之；下有蓄怨積害，上得而除之。……故古者聖人之所以濟事成功，垂名於後世者，無他故異物焉，曰唯能以尚同為政者也」（〈尚同中篇〉）。及鬼

谷子主張之聖人政治：「主事日成，而人不知；主兵日勝，而人不畏也。聖人謀之於陰，故曰神；成之於陽，故曰明。所謂主事日成者：積德也，而民安之，不知其所以利；積善也，而民道之，不知其所以然；而天下比之神明也。主兵日勝者，常戰於不爭，國不費，而民不知所以服，不知所以畏，而天下比之神明。」（〈摩篇第八〉）完全相違背。

　　《鬼谷子》的〈捭闔第一〉已將鬼谷子的政治理論，借用「人事陰陽」系統裏的「說話陰陽」，將人事權變說明得一清二楚了。又鬼谷子言：「反以觀往，覆以驗來；反以知古，覆以知今；反以知彼，覆以知此」，「以象動之，以報其心、見其情，隨而牧之」，「己審先定以牧人」（〈反應第二〉）；「不見其類而爲之者，見逆。不得其情而說之者，見非。得其情乃制其術，此用可出可入，可捷可開。故聖人立事，以此先知而捷萬物。」（〈內捷第三〉）何以先知，於此。知心、牧人、立事、捷萬物皆行，如莊子之言「萬物與我合一」。政治之極致，非於此乎？鬼谷子，實堪稱爲人師、國師、帝王師！但，只願以一書傳世，因已參透天道人事，故已了脫名利，早就是悟道之人了。

三、鬼谷子沙發理論

　　在鬼谷子的思想裏面，說話就是武器，計謀就是戰場；如同喜歡棋奕的人士，他們的棋盤就是競技場，棋子也就是兵將之一般。所以遊說計謀，在《鬼谷子》學說的世界，便是政治作戰的教戰手冊，鬼谷子一生的願望，就是要教出聖人部隊，只是他採用的是隨緣兩個字，沒有像墨家學校之一般，採用教團之方式，有計畫、有規則、有組織、有兵力的進行。只是墨子慈悲的胸懷，一生以宗教家的氣度，積極入世爲世界和平而勞心勞力，鞠躬盡瘁，死而後已，未曾一日，欲奪邦立國過。

　　鬼谷子同樣的具備有淑世之精神，所採用的方式完全不同。是一種菁英策略，就是人數非常之少，以一人抵用萬人。他的《鬼谷子》就是一部，指導有資質、有才能、有膽識、有意志的人，成聖成賢的寶典；他從頭教起，由入世開始：養欲培欲、鍛鍊體魄、訓練意志、爲人立場、處事要領、揣摩人意、知己知彼、說話藝術、遊說方法、計謀策略……整套的看似與治國理政無關，時乃是政治管理的要領，簡直就是一所先進的未來領袖養成培育的訓練學校。之後，到出世的範疇。他也能夠教導：知天知地、修心養性……；如是完整地人事迴圈、生命迴圈……，方方框框，圈圈迴迴、環環套套、相

互交錯，靈活運轉、毫不干擾，一切都是以人、以心、以說、以話，爲基礎、爲根本。

他在〈權篇第九〉指出言談有五大技巧，也有五大禁忌。也就是五大技巧：「佞言者，諂而干忠。諛言者，博而干智。平言者，決而干勇。戚言者，權而干信。靜言者，反而干勝。」佞言、諛言、平言、戚言、靜言。而五大禁忌則是：「辭言有五：曰病，曰恐，曰憂，曰怒，曰喜。故曰：病者，感哀氣而不神也；恐者，腸絕而無主也；憂者，閉塞而不泄也；怒者，妄動而不治也；喜者，宣散而無要也。此五者，精則用之，利則行之。」病、恐、憂、怒、喜，以上五種言談上常見的毛病。而能被鬼谷子教出這項密技的能人，則必是高段精研遊說的高手，在有好處、有目的、有使命、有對象以及眾人有遠大與迫切的需要之下，才會使用。鬼谷子更進一步指示，必須選詳加選擇對象，而這些對象其言談內容都絕然有別，他說：「故與智者言，依於博；與博者言，依於辯；與辯者言，依於要。與貴者言，依於勢；與富者言，依於高；與貧者言，依於利；與賤者言，依於謙；與勇者言，依於敢；與愚者言，依於銳：此其術也，而人常反之。」

圖十一、「對象不同，說話內容與技巧也不同」〈量權第九〉

「是故，與智者言，將以此明之；與不智者言，將以此教之；而甚難爲也。故言多類，事多變。故終日言不失其類，故此不亂；終日不變，而不失

其主。故智貴不妄、聽貴聰、智貴明、辭貴奇。」所以對於不同對象，鬼谷子要我們也必須，跟著採不同說話的內容，才能遊說、溝通、談判成功，全然把事情完成。以上（圖十一）「對象不同，說話內容也不同」，此乃明顯的人坐沙發之配套方式。例如：一群身分、地位、身材都不同，彼此也都不相認識的人，但都很富有；今日皆受到主人熱情的邀請，興高彩烈的來他的莊園作客。男方九個人，女方也只有九個人，主人必須將之安排配對完好，才能使宴會完美成功。如是，就必須有如鬼谷子，高超的識人之功力不成了。也如在法國皇宮的貴族舞會上，同九個未婚男爵，向九個坐在沙發上的權貴淑女，邀請跳舞之一般。瘦的跟瘦的、高的跟高的，矮的跟矮的，會講英語的跟會講英語的……等等門當戶對，一起跳舞，才會愉快。所以，這就是鬼谷子沙發理論，明白「類」、「物」與「人」、「事」與「心」、「話」之隨時變化之差別，妥當應用同「天」道一樣的人性、物性、務性之道理性質，那管理起百官和眾人，也就沒有什麼之不同了！

　　而所謂「戴明迴圈」係多應用於生產流程（事），而「鬼谷子迴圈」不僅在「事」之運用，更跨越到「人」之方面。當然「其神不傷人」，運用於「人道」之上，孔子言：「『聖人以通天下之志，以定天下之業，以斷天下之疑。』是故，著之德，圓而神；卦之德，方以知」（〈繫辭上〉）；老子曰：「非其神不傷人，聖人亦不傷人。夫兩不相傷，故德交歸焉。」（〈第六十章〉）。一切都在掌握之中，擔當聖人角色之領導者則何必要去傷人？因為聖人處事，都因於事前已能洞察機先，所以在一切變數皆均能在「天道」與「人道」之迴圈系統中運作而完全掌控，故能使對方（侵略威脅、威逼恐嚇之敵對方，或則是屢思挑釁破壞之一方）自動知難而退，不再興風作浪，也無力更無能相抵抗，而最終能和平相處以之善了，此乃我國古聖先賢，所一致追求的王道政治理論之最高境界；也是傳承以姜太公思維的齊國文明，管仲和晏子治國理政以來，重視外交、經濟發展和國防實力，左手玫瑰、右手利劍與天下鄰國和平交往相處，務實主義的國際策略，乃鬼谷子政治思想的最佳展現。

四、鬼谷子救生圈理論

　　在台灣的夜市，常有一種稱「套圈圈」的遊戲：地攤上擺著許多陶瓷小東西及長圓柱型的飲料罐頭，一排排高高低低很規則的。遊戲就是先給老板小錢，便能換取幾十個藤製的環狀小小圈圈；人就站在線外，向那些可能是

你的獎品丟過去，只要能套住這些小東西，那這些就是你的。可惜的是遭到彈跳碰撞的小圈圈常會落地，因爲那是老闆所特別挑選與擺置的硬質物品，所以之故，玩者總是很難將其套住，而獲取獎品。但有一些人能拿捏到竅門，反而小有收穫。就是要測距離、取力道、定下心，便能有所成。《鬼谷子》的第七篇與第八篇，所談的就是揣情摩意，前者言：「揣情者，必以其甚喜之時，往而極其欲也」；而後者言：「摩之以其類，焉有不相應者；乃摩之以其欲，焉有不聽者」。要在如同人陷於大海之中，兩方都不懂水性般，被救與救人者都很慌張。起初救人者因慌張，將救生圈丟入水中，就是拋不中；而待救者，更是擔心恐懼，快失去生命而百般掙扎，所以無濟於事。鬼谷子提醒救人者與被救者，要先自我訓練。

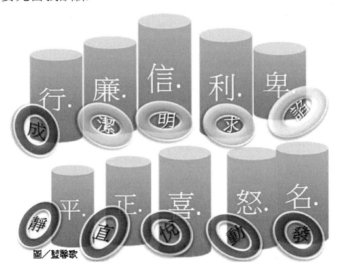

圖十二、「夫事成必合於數，道數與時相偶者也。」〈摩意第八〉

鬼谷子的揣摩術，當然不是來救別人的，而是救自己。因爲你要完成任務，大多數是在極端少的時間之下，不可能上級長官會給你無限量的時間。一、揣情階段：所以必須把你手上的救生圈，將它視同套獎品（套話、套取情報）的小圈圈也可。當想拋出去（表態）之前，得先觀察一下那個獎品的大小、材質、屬性；如同你要遊說的對象的喜好、品味、個性，其心態動靜與否？在什麼時候（時機）與場合之下最洽當？該選用你手上的哪一個圈圈（說話術、技巧方式）。謹愼又專門的鬼谷子要我們再進一步做檢測，雖都已經揣合測試過，還得於正式接觸到對方，（或已買了圈圈要玩了）再作摩意順情的功夫。二、摩意階段：準備要丟出去的同時，得先需想清楚先說出其他

相關的話，但尚未直接是真正核心話題（說話內容、主題道理）；看他反應如何（有否覺得合情合理），是否真的是你所要執行目的的目標人物，一切是否都如你所判斷掌握之中（對象類別）。所謂「情合者聽。故物歸類；抱薪趨火，燥者先燃；平地注水，濕者先濡；此物類相應，於勢譬是也」。

　　遇上容易高興的人（喜者之人），就選擇合適的救生圈（欣悅之語）令人愉悅的方式與內容，使對方歡欣，感到快樂，對你就會無戒心了！願意跟你將談做朋友了，你這就才算是真正的套住他了，即鬼谷子所謂的「喜者，悅也」。易怒（怒者之人），用（激動之語），使他發飆壞事，所謂的「怒者、動也」。平日一向很廉潔（廉者之人），就用更乾淨、更貞節的話（貞潔之語）誘惑他圈住他；所謂「廉者、潔也」。行動派的人（行者之人），很想要做事，就成就他、鼓勵他（成就之語），使他可以依你的意思做事；所謂的「行者、成也」。也就都不是難事了！

五、鬼谷子角色扮演理論

　　要扮演好很會摩意又能成功的角色，鬼谷子指導說：「摩者，有以平，有以正；有以喜，有以怒；有以名，有以行；有以廉，有以信；有以利，有以卑。」以上有五組共十個不同的救生圈之工具，所謂：平正，喜怒，名行，廉信，利卑；以上既是工具，也是對象。「平者，靜也。正者，直也。喜者，悅也。怒者，動也。名者，發也。行者，成也。廉者，潔也。信者，期也。利者，求也。卑者，諂也。」如此加起來，總共有至少廿種，所謂：平靜，正直，喜悅，怒動，名發，行成，廉潔，信期，利求，卑諂。靜平，直正，悅喜，動怒，發名，成行，潔廉，期信，求利，諂卑。前一組與後一組，看是相同，完全都是類之科學管理的分別與歸納而已，所謂「摩之以其類，焉有不相應者；乃摩之以其欲，焉有不聽者。」所以雖然只是名稱顛倒而已，但是卻存在有很大的不同。因為鬼谷子故意埋藏置放玄機，他有另一個理論，亦即現代流行的「角色扮演」。有角色存在，也就是有一組被觀察者，當然存在有另一組被觀察者；兩者本身，都可以交叉互換與互動，彼此相互影響。因此，必須將其也跟著顛倒來用！

　　這就是「角色扮演」的不同，你既會是救人者，也會是被救者，而工具就是鬼谷子救生圈理論。人有時是「實」，有時是「虛」；對方處於實時，你則是虛；對方是虛時，你則是實。工具也一樣，有時是「實」，有時是「虛」；

當自己需要時，它就是實；當自己不需要別人需要時，它就是虛。當他變成實的時候，他就是處在陽之一面；而你變成陰，便將會處在暗處；他是被救者，而你是救人者。反之，亦同。所以工具是虛的時候，你就是救助者，你擔任救人的工作，作救人的事，工具對你來說就是虛，因為你有選擇性與權力，你如何選擇救人工具，平時就必須受過周全的訓練。而工具成了唯一的「實」之後，你就成了「陽」（曝光了）的人，失去隱藏的機會，陷入危險中的人，也就是成了被動者，可能整個角色進入完全模糊的態勢，成為一位被操弄者，乃至於受害者。所以「隱匿」，也是鬼谷子對於一位，必須時常執行角色扮演的人，提醒、告誡與必修之課，也要好好自我訓練。

　　角色扮演的演出，並非只有你與對方兩個人在互動，因為以上提到有一組觀察者，也有另一組被觀察者；當時機不同，目的不同之時，可能角色必須依時依需要改變，方法與對象便全然不同，但是其原理原則卻不會改變。所以鬼谷子又說了：「故聖人所以獨用者，眾人皆有之；然無成功者，其用之非也。」又，要使用以上之救生圈理論與角色扮演，就牽涉到計謀與遊說，雖然「謀莫難於周密，說莫難於悉聽，事莫難於必成」：此三者，事實都艱難重重，但如能經過考慮周詳，謀劃也確實周詳，目標事件也終將有成功之希望與可能，但鬼谷子還是大加撥冷水的說：「唯聖人然後能任之。故謀必欲周密，必擇其所與通者說也。」

　　聖人必須懂得角色之分野，也要做各種「角色扮演」的身分，才能把事情做好。首先是一位「捭闔者」（才能了解「道之大化，說之變也。必豫審其變化，吉凶大命繫焉」）（〈捭闔第一〉）；也是一位「大化者」，（才能有「乃與無形俱生。反以觀往，覆以驗來；反以知古，覆以知今；反以知彼，覆以知此。動靜虛實之理不合於今，反古而求之」之能力）；更是一位「善反聽者」，（才能知「乃變鬼神以得其情」才不被臣下欺騙）（〈反應第二〉）；也是位懂得內揵術的人「內者，進說辭也；揵者，揵所謀也。欲說者務隱度，計事者務循順」才能是位會說會做的人（〈內揵第三〉）；還要扮演一位看清問題未發之前的徵兆「巇始有朕，可抵而塞，可抵而卻，可抵而息，可抵而匿，可抵而得」（〈抵巇第四〉），並且提前防範之；還要會將自己變成一位飛箝的人，以便「可箝而縱，可箝而橫」，以控制管理意見相左的人「飛以迎之、隨之，以箝和之，以意宣之」，把對方「可引而東，可引而西，可引而南，可引而北；可引而反，可引而覆」，但不會失去分寸，害死對方「雖覆能復，不失其度。」

（〈飛箝第五〉）。因為聖人從來就是替天行道的天使「聖人者，天地之使也」（〈抵巇第四〉），絕不會是為非作歹的壞人「能因能循，為天地守神。」（同上）

　　以上，可以看出鬼谷子，對於聖人之定義是高標準的。要當一位二千多年前的領導者已不簡單了，不管智慧知識、人格情操、說話與辦事能力、溝通協調、危機處理……等等，都是頂尖好手，鬼谷子如果不夠厲害，那他的書《鬼谷子》之思想，哪能到現在，還能繼續受到歡迎？更多的有關《鬼谷子》思想著作的引喻與註解、解釋與應用……等各式著作、編著和論文之書籍出版，與電影、戲曲、電視劇等創作之出現，齣齣本本語語篇篇，均受到讀者與觀眾相當程度的歡迎與喜愛呢？何況今日世界的政經社會，人心與慾望更加的複雜多樣，以及知識爆炸的資訊時代，還有教育水平不可同日語的百姓智慧，以及爾虞我詐的經貿活動，和鬥得你死我活政治權力鬥爭。假如鬼谷子沒有兩下子，怎麼可以如此風行。但基本上鬼谷子，當初所要求的一位領導者的條件，也就是今日所講的洞察力、分析力、執行力、創造力、說服力……等等綜合能力，除應該具備的高標智商之外，就是必須擁有超高的情緒智商，更是不能或缺，不論是古今中外完全一樣的，而且是正派與正向能量的學習對象。所以古人與今人所共同期待的聖人，都是超高標準，真乃是最最難得的。在東西文明的歷史與文化和宗教裏面，聖人受到非常熱烈的需求與盼望，無不希望神聖的救世主，能早日降世與住世，一掃亂世之困窘、憂慮災難與不平。鬼谷子又說：「聖人居天地之間，立身、御世、施教、揚聲、明名也」（〈忤合第六〉）就是一位標準的領導楷模、也是萬民的模範、百姓的保母，最佳的寫照！

　　可見鬼谷子對於聖人期許之高，以及事實上並非是贊成人人皆可以成為優良與可信賴的遊說者，實在只有聖人才夠格行使遊說計謀。但是他從來不忘期許聖人之出現，因為他不同於其他學派，只說出一半的聖人之人格特質；鬼谷子將另一部分，大家所沒說出來的做人作事的方法與技巧，在《鬼谷子》這部書上，全毫無保留的都說了。所以，他不同於孟子說五百年才有一聖人誕生「五百年必有王者興，其間必有名世者」（〈公孫丑下〉）。而是巴不得馬上能夠出現，一組擁有人數眾多的聖人團，因此他於字裏行間，殷殷企盼更多人來學習聖之道，接受他的教化，因為聖人有能力「守司門戶」（保家衛國、愛民化民）。鬼谷子說聖人之情操是：「為眾生之先，知存亡之門戶，籌策萬

類之終始，達人心之理」；聖人之智慧是「必豫審其變化，吉凶大命繫焉」，「見變化之朕焉。」；聖人之敏捷敏感，能「審察其所先後」；聖人懂得權變「度權量能，校其伎巧短長」，「權衡輕重，乃爲之度數」；聖人之超越二元對立的辯證法「審定有無，與其實虛」邏輯；聖人懂人生慾望，可以激勵意志力「隨其嗜欲以見其志意」；聖人懂得變化，也能利用變化「變動陰陽」，「以陰陽御其事」；聖人口才特別的好「無所不出，無所不入，無所不可。可以說人，可以說家，可以說國，可以說天下。」（〈捭闔第一〉）。孟子亦言：「聖人之於民，亦類也。出於其類，拔乎其萃」（〈公孫丑上〉）。

六、本節結語

　　《鬼谷子》看起來，好像都只是講究「遊說計謀」法勢術，但深刻嚴肅的政治如作戰之道，卻是「不費鬥糧，未煩一兵，未張一士，未絕一弦，未折一矢」（《戰國策、秦策》〈蘇秦始將連橫〉）；既有經濟考量，又不罔顧百姓性命，存在有深厚的人道主義之內涵隱藏於其中。表面上「遊說」只是手段的延伸，講「權謀」只是內政君臣的內鬥。但《鬼谷子》的用途，卻有更宏大的表現，鬼谷子的「遊說」卻帶出了說辭文章的心理內涵，然而「計謀」則處理蘊含有更高層次保國衛民的政略、戰略與「謀略」。「說辭文章」傳承有國人向上提升與文化內涵等，也是全民「心靈與意志力」的刀鋒，政略、戰略更是充滿著有國家人民的寄望。心靈意志是領袖與百官與百姓的生活反應，國家人民之寄望於平時政治的清明與戰爭的免除。百姓平日因習於百工技藝，而處於安居樂業；聖賢菁英士卒得享奉祿，授予擔當保國衛民之權。國家的主人百姓充分授權，朝廷公僕自當殫精絕慮。君王領袖得用心監督各級官員，爲政治民也宜放亮眼睛勤於國事。監督官吏用人得有妙法，治理國政當有政策、政略與計畫依據，興兵打戰難脫戰略、兵略、謀略等軍政大計。

　　以上這些需要操心的人事、政事諸如此類的項目，也就是治政之道，政治之手腕；我們可以在《鬼谷子》書上看得到，千百年來道心、人心，絲毫未變。所以，面對政治的現實、權力的鬥爭，外來民族與不同國家的侵略與野心，千年來卻始終沒有停止過，未來也不可能消失不見。所以，絕不能有絲毫片刻，對於任何威脅與挑戰，可以天眞的興起防禦與放鬆的閒工夫與念頭。政治理想的期待，世界和平的實現，如「禮運大同篇」一般的理念與堅持；但是絕不可以過於樂觀，一兵一卒、一彈一槍，都絕不可放棄，否則春

秋、戰國的局面，也可能隨之而從新降臨。這正是《鬼谷子》遊說與計謀，所留下來最廉價的政治作戰的無形軍事作戰利器，此等無上的智慧與教誨，我等與後代子孫，永永遠遠都絕不可須臾遺忘！因爲假如有天，地球人類的各民族都願意與遵守著和平諾言了。但是，有可能會遭遇到外星球智慧生命的侵略。因爲宇宙之大，任何可能都會是超出人類的想像。所以《鬼谷子》以「已知」知「未知」的心智結晶，必須永遠的流傳！不可因統治者一時爲思政治管理之方便，而採用一成不變的標準化，不容異常、異議，異類，如是又會使得優秀的《鬼谷子》縱橫家思想行爲、智慧、自由的特質，消失殆盡！

第三節　鬼谷子論社會久安長治之道

　　以上兩節，分別談到鬼谷子的政治與軍事思想主張，雖屬於較生硬的國家政治問題，但也發現鬼谷思想以社會學[27]的觀點來研究，有著豐富的社會理論與對社會學理論的影響，有重大啓發意念於其中。有關此項目，在許富宏的《鬼谷子研究》〈心理學與社會學思想〉一章中談論不少，頗富新意。唯本節論「社會久安長治之道」[28]，有異曲同功之趣。蓋社會成員乃是綜合每一位

---

[27] 社會學（Sociology）起源於 19 世紀末期，是一門研究社會的學科。社會學使用各種研究方法進行實證調查和批判分析，以發展及完善一套有關人類社會結構及活動的知識體系，並會以運用這些知識去尋求或改善社會福利爲目標。社會學的研究範圍廣泛，包括了由微觀層級的社會行動（agency）或人際互動，至宏觀層級的社會系統或結構，因此社會學通常跟經濟學、政治學、人類學、心理學等學科並列於社會科學領域之下。社會學在研究題材上或研究法則上均有相當的廣泛性，其傳統研究對象包括了「社會分層、社會階級、社會流動、社會宗教、社會法律、越軌行爲」等，而採取的模式則包括質化和量化的研究方法。由於人類活動的所有領域都是由社會結構、個體機構的影響下塑造而成，所以隨著社會發展，社會學進一步擴大其研究重點至其他相關科目，例如醫療、軍事或刑事制度、網際網路等，甚至是例如科學知識發展在社會活動中的作用一類的課題。

[28] 語出 東漢、賈誼《治安策》：「建久安之勢，成長治之業……眾建諸侯而少其力」（〈陳政事疏〉）。又〈論積貯疏〉提及「背本趨末」及「淫侈之風，日日以長」社會敗壞的現象，建議文帝實行「重農抑商」政策，積極發展農業，以「積貯者，天下之大命……以攻則取，以守則固，以戰則勝……則畜積足而人樂其所矣。可以爲富安天下。」強化貯備糧食預防饑荒，景帝時晁錯提出「削藩」政策，亦是持續賈誼主張，他還建議禁止私人鑄錢、由中央統一鑄錢的主張漢武帝也實行了。之後對匈奴的戰爭，拋棄了賈誼引爲恥辱的和親政策。以上都是賈誼對西漢的「長治久安」作出偉大的貢獻。賈誼居安思危卻能達到安百姓治天下，唯一時能鞏固統治者目的，但長期輕忽經濟發展卻是國家民族不幸，這是強調大一統思維的後遺症。「畢阮：《續資治通鑑》卷二（宋太祖、趙匡胤曰）：「自唐季以來數十年，帝王凡易八姓，戰鬥不息，生民塗地，其故何也？吾欲息天下兵，爲國家計長久，其道何如？」（趙）普回答：「陛下言及此，天地人神福也。此非他故，方鎮太重，君弱臣強而已。今欲治之，惟稍奪其權，制其錢糧，收其精兵，則天下自安矣。」又《東周列國志》〈第一百零八回〉：「李

個人，而每一位個人，又必須生活於這個社會大團體之中，因此人之心理與社會之現象，既為互動之關係，又互為因果之關係。鬼谷子對於人之心理著墨甚深，因此對於社會變遷、進步與成長，以及國家之內政、外交之險要事務，如何進行長時間地預防、整治、治理、處理？如何才能永久地安定，唯有在耐心與毅力和智慧之下，用心眼看清真相，才能不會陷入西方已然僵化，全然以個人為中心思考，片面的自由、民主、人權與的意識形態價值觀，而偏離了人心與天理的正道與常道，致使整個社會國家動盪不安。於此，吾人才會發現《鬼谷子》，那種秉持著「推天道以明人事」，頗有豐富的內容可加發掘，全面又客觀以整體的宏觀細微思想，正可以藉由現代化的動力，發揚我國古聖先賢，充滿著利人利己的王道政治思想的啟示。

鬼谷子說：「天下紛錯，上無明主，公侯無道德，則小人讒賊、賢人不用、聖人竄匿，貪利詐偽者作；君臣相惑，土崩瓦解而相伐射，父子離散，乖亂反目」〈抵巇第四〉。表明出他所處的時期，正是「君不君、臣不臣，此天下所以傾也」，類似於《春秋穀梁傳》的年代。國家組織由統一變成四分五裂，政治由封建變成各邦國之霸權，貴族淪落為平民，士族求生頓生困難。又因為戰爭頻繁死傷慘重，社會人口大量流動，社會階級對立，社會行為嚴重脫序，充滿著殺戮、動盪不安，國家變革律制多變。然而，社會與個人的成長機會，相反的卻呈現生機蓬勃與挑戰競爭的現象。這也就是《鬼谷子》講究個人自由發展之於社會，存有一番大貢獻的價值之所在。

當是時，天下戰爭依然不斷、生靈依舊塗炭，春秋五霸、戰國七雄各國人人自危。雖有諸子百家競逐，救國濟民思想風起雲湧之時代，國家社會之安定，卻並未稍加起色。鬼谷子為思改革，乃必須大破大立，遂提出「趨合倍反」之忤合理論，使少數菁英，改變其傳統思想的封建愚忠觀念，所謂「成於事而合於計謀，與之為主。合於彼而離於此，計謀不兩忠，必有反忤；反於是、忤於彼，忤於此、反於彼」（〈忤合第六〉），以作為進行改造社會之先驅。以合乎我國獨特的傳世政治主張，所謂「行大道，民為本，利天下」[29]長

斯議曰：周封國數百，同姓為多，其後子孫，自相爭殺無已。今陛下混一海內，皆為郡縣，雖有功臣，厚其祿俸，無尺土一民之擅，絕兵革之原，豈非久安長治之術哉！」清乾隆蔡元放，對明末小說家馮夢龍，對明代中期嘉靖、隆慶年間餘劭魚編寫《列國志傳》，所改編的《新列國志》的再次修改。

[29] 語出人民網刊載中共中央政治局常委、國務院總理李克強，於 3 月 17 日在中外記者見面會上發言：「行大道，民為本，利天下。我堅信，做人要正、辦事要公，才能利國利民。」下句「談改革『再深的水，我們也得蹚』；談經濟『要用勇氣和智慧，打造中國經濟的升級版』；

治久安的「王道」思想。

　　鬼谷子看到時代是混亂不堪的，要想救援全部的個人是力不從心，也是絕對不可能的事。唯有盡可能的讓少數有潛能的人，首先堅強的站立起來，（就像當代中國的總設計師鄧小平所言，先讓少數的人富有起來之一般）再去影響掌握邦國實權之諸侯，才能進而改變社會上每一位人民的命運。但是憑什麼去改變，只有最簡便的方法，就是善用人人都具備的智慧，鬼谷子想到只要去改變人之心態，就可以有效成功的做好與實現這個理想。古代沒有報紙、雜誌、廣播、電視、電腦、手機等大眾傳播媒體與網路，有的只是依靠眾人之一張嘴巴。所以，鬼谷子發現「口者，心之門户；心者，神之主也」（〈捭闔第一〉），「志意、喜欲、思慮、智謀，此皆由門户出入」；只要讓人訓練妥當，便可能可以改變成功。「由此言之，無所不入，無所不出，無所不可」，沒有不能進入的地方，或打破階級限制的藩籬，任何不同的人際關係，也都可以溝通、連接無礙，如此就全然沒有任何艱難的事不能辦好，也就能邁向成功之路。

　　所以鬼谷子認爲如此人人都能有所發展，因爲人與人都能透過瞭解「無以人之所不欲，而強之於人；無以人之所不知，而教之於人」，而減少心中之隔閡「人之有好也，學而順之；人之有惡也，避而諱之」，人際間的親疏也懂得去改變了「其身內，其言外者，疏；其身外，其言深者，危」（〈謀篇第十〉）；如此人與人的關係，都因爲透過瞭解，而關係改善，且勇於實現自己的理想，如此不也可以讓社會合諧起來。其理論有些如楊、朱之「利己」，墨子之「利人」，所謂「愛人利人者，天必福之……天欲人相愛相利，而不欲人相惡相賊也」（《墨子》卷一〈法儀〉）。如此，全部社會之所有成員，人人都有能力「利己利人」，全國人民也都能隨之堅強富有起來，對外也一視同仁，則整個天下便能夠長治久安。孔子之長治久安，則是以統治者之立場而出發與法家同。就此階級觀念而言，鬼谷子則是介於楊朱與孔子之間，而墨子則是站在平民之一方。

　　而其長治久安的內涵，於儒家是仁義忠恕孝……等倫理之下，忠君愛國

談廉政『要給權力塗上反腐劑，戴上「緊箍咒」』（爲「2013 年 3 月 29 日，在上海召開部分省市經濟形勢座談會時，與大家深入討論。）以上的談話充分展現出，現時代的中國，處於不同之歷史階段，亦即不同的國際（天下）局勢之下，一位有智謀的國家領導者，面對內政、外交等困境，本著我國千百年來「以民爲本」的正確施政原則，表達出勇於擔當的理念和情懷。

所建構成為封建思想的「禮治」；於道家則是從尚天道自然，無欲無為理想主義的「道治」；於墨家則是「兼愛、非攻」[30]，人人皆相互尊重、相互疼愛，無分別之宗教思想的「愛治」；於楊朱則是「為我、貴己」之自私自利與人人當自強，個人主義的「己治」，行不「縱欲、侵物」自己治理自己；於法家則是君王之「法、勢、術」，所有權力於一身集權主義的「君治」，行聖人「利、威、名」[31]並用；於鬼谷子則是智謀與遊說溝通，積極有為「非勞心苦思，不能原事；不悉心見情，不能成名」之實用主義的「人治」，一種重視「非至聖達奧，不能禦世」（〈忤合第五〉），與強調所有菁英相互競爭的治理模式。

　　以上，各家雖各自形成理論模式，但事實上卻從未單獨實現過，因為治權與政權絕不可能紙上談兵，實際運作起來過於複雜，不管一黨專制、中央極權、個人獨裁、君主立憲、代議民主、民主自由、民族共和、合眾聯盟……等政體、政治之各種方式，每每都有其弊病之所在，超出古往今來中西方所有思想家、宗教家、政治家等人所認為的固定模式。綜觀人類歷史發展之中，世事艱辛、人性需求始終無法一成不變，無法滿足、難以預料，也就當然超出所有世人之想像。因為沒有一種僵化的制度可以全然最好，所以很難甚至於根本無法長治久安。紛紛擾擾總是離不開人世間，它如影相隨，鬼谷子明白這點道理「達人心之理，見變化之朕焉」。

　　鬼谷子也思考到，如要達到楊朱主張：「古之人，損一毫利天下，不與也；悉天下奉一身，不取也。人人不損一毫，人人不利天下，天下治矣」（《列子》〈楊朱〉）。所謂「人人為己」之境界，雖也可能使得每個人自我實現，但是欲單獨以實現「己治」，而至天下太平，是萬不可能的事，因為缺乏分工合作。就如同農家，許行主張：「賢者與民並耕而食，饔飧而治」君主也必須下田工

---

30 《墨子》〈兼愛上〉：「若使天下兼相愛，國與國不相攻，家與家不相亂，盜賊無有，君臣父子皆能孝慈，若此則天下治。故聖人以治天下為事者，惡得不禁惡而勸愛？故天下兼相愛則治，交相惡則亂。」故子墨子曰：「不可以不勸愛人者，此也。」〈兼愛上〉：「子墨子言曰：『仁人之所以為事者，必興天下之利，除去天下之害，以此為事者也。』然則天下之利何也？天下之害何也？子墨子言曰：『今若國之與國之相攻，家之與家之相篡，人之與人之相賊，君臣不惠忠，父子不慈孝，兄弟不和調，此則天下之害也。』」〈非攻下〉：「今欲為仁義，求為上士，尚欲中聖王之道，下欲中國家百姓之利，故當若非攻之為說，而將不可不察此也。」〈魯問〉：「國家務奪侵凌，即語之兼愛、非攻，故曰擇務而從事焉。」

31 《韓非子》〈詭使〉：「聖人之所以為治道者三：一曰利，二曰威，三曰名。夫利者所以得民也，威者所以行令也，名者上下之所同道也。非此三者，雖有不急矣。今利非無有也而民不化，上威非不存也而下不聽從，官非無法也而治不當名。三者非不存也，而世一治一亂者何也？夫上之所貴與其所以為治相反也。」

作，及「市賈不二」[32]，而遺忘了事業有專攻與工作效率與品質價值之問題。於是時，明察世局、通曉事理、洞悉人性、知人善任的鬼谷子，爲了結束亂世，一方面想透過天理常道以營救世人，二方面又要成就所有個人可能之想望；雖透過言辭說話、意志溝通之營造，在充分競爭之可能下，一來可以讓人與人關係先好起來，二來大家處在機會平等之下，便能自由發揮才能、辦好事、賺好錢，各憑所需、安居樂業；如此社會看似和諧，但並不代表這個社會能夠走向健康與完善。所以認爲在管理上必須有配套措施。因爲只要有人就有組織，便會有許多不同之機構，就有管理者與被管理者，有領導、有主管、有部屬之用人、做事等，是非管理之問題產生，所謂「夫仁人輕貨，不可誘以利，可使出費；勇士輕難，不可懼以患，可使據危；智者達於數、明於理，不可欺以不誠，可示以道理，可使立功：是三才也。故愚者易蔽也，不肖者易懼也，貪者易誘也，是謂因事而裁之」（〈謀篇第十〉）；與組織管理上之問題「人主不周，則群臣生亂」（〈符言第十二〉）。還有做對的事情，鐵定要完成，但過程必須有效率且不存在風險，還要有危機意識。（此涉及企業管理之課題，將之轉於〈第五章之第三節、鬼谷子的謀略藝術對當今企業管理之貢獻〉再完整的加以論述）。

鬼谷子提到：由個人的意志訓練，與口才訓練，和對人心理之瞭解，再加上勇於和別人建立與改善良好人際關係，透過遊說與言談爭取工作機會：「擇事而爲之，所以自爲也。見不可，擇事而爲之，所以爲人也」（〈謀篇第十〉）；還能夠主動的選擇老闆：「成於事而合於計謀，與之爲主」。做事難免會有問題，所以鬼谷子也推行要有智慧的計畫與思考，又因爲眾人競爭總會發生衝突爭鬥，所以必須要有謀略：「成於事而合於計謀」（〈忤合第六〉）；聖人成事謀人之謀略，區分兩大類一爲陰謀、一爲陽謀：「聖人謀之於陰，故曰

---

[32] 許行（372～289 BC），戰國時期著名農學家、思想家。楚國（都城江陵紀南城，後遷安徽壽縣西南）人，生於楚宣王至楚懷王時期。依託遠古神農氏「教民農耕」之言，主張「種粟而後食」、「賢者與民並耕而食，饔飧而治」；許行帶領門徒數十人，穿粗麻短衣，在江漢間打草織席爲生。滕文西元年（332 BC），率門徒自楚抵滕國。滕文公根據許行的要求，劃定了一塊可以耕種的土地給他，經營甚有成效。大儒家陳良之徒陳相及弟弟陳辛帶著農具從宋國來到滕國，拜許行爲師，摒棄了儒學觀點，成爲農家學派的忠實信徒。孟軻游滕，遇到陳相，於是展開了一場歷史上有名的「農儒論」《孟子·滕文公上》：「從許子之道，則市賈不貳，國中無僞；雖使五尺之童適市，莫之或欺。布帛長短同，則賈相若；麻縷絲絮輕重同，則賈相若；五穀多寡同，則賈相若；屨大小同，則賈相若。」曰：「夫物之不齊，物之情也。或相倍蓰，或相什伯，或相千萬。子比而同之，是亂天下也。巨屨小屨同賈，人豈爲之哉？從許子之道，相率而爲僞者也，惡能治國家！」

神；成之於陽，故曰明」（〈摩篇第八〉）；如此便能：「因化說事，通達計謀，以識細微」（〈抵巇第四〉）。

鬼谷子的縱橫家人生觀，是積極上進的哲學，他激勵著所有的人，必須充份發展自我實現抱負。而以積極有為、堅定意志的努力工作「非勞心苦思，不能原事；不悉心見情，不能成名」（〈忤合第六〉），為老闆奉獻時間與心力，以爭取功名利祿改善生活環境，但有高薪挖角或更好的工作機會，（張儀曾兩次為秦相，前後共 11 年，亦曾兩次為魏國國相，第一次四年，第二次僅一年餘即卒于任上。公孫衍則於商鞅死後，於西元前 333 年被秦惠王任命為大良造。西元前 319 年主張合縱，被任命為魏國宰相。後又擔了兩任的韓國宰相）或老闆的事業不行了，也就會欣然離職它就而去。這在當今這個以商業競爭，取代國土爭奪的國際貿易時代，「擇主而事」的情況每天都在上演之中，不足為奇！「古之善背向者，乃協四海，包諸侯忤合之地而化轉之，然後以之求合。故伊尹五就湯，五就桀，而不能有所明，然後合於湯。呂尚三就文王，三入殷，而不能有所明，然後合於文王。此知天命之箝，故歸之不疑也」（〈忤合第六〉）。

所以說當時鬼谷子之前衛主張，及縱橫家的勠力實踐，對今天來說，反而只是一件相當稀鬆平常，又健康的社會之商場、職場現象。但鬼谷子所強調的「於彼而離於此，計謀不兩忠，必有反忤」（〈忤合第六〉），卻被當時與後來，維護封建時代舊思想的遺臣與保守份子，視為洪水猛獸之反動思想。經過所有成員之競爭，且在多元價值之發展下，大家共同發揮才能、貢獻所能，因為個人有所發展了、社會也才會有所發展與繁榮，人類文明才能不斷進步，也不會向後倒退。

以上依據《鬼谷子》的「說辭學」與「謀略學」，所推演出來的社會互動與競合之原理，從「知己、知彼、知類」之心理原則，到因勢利導之原則「必以其甚喜之時，往而極其欲也；其有欲也，不能隱其情。必以其甚懼之時，往而極其惡也」，與人交往，常站在對方之喜好與立場上，順勢而為，才能「無不有利害，可以生事美。生事者，幾之勢也」（〈揣篇第七〉）；才能因相互間瞭解之增進，而改善雙方誤會時，所發生的摩擦與不幸。社會不僅有人與人的競爭，也會因為親疏之原則，在共同目的之下，而產生合作分享利益；相反的，也會因彼此利害糾纏之矛盾，而出現鬥爭。如此開放與包容，才會讓社會利害關係顯露，各式衝突也不會積累變大，而漸次的消弭。

　　以上這些觀念原則，是出自於鬼谷子站在比較公正、客觀、理性的立場上看待，並處理社會矛盾；並非是如法家所主張的，站在最高統治者的思維與立場上，來解讀並處理社會矛盾；所以民間之衝突，於鬼谷子的智慧裡總容許依情、理、法之各式管道疏解，糾紛並不予嚴重且高度擴大，動不動就危及什麼江山社稷，甚至於破壞善良風俗、倫理道德等危言聳聽之批判。鬼谷子主張積極進取與有為、總能通達事理人心，為別人設想的可能之大多數的個人，與包容異同與多元價值為主流意識的社會團體活動，如此就是鬼谷子二千多年前對於社會永續發展，之所以是否能夠「長治久安」[33]？所提出來十分完整的人事理論之精華。

　　《鬼谷子》其實基礎上對於個人來說，它徹底是一部教人－「為人處事」的經典；但對於聖人「治國理政」來說，更是一部「為政治國」的寶典。尤其在當今各式價值關係相當複雜的世紀，如何與各界人士及各團體接觸談判，例如不同政黨、不同宗教、不同的基金會、智庫、工會、職業……等等利益團體；或層次更高階大到，諸如不同文化與不同文明的社會、民族、國家、聯盟、聯邦……，乃至於溝通更困難的示威群眾、恐怖組織……等等，且相互間稍微不適，則紛爭越來越多，還可能玉石俱焚。所以應用《鬼谷子》「無限溝通」雛型理論，所演繹而出的聯繫、尊重、和睦，協調、協商，妥協、談判、議和，合作、認同、磨合、利用、發展，反制、（今日世界已不同了，必須包容性大，所以過去的鬥爭、對立、征戰、消滅……在國家法律，以及憲法，乃至於聯合國憲章之下，都要遵守）……等等，便彌足珍貴了！

　　以上，這過程幾乎等同於西方長期社會政治之變革[34]，好不容易發展出

---

[33] 中華民國、馬英九總統，於台灣首屆唐獎的頒獎典禮 2014 年 9 月 18 日國父紀念館上致詞言：「數罟不入洿池，魚鱉不可勝食也」（《孟子》〈梁惠王上〉），比喻中華民族老祖宗早就有永續發展的概念。首屆唐獎的四大獎項象徵著「長治久安」，亦即永續發展獎是「長」、法治獎是「治」、漢學獎代表「久」、生技醫療獎代表「安」。

[34] 參閱《蕭公權先生全集》之四《中國政治思想史》〈緒論〉，頁 11。「二千年政治思想之蘊釀衝擊不能產生近代國家之觀念，此歷史環境之所限，不足以為前賢病。亦猶歐洲古代思想家之注目於市府，中世之醉心於帝國，必至近代，然後有民族國家之理論也。歐洲近代國家之發展與長成，先於中國者數百年。……經辛丑、庚辛、甲午、庚子諸役喪師辱國，然後朝野人士始漸覺專制天下之舊制度舊思想不足以圖存。於是效法西人，維新變法之議大起。歐美近代國家觀念乃傳入中國，與傳統思想互相爭鬥，局部調和。離陸璀璨，蔚為大觀。先之以戊戌維新，繼之以辛亥革命。至　孫中山集全域之大成，而吾國政治思想之第三期於是正是開始。」

來的現代化社會生活型態與權力競逐之結晶，吾人深感驚嘆！雖鬼谷本質思想裡的「聖人治世」制度（雷同柏拉圖「哲學家皇帝」），及「王道精神」未竟全功。但以上，鬼谷子所傳承諸子百家之各式學說理論與實際經驗參考，在我國歷史文化上雖算是曇花一現，影響也極其有限，但是實質良策終究曾經出現過，並未過時，畢竟算是身為炎黃子孫的一點點的榮耀。總之，鬼谷子教我們由內而外的「遊說計謀」，之於社會實行「無限溝通」學說；於今日之民主法治時代來說，可說還真是妙用無窮。雖然當今世界社會演變與進化超快速，而想將人心與快速變化，習以為常意見相左的群眾、人民、社會與利益、政治、叛亂……等團體，如何盡可能經積極溝通、努力協調，將雙方利益與主張統一起來，將其分化、收編，以方便能集「協商、監督、參與、合作」[35]於一體，而行使「長治久安」治國之效？將我先聖先賢的未盡之志，如何能夠加以傳承，「以進大同」而發揚光大，實在是當今中華兒女之主要課題！

---

[35] 語見「集協商、監督、參與、合作於一體，是社會主義協商民主的重要管道。人民政協要發揮作為專門協商機構的作用，把協商民主貫穿履行職能全過程，推進政治協商、民主監督、參政議政制度建設，不斷提高人民政協協商民主制度化、規範化、程式化水準，更好協調關係、彙聚力量、建言獻策、服務大局。要拓展協商內容、豐富協商形式，建立健全協商議題提出、活動組織、成果採納落實和回饋機制，更加靈活、更為經常開展專題協商、對口協商、界別協商、提案辦理協商，探索網路議政、遠端協商等新形式，提高協商實效，努力營造既暢所欲言、各抒己見，又理性有度、合法依章的良好協商氛圍。第四，堅持廣泛凝聚實現中華民族偉大復興的正能量。……政治協商制度，完善工作機制，搭建更多平臺，為民主黨派和無黨派人士在政協更好發揮作用創造條件。要全面貫徹黨的民族政策和宗教政策，積極引導各族群眾增強對偉大祖國的認同、對中華民族的認同、對中華文化的認同、對中國特色社會主義道路的認同，充分發揮宗教界人士和信教群眾在推動經濟社會發展中的積極作用，促進民族團結、宗教和睦。」（習近平〈民主不是裝飾品 不是用來做擺設的〉慶祝中國人民政治協商會議成立 65 周年講話、2014 年 9 月 22 日、來源： 人民日報（北京））

第三章 《鬼谷子》論聖德與教育之主張

　　我們在上一章，已清楚論述完鬼谷子的政治主張，其所創建的「遊說計謀」之立論，在戰國時代對於那時與後來的中國，可說造成相當大之影響，與不同之結局。因其一股強而有力的風潮，各國國君無不廣納此方縱橫家之優秀人才，負責支持整頓國力；小者，予以協助保家衛國與富國強兵的重責大任；大者，重甲循兵、發動戰爭、消滅他國、擴張勢力。故韓非如是說了：「外事大可以王，小可以安。夫王者，能攻人者也；而安，則不可攻也。強，則能攻人者也；治，則不可攻也。」（《韓非子》〈五蠹〉）。在此世局下，合縱連橫所扮演的角色，有二種主要力道：其一、整合傳統各家道統思想；其二、統合當時之國際形勢下的外交、內政、軍政（國政）。其三，非直接、力道不那麼強，但還是有其影響力。是對於無農、工、商、兵技能的讀書人，有引領此士族階級，面向另一從政的道路，重新站起來的鼓舞力量。

　　以上三點之泉源，可說來源於鬼谷子的思想，與縱橫家從事政治外交活動，驗証出的實際理論之所及。本章所要討論的鬼谷子之「聖德觀」，基本上就是他統合了各家不同之道統思想；由於鬼谷子傳承了周代傳統之學術思維，「吉凶大命繫焉」；也有各家思想之主要元素，故其學說淵源廣泛（於前幾章多有所論述）；再加上隱含有時代意義、合乎人性與變通：「達人心之理，見變化之朕焉」，如此新穎「必豫審其變化」，既彈性之下：「皆見其權衡輕重，乃為之度數」，使得原本屬於行人（今之外交官稱謂）之特質，更能夠有所彰顯。在《鬼谷子》政治運作主張裡，我們還發現他不僅深切瞭解：「五帝之

政，……三王之事」（〈抵巇第四〉）；還傳承了周朝之大一統封建時代的聖人政治思想：「故聖人之在天下也，自古至今，其道一也」（〈捭闔第一〉）；也融合了東周天子國力衰退之後，《說苑》〈復恩〉：「君不君，臣不臣，父不父，子不子者也；此非一日之事也，有漸以至焉。」[1]，大小諸侯林立邦國分裂：「諸侯相抵，不可勝數」，你爭我奪：「則小人讒賊、……貪利詐偽者作」（〈抵巇第四〉），之強烈生存危機意識下：「夫韓、小國也，而以應天下四擊，主辱臣苦，上下相與同憂久矣。修守備，戒強敵，有蓄積、築城池以守固。」（《韓非子》〈存韓第二〉）。因國家版圖重建、連帶著國際勢力也遭重整，產生了劃時代的政治現實與社會現實之時代意義。故研究鬼谷子之思想，實有必要進一步將其「聖德觀」，與其「培育英才」之主張，作一交待。

　　在那個劃時代的政治現實之下，一些派別的政治主張，乃至於各國之執政思維，其實，許多是還停留在古老的三皇五帝時期，不僅君臣關係如是，連帶著治國理念亦不脫離封建制度。所以，在這個新時代裡，新舊思維的碰撞不斷」。例如：趙武靈王[2]欲革新圖強，推行的「胡服騎射」[3]。臣牛贊進言

---

[1] 《說苑》〈復恩〉：「楚人獻黿於鄭靈公，公子家見公子宋之食指動，謂公子家曰：「我如是必嘗異味。」及食大夫黿，召公子宋而不與：公子宋怒，染指於鼎，嘗之而出，公怒欲殺之。公子宋與公子家先遂殺靈公。」「子夏曰：「春秋者，記君不君，臣不臣，父不父，子不子者也；此非一日之事也，有漸以至焉。」又《論語》〈顏淵〉：「齊景公問政於孔子。孔子對曰：「君君，臣臣，父父，子子。」公曰：「善哉！信如君不君，臣不臣，父不父，子不子，雖有粟，吾得而食諸？」

[2] 趙武靈王（340～295BC），名雍，戰國時趙肅侯之子，趙國的第六代國君。西元前325至前299年在位，他革新圖強，實行胡服騎射，爲趙國開疆拓土，使趙由弱變強，在中國歷代帝王中，是一位頗有建樹的政治家、軍事家，他推行的「胡服騎射」在中國古代戰爭史上具有劃時代的意義。其修築長城、遷民北疆、開發邊地、設置郡縣等重大措施，促進了華夏與北方少數民族的大融合，被現代史學界譽爲中國歷史上最有影響的百名偉人之一。武靈王二十七年（298 BC）傳位給幼子何，即趙惠文王，自號「主父」，帶兵繼續開拓疆土，滅了中山國。惠文王四年（295 BC）主父與惠文王遊沙丘異宮（河北平鄉縣東北滏陽河東岸），公子章爭位作亂敗北。公子成、李兌圍主父宮，三月餘餓死在沙丘宮。漢高祖十一年（196 BC）在這裡築城設縣，因其墓塚，故名「靈丘」，以此紀念一代明君。

[3] 趙武靈王認爲要從根本上改變趙國被動挨打的局面，並除中山國這個「心腹之患」，靠中原傳統的步兵和戰車配合作戰的方式是不能成功的，因爲笨重的戰車只宜在較爲平坦的地方作戰，在複雜的地形中運轉十分不便；眾多的步卒也無力對付那賓士迅猛，機動靈活的騎兵。必須學習諸胡的長處，壯大自己，才能免於被動挨打。只有以騎兵對抗騎兵，足增強趙國軍事力量的唯一出路。同時，只有改中原地區的寬袖長袍爲矩農緊袖、皮帶束身、腳穿皮靴的胡服，才能適應騎戰的需要。由此可見，趙武靈王是一位雄才大略、氣魄宏大的軍事家和政治家。趙武靈王這個想法告訴了大臣樓緩，樓緩當即表示同意他的想法。而後，他又召來相國肥義，向他討教此事是否可行，肥義鼓勵他說：「凡事不能遲疑，首鼠兩端必然一事無成。相傳舜曾向有苗氏學習過舞樂，大禹治水經過裸國，也隨之裸身，因此改裝易服也不是不可能的事，只要利國利民，就應該堅定地去做。」肥義的話，堅定了趙武靈王的決心，他隨即

反對，肥義贊成：

　　《戰國策》：「王破原陽，以爲騎邑。牛贊進諫曰：「國有固籍，兵有常經，變籍則亂，失經則弱。」，「肥義曰：「臣聞之……昔舜舞有苗，而禹袒入裸國，非以養欲而樂志也，欲以論德而要功也。愚者暗於成事，智者見於未萌，王其遂行之。」王曰：「寡人非疑胡服也，吾恐天下笑之。……雖驅世以笑我，胡地中山吾必有之。」[4]

　　「王曰：『古今異利，遠近易用。陰陽不同道，四時不一宜。……仁義道德，不可以來朝。吾聞信不棄功，知不遺時，今子以官府之籍，亂寡人之事，非子所知。』」[5]牛贊被重重的訓了一頓，「再拜稽首曰：「臣敢不聽令乎？」至遂胡服，率騎入胡，……辟地千里」。

　　於此世局之下，站在弱國角度上，被強國侵略無力抵抗，國家江山領土被併吞、軍隊武力完全被消滅、國君貴族被征服、國廟家廟被破壞《韓非子》言：「夫趙氏聚士卒，養從徒，欲贊天下之兵，明秦不弱，則諸侯必滅宗廟，」（〈存韓〉）；「吾恐此將令其宗廟不祓除，而社稷不血食也」（〈十過〉）；妻離子散、國破家亡，《春秋繁露》言：「小國德薄，不朝聘大國，不與諸侯會聚，孤特不相守，獨居不同群，遭難莫之救，所以亡也」；是時：「弑君三十六，亡國五十二，諸侯奔走不得保其社稷者不可勝數」（《史記》〈太史公自序〉）。以上此起彼落、足以驚濤駭浪爲之形容，也不爲過。鬼谷子說：「天下紛錯，上無明主，公侯無道德，君臣相惑」，「土崩瓦解而相伐射」，「父子離散，乖亂反目」[6]（〈抵巇第四〉）。

　　找來一套胡服穿上，發誓道：　「寡人非疑胡服也，吾恐天下笑之。狂夫之樂，知者哀焉；愚者之笑，賢者戚焉。世有順我者，則胡服之功未可知也。雖驅世以笑我，胡地中山吾必有之。」

4　語見《趙策、趙二》〈武靈王平晝閒居〉，肥義曰：「臣聞之，疑事無功，疑行無名。今王即定負遺俗之慮，殆毋顧天下之議矣。夫論至德者，不和於俗；成大功者，不謀於眾。昔舜舞有苗，而禹袒入裸國，非以養欲而樂志也，欲以論德而要功也。愚者暗於成事，智者見於未萌，王其遂行之。」王曰：「寡人非疑胡服也，吾恐天下笑之。狂夫之樂，知者哀焉；愚者之笑，賢者戚焉。世有順我者，則胡服之功未可知也。雖驅世以笑我，胡地中山吾必有之。」

5　同上〈王破原陽〉王曰：「古今異利，遠近易用。陰陽不同道，四時不一宜。故聖人觀時，而不觀於時；制兵，而不制於兵。子制官府之籍，不知氣節之利；知兵甲之用，不知陰陽之宜。故兵不當於用，何兵之不可易？教不變於事，何俗之不可變？昔者先君襄主與代交地，城境封之，名曰無窮之門，所以昭後而期遠也。今重甲循兵，不可以逾險，仁義道德，不可以來朝。吾聞信不棄功，知不遺時，今子以官府之籍，亂寡人之事，非子所知。」

6　語見〈抵巇第三〉：「天下紛錯，上無明主，公侯無道德，則小人讒賊、賢人不用、聖人竄匿，貪利詐僞者作；君臣相惑，土崩瓦解而相伐射，父子離散，乖亂反目，是謂萌牙巇罅。聖人見萌牙巇罅，則抵之以法。世可以治，則抵而塞之；不可治，則抵而得之；或抵如此，或抵

　　趙國之富丁欲以趙合齊、魏，樓緩欲以趙合秦、楚。富丁恐主父之聽樓緩而合秦、楚也。司馬淺爲富丁謂主父曰：

　　「不如以順齊。今我不順齊伐秦，秦、楚必合而攻韓、魏。韓、魏告急於齊，齊不欲伐秦，必以趙爲辭，則伐秦者趙也，韓、魏必怨趙。齊之並不西，韓必聽秦違齊。違齊而秦，兵必歸於趙矣。今我順順而齊不西，韓、魏必絕齊，絕齊則皆事我。且我說齊，齊無而西。日者，樓緩坐魏三月，不能散齊、魏之交。今我順而齊、魏果西，是罷齊敝秦也，趙必爲天下重國。」主父曰：「我於三國攻秦，是俱敝也。」[7]

　　以上是由富丁與樓緩之計謀，對於主父（趙武靈王）言，是最糟糕的「趙、齊、魏」連盟攻秦策略之方式，初看起來不是最佳策略，但居然在司馬淺的嘴裡，卻可以是解決趙國百年大患，針對位於趙國境內，將所謂「國中國」之中山國給去除之計，曰：「不然。我約三國而告之秦，以未構中山也。」[8]。以上，這些例子層出不窮。對於大國趙國言是好事，對於小國中山國[9]言，卻

如彼：或抵反之，或抵覆之。五帝之政，抵而塞之；三王之事，抵而得之。諸侯相抵，不可勝數，當此之時，能抵爲右。」

7　《戰國策、趙策》〈趙三〉：「富丁欲以趙合齊、魏，樓緩欲以趙合秦、楚。富丁恐主父之聽樓緩而合秦、楚也。司馬淺爲富丁謂主父曰：「不如以順齊。今我不順齊伐秦，秦、楚必合而攻韓、魏。韓魏告急於齊，齊不欲伐秦，必以趙爲辭，則伐秦者趙也，韓、魏必怨趙。齊之並不西，韓必聽秦違齊。違齊而秦，兵必歸於趙矣。今我順順而齊不西，韓、魏必絕齊，絕齊則皆事我。且我說齊，齊無而西。日者，樓緩坐魏三月，不能散齊、魏之交。今我順而齊、魏果西，是罷齊敝秦也，趙必爲天下重國。」主父曰：「我於三國攻秦，是俱敝也。」曰：「不然。我約三國而告之秦，以未構中山也。三國欲伐秦之果也，必聽我，欲合我。中山聽之，是我以王饒中山而取地也。中山不聽，三國必絕之，是中山孤也。三國不能和我雖少出兵可也。我分兵而孤樂中山，中山必亡。我已亡中山，而以餘兵與三國攻秦，是我一距離而兩取地於秦、中山也。」

8　同上。

9　中山國　春秋戰國時期的一個小諸侯國叫中山國。前身是北方狄族鮮虞部落，爲姬姓白狄，最早時在陝北綏德一帶，逐漸轉移到太行山區。姬姓是周王族的姓，白狄的來歷，有說是周文王後裔畢萬公的後裔，也有說是來自周文王封給弟弟虢叔的西虢國。西虢國歷代國君世襲兼任周王朝卿士一職，同時又是三公之一，擔負爲周王朝南征北戰、東討西殺以懲罰不臣的任務，可能是周宣王時期虢國國君虢季子白北禦獫狁，在內蒙古、薩拉烏素河、榆溪河朔方城之後，其部分後裔就留在陝北了。鮮虞之得名出自鮮虞水，鮮虞水即今源出五臺山西南流注於滹沱河的清水河，這一帶是鮮虞的發祥地。鮮虞的名稱最早出現在《國語》一書中。該書記載，周幽王八年（774 BC）太史伯答鄭桓公問話時談到，成周雒陽四周有 16 個姬姓封國，6 個異姓諸侯國，還有「非王之支子母弟甥舅」的南蠻、東夷及西北的戎、狄國家或部落集團，其中就有鮮虞。中山國是嵌在燕趙之內的一個小蠻夷之國，經歷了戎狄、鮮虞和中山三個發展階段，在每個階段都被中原諸國視爲華夏的心腹大患，同樣經歷了邢侯搏戎，晉侯抗鮮虞，魏滅中山和趙滅中山的階段。西元前 296 年，趙滅中山國，將王尚遷徙到膚施，中山國自春秋末期立國，經過 350 餘年時間，宣告滅亡。

是壞事。身處於此環境下，小國遭遇的是亡國、滅族，何等之慘烈！但對大國而言，卻是發展、圖強，完成統一天下之霸業，何等雄心大志！何謂聖君明主？何謂聖人？聖人僅針對於本國之一方而言，那對他國又將持何立場？這就又牽扯出聖人有何德操與德行，聖人歷來只保衛本國人民，對於他國入侵殺戮其百姓兵卒，將持何態度？其正義標準何在？何其矛盾的君子[10]之有？恐怕是道難解的題目！

西元前 326 年，年方 12 歲的趙武靈王繼位時，正處在戰國中後期，列國間戰爭頻仍，兼併之勢愈演愈烈，趙國四面強敵環視，周圍被「齊、中山、燕、林胡、樓煩、東胡、秦、韓、魏」等國包圍著，時人稱趙為「四戰之國」。而中間又橫插著一個中山國。這個中山國是白狄族建立的一個國家，曾經被魏將樂羊攻滅（參見魏滅中山之戰），後來因隔著其他國家不便控制，又讓中山國借機復國。中山國橫在趙國中間，使其裂為以邯鄲為中心和代郡為中心的兩大塊，如鯁在喉，趙國要想在諸侯中有所作為，就要首先消滅中山國。

以上舉趙國與中山國之例而論，其實只不過是千千百百，滅人國與遭滅國之一而已。當是時因為侵略或被侵略，不都是常態了。所以千年之後來看與當時之諸子百家看這些事，不都會是有一種反省與期待。整體觀之，所形成的一種大「破」壞的負面效益，實則涵蘊著大建設之「立」（建立、創立、站立、確立）之正面效益，所以百姓期望沒有戰爭與士族「擇主而仕」，以助聖明英君一臂之力、行躍馬中原、一統天下之實，結束混亂都是同樣之情感。因此「聖君」或是「聖人」也好，處於這個世紀交替的時代裡，如何自處實在可真是兩難呀！這項能耐甚是了得，那我們會問是何工夫使然？要談及鬼谷子的「聖德觀」，則先必須交待原由，也正是本書所要揭露鬼谷子的另一初衷之前，也就必須引述莊子評論百家學說的理論之標準「內聖外王」來定義。

雖然「內聖外王」語出莊子，然而繼承其衣缽者卻是孔、孟一脈。一來，也因為老莊道家一派，對於「外王」一點點都毫無興趣可言；二來，「內聖」才真正是老莊道家之本色，所以便由入世的儒家給發揚光大了。我們由莊子

---

[10] 君子 特指有學問有道德與精神上修養的人。一詞出自《易經》，被全面引用最後上升到士大夫及讀書人的道德品質，始自孔子，並被以後的儒家學派不斷完善，成為中國人的道德典範。原則上雷同於西方英國的紳士，並對於女性採刻意之尊重。

之修養來切入：

> 〈知北遊〉：「徹志之勃，解心之繆，去德之累，達道之塞。富、貴、
> 顯、嚴、名、利六者，勃志也；容、動、色、理、氣、意六者，繆
> 心也；惡、欲、喜、怒、哀、樂六者，累德也；去、就、取、與、
> 知、能六者，塞道也。此四六者不盪胸中則正，正則靜，靜則明，
> 明則虛，虛則無爲而無不爲也。」

我們由以上〈知北遊第廿二〉所摘錄的一段文字，要想修道得要將「勃
志、繆心、累德、塞道」四種不好的東西，分別將其去除之，才能達到最高
境界，所謂的「無爲而無不爲」。依《莊子》此段文章看來是最好的方法，但
對於縱橫家言，卻居然全都犯上了，如果說是病，那無一不患。縱橫家的理
論指導手冊《鬼谷子》，在〈捭闔第一〉寫到：「故言長生、安樂、**富貴**、尊
榮、**顯名**、愛好、**財利**、得意、**喜欲**，爲陽，曰始」，就有了「富、貴、顯、
名、利」，又：「闔者，或闔而取之，或闔而去之」、「益損、**去就**、倍反，皆
以陰陽禦其事。」也全是徹志之勃，是<u>鬼谷</u>先生教人勃志也！

又「達道之塞」，《鬼谷子》一書，也不缺席。例如：〈內揵第三〉：「混說
損益，議論**去就**」；〈反應第二〉：「雖非其事，見微**知**類」、「其相**知**也，若比
目之魚」、「欲**取**，反**與**。……動作言默，**與**此出入」；〈內揵第三〉：「若欲**去**
之，因危**與**之」；〈捭闔第一〉：「度權量能，校其伎巧短長」；〈反應第二〉：「若
探人而居其內，量其能，射其意也。」〈飛箝第五〉：「將欲用之於天下，必度
權量能」，「量能立勢以鉤之，或伺候見**㵎**而箝之」也有「去、就、取、與、知、
能」。依此觀之，聰明如神的鬼谷先生，居然盡是教一些，完全是<u>莊子</u>所認爲
是會「塞道」的不好東西？其它還有「繆心」、「累德」之「解心之繆，去德
之累」，如此觀之縱橫家策士們，無不全都包上了！

《莊子》〈天下第卅三〉：

> 「天下之治方術者多矣，皆以其有爲不可加矣。古之所謂道術者，
> 果惡乎在？曰：『無乎不在。』曰：『神何由降？明何由出？』『聖有
> 所生，王有所成，皆原於一。』「不離於宗，謂之天人。不離於精，
> 謂之神人。不離於眞，謂之至人。以天爲宗，以德爲本，以道爲門，
> 兆於變化，謂之聖人。以仁爲恩，以義爲理，以禮爲行，以樂爲和，
> 薰然慈仁，謂之**君子**。以法爲分，以名爲表，以參爲驗，以稽爲決，

其數一二三四是也。百官以此相齒，以事為常，以衣食為主，蓄息畜藏，老弱孤寡為意，皆有以養，民之理也。」

莊子將自古以來，身為人之所追求的至道，整理出有五種層次：分別是「天人、神人、至人、聖人、君子」，前三者是道家修真之境界，而後兩者便是儒家「內聖外王」所講求。莊子於君子之下，又言及百官與百姓，並未忘了他們的存在。

「古之人其備乎！配神明，醇天地，育萬物，和天下，澤及百姓，明於本數，係於末度，六通四辟，小大精粗，其運無乎不在。其明而在數度者，舊法世傳之史尚多有之。其在於《詩》、《書》、《禮》、《樂》者，鄒、魯之士、搢紳先生多能明之。《詩》以道志，《書》以道事，《禮》以道行，《樂》以道和，《易》以道陰陽，《春秋》以道名分。其數散於天下而設於中國者，百家之學時或稱而道之。」

莊子說的「道」，是無所不在。古來天地完整之真理，都還有記錄傳承下來，所謂《詩》、《書》、《禮》、《樂》所在都有，能閱讀者還不少。將「志、事、行」和「陰陽、名分」各自分散敘述而已。

「天下大亂，賢聖不明，道德不一，天下多得一察焉以自好。譬如耳目鼻口，皆有所明，不能相通。猶百家眾技也，皆有所長，時有所用。雖然，不該不遍，一曲之士也。判天地之美，析萬物之理，察古人之全，寡能備於天地之美，稱神明之容。是故內聖外王之道，闇而不明，鬱而不發，天下之人各為其所欲焉以自為方。悲夫！百家往而不反，必不合矣。後世之學者，不幸不見天地之純，古人之大體，道術將為天下裂。」

《六韜、文韜》〈守國〉文王問太公曰：「守國奈何？」太公曰：「天生四時，地生萬物。天下有民，仁聖牧之。故春道生，萬物榮；夏道長，萬物成；秋道斂，萬物盈；冬道藏，萬物尋。盈則藏，藏則復起，莫知所終，莫知所始。聖人配之，以為天地經紀。故天下治，仁聖藏；天下亂，仁聖昌；至道其然也。」

《鬼谷子》〈符言第十二〉：「德生於和，和生於當」，「安徐正靜，柔節先定」，「善與而不靜，虛心平意，以待傾損」，與「知止而後有定，

定而後能靜，靜而後能安，安而後能慮，慮而後能得。」[11]中之「定、靜、安、慮、得」實有共通之處。

只是<u>鬼谷子</u>以「安、靜、柔、定」中，將代表<u>老子</u>道家之主張「柔」性一字加入，那樣便更能反應出繁忙奔波於遊說的縱橫家聖賢們，修養之功夫也均能以儒與道，所兼具的心性管理為其日常之指導原則。於〈捭闔第一〉說：「變化無窮，……或柔或剛，……。是故，聖人一守司其門戶。」這又同《道德經》〈第七十八章〉說：「天下柔弱莫過於水，而攻堅強者莫之能勝，以其無以易之。弱之勝強，**柔之勝剛**，天下莫不知，莫能行。」<u>老子</u>講：「上善若水」[12]。〈損兌第七〉：「故善損兌者，譬若決水於千仞之堤，轉圓石於萬仞之谿。而能行此者，形勢不得不然也。」〈持樞〉：「雄而不滯，其猶決水轉石，誰能當禦哉！」〈摩篇第八〉：「故物歸類；抱薪趨火，燥者先燃；平地注水，濕者先濡；此物類相應，於勢譬猶是也。」<u>鬼谷子</u>從燥薪趨火先燃與低溼水先濡，察覺出局勢的趨勢與形勢的走勢。由此我們可以看出，兩家均講究「柔與剛」存在著異曲同工之妙。前者之聖人與後者之天下，透過水火剛柔之內聖修練功夫，功力著實必須得到家，才能外王於天下呀！

《鬼谷子》也從不反對儒家對於聖人高貴道德情操之標準，取而用之，高度肯定儒學，如〈內揵第三〉：「由夫道德、仁義、禮樂、忠信、……，先取《詩》《書》」；如〈忤合第六〉：「古之善背向者，乃協四海」；只是前者必要「混說損益，議論去就」，後者要：「包諸侯忤合之地，而化轉之，然後以之求合。」並加以傳承儒家對<u>伊尹</u>、<u>商湯</u>、<u>文王</u>之推崇。又〈忤合第六〉說：「故<u>伊尹</u>五就<u>湯</u>，五就<u>桀</u>，而不能有所明，然後合於<u>湯</u>。<u>呂尚</u>三就<u>文王</u>，三入<u>殷</u>，而不能有所明，然後合於<u>文王</u>。」歌頌其：「此知天命之箝，故歸之不疑也。」

另《論語》〈季氏篇第十六〉<u>孔子</u>曰：「君子有三畏：畏天命，畏大人，畏聖人之言。」[13]由此觀之，聖人與賢人或君子之「知天命」與「畏天命」，

---

11 語出於《禮記》〈大學〉：「大學之道，在明明德，在親民，在止於至善。知止而後有定，定而後能靜，靜而後能安，安而後能慮，慮而後能得。物有本末，事有終始，知所先後，則近道矣。」

12 《道德經》〈第八章〉：「上善若水，水善利萬物而不爭，處眾人之所惡，故幾於道。居善地，心善淵，與善仁，言善信，正善治，事善能，動善時。夫唯不爭，故無尤。」

13 全文出自《論語》〈季氏篇第十六〉<u>孔子</u>曰：「君子有三畏：畏天命，畏大人，畏聖人之言。小人不知天命而不畏也，狎大人，侮聖人之言。」又〈為政第二〉<u>子</u>曰：「吾十有五而志於學，三十而立，四十而不惑，五十而知天命，六十而耳順，七十而從心所欲，不踰矩。」

均有其共通性與特殊性的。於〈謀篇第十〉則表示：「非獨忠信仁義也，中正而已矣」，於此《鬼谷子》便明顯提出不同於儒家對於聖人定義之修正，以利於縱橫遊說。〈揣篇第一〉：「故雖有先王之道，聖智之謀，非揣情隱匿，無可索之。」

　　鬼谷子講到「道」之處，非常之多。總計全本《鬼谷子》，出現該字多達54次與36段之多。其「道」，蓋不脫於道家之領域。茲列舉如下：

　　〈捭闔第一〉：「故聖人之在天下也，自古至今，其道一也」，「周密之貴，微而與道相追」，「捭闔者，天地之道」、「捭闔者，道之大化，說之變也」，「捭闔之道，以陰陽試之」，「此天地陰陽之道，而說人之法也」；〈反應第二〉：「道合其事」，「未見形，圓以道之」，「己不先定，牧人不正，事用不巧，是謂忘情失道」；〈內揵第三〉：「外內者，必明道數」，「或結以道德」，「由夫道德、仁義、禮樂、忠信、計謀，先取《詩》、《書》，混說損益，議論去就。」；〈抵巇第四〉：「抵巇之隙爲道術用」，「天下紛錯，上無明主，公侯無道德」，「察之以捭闔，能用此道，聖人也」，「此道，可以上合，可以檢下」；〈忤合第六〉：「故忤合之道，己必自度材能智睿，量長短遠近孰不如。乃可以進，乃可以退；乃可以縱，乃可以橫」；〈摩篇第八〉：「用之有道，其道必隱」、「積善也，而民道之」、「夫事成必合於數，故曰：道數與時相偶者也」；〈權篇第九〉：「參調而應，利道而動」；〈謀篇第十〉：「智者達於數、明於理，不可欺以不誠，可示以道理，可使立功」，「故陰道而陽取之也」、「故聖人之道陰，愚人之道陽」，「故先王之道陰」、「非獨忠信仁義也，中正而已矣。道理達於此之義，則可與語」；〈盛神第一〉：「道者，天地之始，一其紀也」，「故道者，神明之源」，「術者，心氣之道所由舍者，神乃爲之使」，「同天而合道」；〈實意第三〉：「不出戶而知天下，不窺牖而見天道；不見而命，不行而至；是謂道知」。

　　《莊子》外篇〈知北遊第廿二〉中，有一個有關「什麼是道？」的千古有名對話：

　　東郭子問於莊子曰：「所謂道，惡乎在？」莊子曰：「无所不在。」東郭子曰：「期而後可。」莊子曰：「在螻蟻。」曰：「何其下邪？」

曰：「在稊稗。」曰：「何其愈下邪？」曰：「在瓦甓。」曰：「何其愈甚邪？」曰：「在屎溺。」？東郭子不應。莊子曰：「夫子之問也，固不及質。正，獲之問于監市履狶也，每下愈況。汝唯莫必，无乎逃物。至道若是，大言亦然。周咸三者，異名同實，其指一也。」

「嘗相與游乎无何有之宮，同合而論，无所終窮乎！嘗相與无為乎！澹而靜乎！漠而清乎！調而閒乎！寥已吾志，无往焉而不知其所至。去而來而不知其所止，吾已往來焉而不知其所終；傍偟乎馮閎，大知入焉而不知其所窮。物物者與物无際，而物有際者，所謂物際者也。不際之際，際之不際者也。謂盈虛衰殺，彼為盈虛非盈虛，彼為衰殺非衰殺，彼為本末非本末，彼為積散非積散也。」

以上是莊子回答東郭子提問「道是甚麼？」大意是說：「『道』是無始無終，無所不包，無處不在。人要瞭解『道』，就要先向大自然開始學習，例如去觀查鼻涕蟲，看看屎尿便溺，……等等所有的動、植、礦等物都不得隨意放過，才能得知『道』的法，真正原則與偉大之處。」

這也就是《道德經》：「人法地，地法天，天法道，道法自然」，《道德經》又言：「道可道，非常道；名可名，非常名」，「道生一，一生二，二生三，三生萬物」；《易傳、繫辭》說：「一陰一陽之謂道」、「天之道，曰陰與陽」，並引用孔子的話：「形而上者謂之道，形而下者謂之器」，所以說儒家認同：「道者，陰陽變化之理也」；〈繫辭〉又說：「易有太極，是生兩儀，兩儀生四象，四象生八卦。」

以上觀之道家對於「道」的解釋，即宇宙運行，自然變化的法則。我們老祖宗便是從「天、地」之大自然中，完整的體會出，合乎於人情與事理與物性之間，相應又合諧且能完美運作的大道理。總之「道」是無處不在，道在萬物之中，不可用言語表達，產生萬物，陰陽就是道。之後「道」又衍生變化於人世間複雜煩瑣的社會，以人事為主的情感與制度與器物……等等，千千萬萬錯綜複雜之關係。即所謂道與德之問題，它包含著：仁愛、信義、禮法、刑名、兵戰……等倫理道德、國家政治之統一的思想信念與主張與作法等活動。

老子的《道德經》雖然選擇了冷漠，但由於其冷峻的智慧，使我們更能清楚的看到信念和良心的現實，與理想之間的真實鴻溝，進而萌生出如何可能，進一步產生消除現狀疑慮之動力。由冰冷的理性而進化到一股狂熱感性

的衝動，這對於眞實的道家之徒來說，幾乎是不可能的宿命。道家完全認淸「生命的奧妙與宇宙的眞象」，人存在的價値，根本不必受外界之肯定。所以社會國家的動亂與太平、貧窮與富有、幸福與痛苦、生存與死亡原本都是自然之現象，何必計較。逃避與潛藏、浸淫於天地、配合著演化，便是人間世的最大應對與莫大之幸福來著了。還好道家的無爲理論加上其「無心插柳、柳成蔭」，深邃智慧的如不間斷的泉源般，將其智慧與偉大道理的營養，生生不息的提供與灌漑。

　　雖然莊子認爲「道術將爲天下裂」是正確的，道家所在乎的是合乎自然天道之道統，爭先恐後區區的人爲做出來的「道統」，明顯的已違反了：「以道蒞天下，其鬼不神」〈第六十章〉；恐將違反眞正的天道是：「天之道，不爭而善勝」〈第七十三章〉；事實與理想總是有所出入，所以春秋、戰國時期，眞正道家純正思想是無法執政，當然也不會參與政治。直到戰國，秦、漢之際，稷下黃老思想（道家後期思想）[14]形成，西漢在漢武帝執政前有一段不短的歲月（前漢七十年）政治上實際操作成功，才是後起道家（黃老學派）大顯發揮之時。

　　老子道家發展的一段路程中，由原本「天道」之精神，生出「道」與「德」之「道德」，鬼谷子除以「道爲體」之主張，並發展出「德之用」來，如〈捭闔第一〉：「以陽動者，德相生也。以陰靜者，形相成也。以陽求陰，苞以德也」；〈內揵第三〉：「或結以道德」、「故遠而親者，有陰德也」、「由夫道德、

---

[14] 語見陳麗桂著《戰國時期的黃老思想》聯經出版社、1991 年 4 月、頁 1～4。「戰國、秦漢之際我國哲學史上出現了一個很特殊的思想，叫做「黃老」。這種思想結合是「黃帝」與「老子」做標幟，本來是戰國以來眾多黃帝傳說的主流，其後因爲吸收各家學書精華，終於形成政治性的哲學思想；入漢以後益臻完熟，竟體現爲實際之治術；到了東漢末年社會動亂之際，又淪爲宗教仙道。戰國有名的道法人物，諸如申不害、愼到、環淵、接子、韓非等人，太史公說他們「學本於黃老而主刑名」，或「學黃老道德之術」；西漢有名的文景治術稱「黃老」，東漢張角等人的道教也叫「黃老」；……諸多面貌歧異，思想色彩不大相同的學說史書統稱之爲「黃老」。……始終是籠罩一團迷霧，……一直到 1973 年長沙馬王堆三號漢墓帛書出土，……隸篆雙體的《老子》前後附抄古佚書，正是漢代黃老合卷的明證。……具體顯示了黃學的主要思想內容。……《黃帝四經》和《伊尹九主》。……讓我們逐漸邁入黃老學研究的坦途。……透過分析發現都充滿道法色彩，都是從天道上去講治道，它們下降老子的道去整合刑名，爲刑「名」取得合理根源，也用「刑名」去詮釋老子的「無爲」。繼承並改造老子的雌柔哲學轉化爲正靜、因時的政術。同時擷取陰陽家與儒家的理論，去調合潤飾這些因道全法的理論。全不思想呈現著王霸雜治的色彩，……便是戰國以迄西漢間黃老思想具體兒詳細的內容。……從心術去推衍治術。……其間《管子》四篇和申不害、愼到、韓非等人之著作外，《荀子》、《莊子》外雜篇，乃至於《禮記》的〈大學〉、〈中庸〉裡也散見著一些黃老理論。下迄《呂氏春秋》和《淮南子》黃老道家思想理論益臻完備。

仁義、禮樂、忠信、計謀，先取《詩》《書》，混說損益，議論去就」，「策無失計，立功建德，治名入產業，曰捷而內合」；〈抵巇第四〉：「天下紛錯，上無明主，公侯無道德」；〈摩篇第八〉：「所謂主事日成者：積德也，而民安之，不知其所以利」；〈決篇第十一〉：「聖人所以能成其事者有五：有以陽德之者」；〈符言第十二〉：「德之術曰：勿堅而拒之，許之則防守，拒之則閉塞。高山仰之可極，深淵度之可測，神明之德術正靜，其莫之極歟。右主德」、「理生於名實之德，德生於和」；〈盛神第一〉：「故道者，神明之源，一其化端，是以德養五氣，心能得一，乃有其術」，「化有五氣者，志也、思也、神也、德也；神其一長也」，「懷天心，施德養」；〈損兌第七〉：「故聖人以無爲待有德，言察辭，合於事」；〈中經〉：「施之能言、厚德之人」，「施德者，依道」，「蓋士遭世異時危，或當因免填坑，或當伐害能言，或當破德爲雄，或當抑拘成罪，或當戚戚自善，或當敗敗自立。故道貴制人，不貴制於人也。制人者，握權；制於人者，失命」，「以道爲形，以德爲容」。

　　鬼谷子如此不厭其煩的論述「德」之操守，充分的表現出他如何的重視「德」，幾乎可比之於「道」的重視。所謂天之「道」，得依靠人間之「德」，來加以實現之。與老子主張之「德」一較起來，不都完全站立於實用之立場之上。

　　自然演化生於天「形上之道」，要用之於人「內在之德」，如何有效應用之，這得經過多少論戰後才有之結果？才能延伸至於群體所共有的「外在之術」。由於時代遙遠文獻不足，居於時空相隔關係，我們當然無法恭逢盛事。諸子百家菁英們不同之看法多所參考，然後漸漸演變到黃老學派之「道、刑、名、法、術」，以法「天道」而出「政道」之「治道」。如此「道」之營養，乃能使得兵家、法家、縱橫家……的綠葉發華枝。以「道」爲天下式，仿佛大水庫之一般的無窮無盡的、無污染的、無毒的優質水，開始流入大江、小河、小川，直進入家裡的小水管裡，雖然不復當初大水庫般之水流，卻也能以涓涓滴滴的水，爲蒼生之滋養，而朝向「眞理之道」，繼續爲平凡百姓與蒼生的生命，無止盡的追求與奮鬥。鬼谷子的「聖德理論」也於爲生出。

　　傳統道家選擇逃避與離開，像是完全沒有責任般，使得世間停格不轉動，只留下「墨家、儒家、兵家、法家、縱橫家……」繼續爲人間蒼生而奮戰，不止見到口水（爭辯）、也看得到血水（未戰亦死或自然命亡），例如《秦策一》〈張儀說秦王〉張儀說秦王曰：「臣聞之，弗知而言爲不智，知而不言爲

不忠。爲人臣不忠當死，言不審亦當死」；《秦策三》〈范雎至秦〉：「死不足以爲臣患，亡不足以爲臣憂，漆身而爲厲，被髮而爲狂，不足以爲臣恥。五帝之聖而死，三王之仁而死，五伯之賢而死，烏獲之力而死，奔、育之勇焉死。死者，人之所不免也。……臣死而秦治，賢於生也」。

　　范雎遊說秦昭王，不願立即發表自己的政治見解，並非擔心個人之生死榮辱，而是「交淺言深」，無益也。其實也都反應出，身爲一位縱橫的策士們，在進行遊說時，常就有了性命不保之打算，這是危及身家性命的工作與志業。古人能因仁、因義、因聖、因賢、因主人而遭殺身，還眞算是值得。所謂「今也制民之產，仰不足以事父母，俯不足以畜妻子，樂歲終身苦，凶年不免於死亡」〈梁惠王上〉。然而事實上處於亂世，人命卻是何等之卑微貧賤，連破草蓆也不如。因此理想的政治主張，還得爲現實的社會而屈就。因爲理想是僵化的，唯有專注於現實以之磨合，彈性的、共同的一起發展往目標前進，才會是最具實現的活力與可能，否則會陷入於永難達成的窘境。我想這是鬼谷子的聖德觀之不同於《春秋》，也不標榜弟子學習作爲君子之原因。誠如《淮南子》曰：「聖人天覆地載，日月照、陰陽調、四時化，萬物不同，無故無新，無疏無親，故能法天。天不一時、地不一利、人不一事，是以緒業不得不多端，趨行不得不殊方。五行異氣而皆適調，六藝異科而皆同道」（〈泰族訓〉）。

　　最後我們以《大學》第三章之傳世名言，做本文之結束：

　　「湯之〈盤銘〉曰：『苟日新，日日新，又日新』；〈康誥〉曰：『作新民。』《詩》曰：『周雖舊邦，其命惟新』是故君子無所不用其極。」

第一節　鬼谷子的聖德觀

　　老子《道德經》全書提及聖人[15]三十三處，皆視爲至高之人，而謂「絕聖

---

[15] 《道德經》各章出現「聖人」名辭，經整理如下：「是以聖人處無爲之事，行不言之教」「是以聖人之治，虛其心，實其腹，弱其志，強其骨。常使民無知無欲。使夫知者不敢爲也。爲無爲，則無不治」「聖人不仁，以百姓爲芻狗」「是以聖人爲腹不爲目，故去彼取此」「是以聖人常善救人，故無棄人；常善救物，故無棄物。是謂襲明」「樸散則爲器，聖人用之，則爲官長，故大制不割」「天下神器，不可爲也，爲者敗之，執者失之。……是以聖人去甚，去奢，去泰」「不出戶知天下；……是以聖人不行而知，不見而名，不爲而成」「重爲輕根，靜爲躁君，是以聖人終日行不離輜重」「聖人無常心，以百姓之心爲心。……聖人之在天下；欲欲焉！爲天下渾心。百姓皆注其耳目，聖人皆孩之」「……以聖人之治，爲腹不爲目」「以正治國，以奇用兵，以無事取天下。……法令滋彰，盜賊多有。故聖人云：我無爲，而民自化；我好靜，而民自正」「是以聖人方而不割，廉而不劌，直而不肆，光而不燿」「治大國若烹小鮮。以道蒞天下，……非其神不傷人，聖人亦不傷人」「是以聖人終不爲大，故能成

棄智，民利百倍」與「絕仁棄義，民復孝慈；絕巧棄利，盜賊無有」[16]，老子認為是過於儒家的仁義道德，有害於治理天下。鬼谷子：「以深不測之智次之」[17]，同老子《道德經》第十五章：「古之為道者，微妙玄通，深不可識」。《莊子》：「以天為宗，以德為本，以道為門，兆於變化，謂之聖人。」[18]明顯存在著理想性極高之人物，如陳鼓應所言是一理想人物的投攝。[19]這種看似超凡的聖人思想，如何才有可能落實於人間社會，這不僅是我國千古以來，以道統為首的儒家之傳承，也是各家各派仁人志士前僕後繼的志業。這個價值觀自始自終，沒人遺忘過；西方柏拉圖甚至於有「哲學家皇帝」之說，但卻永遠無法實現之一般，所以說中西皆然。

> 《易傳》〈文言〉：「其唯聖人乎！知進退存亡而不失其正者，其唯聖人乎」；〈豫、彖傳〉：「聖人以順動，則刑罰清而民服。豫之時義大矣哉」；〈頤、彖傳〉：「聖人養賢，以及萬民；頤之時義大矣哉」；〈咸、彖傳〉：「天地感而萬物化生，聖人感人心而天下和平」；〈恆、彖傳〉：「日月得天，而能久照，四時變化，而能久成，聖人久於其道，而天下化成。」〈鼎、彖傳〉：「聖人亨以享上帝，而大亨以養聖賢。」
> 〈繫辭下〉：「爻象動乎內，吉凶見乎外，功業見乎變，聖人之情見乎辭。」，「天地之大德曰生，聖人之大寶曰位。何以守位曰仁，何以聚人曰財。」，「上古穴居而野處，後世聖人易之以宮室，上棟下宇，以待風雨，蓋取諸大壯。……古之葬者，厚衣之以薪，葬之中野，不封不樹，喪期無數。後世聖人易之以棺槨，蓋取諸大過。……上古結繩而治，後世聖人易之以書契，百官以治，萬民以察，蓋取諸夬。」「天地設位，聖人成能。人謀鬼謀，百姓與能。」〈說卦〉：

其大。……是以聖人猶難之，故終無難矣」；「是以聖人無為故無敗；無執故無失。……是以聖人欲不欲，不貴難得之貨」；「是以聖人欲上民，必以言下之；欲先民，必以身後之。是以聖人處上而民不重，處前而民不害。……故天下莫能與之爭」；「知我者希，則我者貴。是以聖人被褐懷玉」；「聖人不病，以其病病，是以不病」；「是以聖人云：受國之垢，是謂社稷主；受國不祥，是謂天下王。正言若反」；「和大怨，必有餘怨；安可以為善？是以聖人執左契，而不責於人」；「聖人不積，既以為人己愈有，既以與人己愈多。天之道，利而不害；聖人之道，為而不爭」。

16 《新譯老子讀本》余培林注譯，〈第十九章〉，臺北，三民書局，2006 年，頁 41。

17 《鬼谷子鬥智特技》，陳英略著，臺北，大學文選社，1971 年，頁 25。

18 語出自《莊子》〈天下第卅三〉，又〈知北遊〉「聖人者，原天地之美而達萬物之理」，又〈齊物論〉「聖人愚芚，參萬歲而一成純。」……等。「聖人」一詞，出現在《莊子》一書散見於內外雜篇，共有 109 次之多，蓋都屬自然主義之主張。

19 參見陳鼓應著《老子註釋及評介》中華書局出版，1984 年，頁 69。

「昔者聖人之作《易》也，將以順性命之理，是以立天之道曰陰與陽，立地之道曰柔與剛，立人之道曰仁與義。」「聖人南面而聽天下，嚮明而治，蓋取諸此也。」[20]

以上，仔細的瞭解《易傳》各處文句中的聖人，可以發現到與《道德經》所要表現的「無爲」聖人觀念是完全不同。這裡的聖人，必須時常的向大自然學習之外，又要隨時思索著如何以自然的現象爲榜樣，進而學習之以爲民富之德。例如：「又要爲自己守位，又要聚眾爲財；仿傚學習〈大壯卦〉，進行了去舊（改變穴居）佈新（營造屋、舍、宮、室、樓、房，有棟有宇）；應用〈大過卦〉創造與規定葬禮之方式，使得子孫方便祭祀；效法〈夬卦〉而棄結繩以作書契，設立百官以治理萬民……等。有形無形的做了好多的事情，明顯表現出這些聖人相當的積極、懂得很多、又非常的忙碌。

《論語》中出現聖人 4 次，〈述而第七〉子曰：「聖人吾不得見之矣；得見君子者，斯可矣」；〈季氏第十六〉孔子曰：「君子有三畏：畏天命，畏大人，畏聖人之言。小人不知天命而不畏也，狎大人，侮聖人之言」；〈子張第十九〉：「有始有卒者，其惟聖人乎」，這裡的聖人指歷史上的堯、舜、禹、湯……等英明的開國君主。[21]《孟子》〈滕文公上〉孔子曰：「大哉堯之爲君！惟天爲大，惟堯則之，蕩蕩乎民無能名焉！君哉舜也！巍巍乎有天下而不與焉！」，「堯、舜之治天下，豈無所用其心哉？亦不用於耕耳。」

《孟子》：「聖人，百世之師也」，「聖人之於天道也，命也」，「規矩，方員之至也；聖人，人倫之至也。」[22]孟子不言陰陽，但言「聖人」之處，則共

---

[20] 〈繫辭上〉中之「聖人」一詞，共出現達 18 次：「聖人設卦觀象，繫辭焉而明吉凶，剛柔相推而生變化。」「夫易，聖人所以崇德而廣業也。」「聖人有以見天下之賾，而擬諸其形容，象其物宜，是故謂之象。聖人有以見天下之動，而觀其會通，以行其典禮。」「易有聖人之道四焉；以言者尚其辭，以動者尚其變，以制器者尚其象，以卜筮者尚其占。」「夫易，聖人之所以極深而研幾也。唯深也，故能通天下之志。唯幾也，故能成天下之務。唯神也，故不疾而速，不行而至。」「聖人以通天下之志，以定天下之業，以斷天下之疑」「聖人以此洗心，退藏於密，吉凶與民同患。」「聖人以此齊戒，以神明其德夫！」「是故，法象莫大乎天地，變通莫大乎四時，縣象著明莫大乎日月，崇高莫大乎富貴；備物致用，立成器以爲天下利，莫大乎聖人」「天生神物，聖人則之；天地變化，聖人效之；天垂象，見吉凶，聖人象之。河出圖，洛出書，聖人則之。」「書不盡言，言不盡意。然則聖人之意，其不可見乎。子曰：『聖人立象以盡意，設卦以盡情僞，繫辭以盡其言，變而通之以盡利，鼓之舞之以盡神。』」「夫象，聖人有以見天下之賾，而擬諸其形容，象其物宜，是故謂之象。聖人有以見天下之動，而觀其會通，以行其典禮，繫辭焉，以斷其吉凶，是故謂之爻。」《易傳》總共出現「聖人」38 次，有 21 個段落。

[21] 參閱許富宏著《鬼谷子研究》，上海：古籍出版社 2008 年，頁 96～98。

[22] 語見《孟子》〈盡心下〉：「聖人，百世之師也，伯夷、柳下惠是也。故聞伯夷之風者，頑夫

達 195 次之多。主要指具有最高道德的人，雖然所說之人皆歷史上的真實人物，但聖人之含意偏重於其道德與眾不同。且對於聖人的理解有神化的傾向，如《孟子》〈盡心下〉：「大而化之，之謂聖；聖而不可知之，之謂神。」明顯指出是理想化的人物，孟子如是認為。荀子對於聖人之標準，如是說：

> 《荀子》〈儒效〉：「以從俗為善，以貨財為寶，以養生為己至道，是民德也。行法至堅，不以私欲亂所聞：如是，則可謂勁士矣。行法至堅，好脩正其所聞，以橋飾其情性；其言多當矣，而未諭也；其行多當矣，而未安也；其知慮多當矣，而未周密也；上則能大其所隆，下則能開道不己若者：如是，則可謂篤厚君子矣。脩百王之法，若辨白黑；應當時之變，若數一二；行禮要節而安之，若生四枝；要時立功之巧，若詔四時；平正和民之善，億萬之眾而搏若一人：如是，則可謂聖人矣。」

從戰國晚期的荀子言論，「儒效」一文旨義，看出了聖人是可學習的。先由肯定小老百姓的認真用心而生活開始；接著是「知法、行法」會識字，

才是位以讀書為職業的讀書人（士）；而後能以正道無私心，以言、性、情，使行、慮得當與安密也之護法護道者，始為真正之君子；管好了自己，再想進一層者，就必須完全能領悟世間百法、於理於法應變得變、巧用世間禮俗增強各方關係、懂得依四時天候善依時勢之變，創造滿足百姓日要所需，如是萬人稱善。從勁士、而篤厚君子，而億萬之眾而搏若一人，便是一位聖人了。

代表縱橫家的鬼谷子，則統合道、儒兩家之主張外，更加明白的界定分析定義「聖人」之人格特質，於《鬼谷子》〈決篇第十一〉上說：「聖人所以能成其事者有五：有以陽德之者，有以陰賊之者，有以信誠之者，有以蔽匿之者，有以平素之者」；《道德經》〈第三篇〉：「不尚賢，使民不爭」，「是以聖人之治，虛其心，實其腹，弱其志，強其骨。常使民無知無欲。使夫知者不敢為也。為無為，則無不治。」

廉，懦夫有立志；聞柳下惠之風者，薄夫敦，鄙夫寬。奮乎百世之上。百世之下，聞者莫不興起也。非聖人而能若是乎，而況於親炙之者乎？」孟子曰：「口之於味也，目之於色也，耳之於聲也，鼻之於臭也，四肢之於安佚也，性也，有命焉，君子不謂性也。仁之於父子也，義之於君臣也，禮之於賓主也，智之於賢者也，聖人之於天道也，命也，有性焉，君子不謂命也。」〈盡心上〉：「形色，天性也；惟聖人，然後可以踐形。」〈離婁上〉：「規矩，方員之至也；聖人，人倫之至也。欲為君盡君道，欲為臣盡臣道，二者皆法堯、舜而已矣。」

又〈捭闔第一〉：「粵若稽古，聖人之在天地間也，爲眾生之先。觀陰陽之開闔以名命物，知存亡之門戶，籌策萬類之終始，達人心之理，見變化之朕焉，而守司其門戶。故聖人之在天下也，自古及今，其道一也」；〈抵巇第四〉：「乃爲之度數……聖人因而爲之慮；其不中權橫度數，聖人因而自爲之慮」；〈謀篇第十〉：「古之大話者，……聖人之意不可不察」，「萬事不失其辭，聖人所誘愚智事皆不疑」，「聖人之道陰，愚人之道陽；智者事易，不愚者……」，「聖人者，天地之使也」。

　　以上可以看出，鬼谷子主張聖人應以「有爲」，強烈指出是會「做事」[23]爲主導原則來領導百官賢人，誠如我的老師魏元珪所言：「治國平天下固與儒家不同，一重仁義，一重權術之謀……。」[24]，與老子以「無爲」作風明顯不同。共同之處，爲依民之所好而好之，完全依天道而行。如「是以聖人處無爲之事，行不言之教」，「是以聖人抱一爲天下式」。其道一也，與抱一爲天下式，所指的均是一個「道」字，合乎自然與普世的眞理！

又〈內揵第三〉：「事有不合者，聖人不爲謀也」，「故聖人立事，以此先知而揵萬物」；〈抵巇第四〉：「賢人不用，聖人竄匿」，「聖人見萌牙巇罅，則抵之以法」，「事之危也，聖人知之，獨保其身」，「察之以捭闔，能用此道，聖人也」，「是以聖人居天地之間，立身、禦世、施教」，「聖人無常與，無不與」；〈揣篇第七〉：「故雖有先王之道；聖智之謀，非揣情隱匿，無可索之」；〈摩篇第八〉：「故聖人所以獨用者，眾人皆有之；無成功者，其用非也。」，「聖人謀於陰，故曰神；成之於陽，故曰明」；〈決篇第十一〉：「此三者唯聖人然後能任之。」〈權篇第九〉：「物有不通者，聖人故不事也」〈謀篇第十〉：「聖人之制道在隱與匿」；〈符言十二〉：「聖人用之故能賞之」；《本經陰符、盛神第一》：「內修練而知之，謂之聖人；聖人者，以類知之」；〈轉圓第六〉：「無窮者，必有聖人之心」，「聖人懷此，而轉圓

---

[23] 《鬼谷子》戰國（475～221BC）。出現「事」之名詞，一字 62 次。「有」字 72 次，「爲」41 次，「可」字 80 多次，「故」字 67 次，「用」字 48 次，「知」字 42 次，「欲」字 30 次，「必」字 38 次。「能」28 次。以上是出自於陳浦清著《鬼谷子詳解》附錄〈鬼谷子辭典〉，所統計數字。頁 196～239。

[24] 參見魏元珪著《老子思想體系探索》〈鬼谷子學說與老子比較〉，臺北：新文豐出版，1997 年 8 月，頁 748。

以求和」；〈損兌第七〉：「聖人不爲之辭」。

我們從以上多次出處，看出鬼谷子對聖人（「聖」一字總共 34 次 26 段落，「聖人」32 次 24 段落）之解釋提出不同之面相，不僅融合起各家之不同主張，且更加具有彈性，合乎時代之需要。例如道家「無爲」之主張，在縱橫家看來袛是聖人管理政治的手段之一，所以提出聖人必需「有爲」，能有所爲也能有所不爲。「蓋鬼谷重事功，而老子則崇尚淳樸與自然，以聖人無功自期」[25]。

這也就是一重視現實面的要求，由其是生存在亂世的百姓們，因層出不窮的戰爭，飽受生離死別與貧苦無依的折磨，家國宗廟也都在危急存亡之中，文武百官莫不心急如焚。是故儒家的聖人政治思想之理想性褪色不少，代之而起的是有爲有守的，能夠懂得充份用人的，圖謀富國強兵之國君。誰能夠帶領百姓離開苦難獲得平安幸福，誰就才會是國人心目中的聖君！人民望治之心情不就是千古所共通的嗎？春秋、戰國離三代那個盛世不遠，許多的歷史資料與文書典籍和傳說都還在，一種期盼聖人再世的渴望，莫不出現在風起雲湧的各家各派之亂世政治思想主張裡。

儒家處於亂世的聖人標準可向前推往三代，亦即夏、商、周。孔子向來推崇的人物也可在儒家以六經：「詩、書、禮、樂、易、春秋」，見出端倪。我們從《尚書》中找出與聖人相關之歷史記載[26]，又《大戴禮記》〈用兵〉：

---

[25] 語見魏元珪老師著《老子思想體系探索》，臺北：新文豐出版 1968 年。頁 748。

[26]《尚書》卷十二〈周書‧洪範〉箕子乃言曰：「我聞在昔，鯀堙洪水，汨陳其五行；帝乃震怒，⋯⋯二、五事：一曰貌，二曰言，三曰視，四曰聽，五曰思。貌曰恭，言曰從，視曰明，聽曰聰，思曰睿。恭作肅，從作乂，明作哲，聰作謀，睿作聖。」卷七〈夏書‧胤征〉：「惟仲康肇位四海。⋯⋯酒荒於厥邑，胤後承王命徂徵，告於眾曰：『嗟予有眾，聖有謨訓，明徵定保。』卷十〈商書‧說命下〉王曰：「來，汝說。台小子舊學於甘盤，⋯⋯，予惟克邁乃訓。」說曰：「王，人求多聞，時惟建事，學于古訓乃有獲。事不師古，以克永世，⋯⋯，列於庶位。」王曰：「嗚呼！說，四海之內，咸仰朕德，時乃風。股肱惟人，良臣惟聖。昔先正保衡作我先王，乃曰：『⋯⋯佑我烈祖，格於皇天。⋯⋯惟後非賢不乂，惟賢非後不食。』卷十九〈周書‧同命〉王若曰：「⋯⋯惟予弗克於德，⋯⋯昔在文、武，聰明齊聖，小大之臣，咸懷忠良。⋯⋯，萬邦咸休。⋯⋯僕臣正，厥後克正，僕臣諛，厥後自聖；後德惟臣，不德惟臣。」以上「聖」一字出現總共 22 次，有 14 段落之多；但「賢」一字則有 103 次之多，分別出現在 89 個段落中；明顯的代表聖少賢多之正常現象。我們知道《尚書》乃是一部記載上古政治檔案資料的彙編之書，除代表意謂著理想政治之聖賢兩字外，當然更多的是代表王權的字眼，例如：「王」一字便出現過 442 次在 197 個段落裡；「朕」字 80 次 59 段落；「帝」字 133 次 82 段落，（包含「上帝」一詞 32 次 27 段落）；還有就是代表著階級的「天」字 280 次 25 段落，「地」字 8 次 7 段落（包含「天地」一詞 2 次 2 段落）「人」字 245 次 123 段落，「鬼」字 5 次 4 段落，「神」25 次 21 段落。這表明在君權神授的封建時代裡，帝王對於權利謹慎態度，不僅相當的能夠自律，也相對的敬畏天地神明，以及尊重百姓並向人民積極負責的態度。屬於崇高與自我的稱謂：「朕、王、帝」（80+442+101=655 次）；屬於外他律的稱謂：「天、

公曰：「用兵者，其由不祥乎？」。子曰：「胡爲其不祥也？聖人[27]之用兵也，以禁殘止暴於天下也；及後世貪者之用兵也，以刈百姓，危國家也。」「聖人愛百姓而憂海內，及後世之人，思其德，必稱其人，故今之道堯、舜、禹、湯、文武者猶依然，至今若存。夫民思其德，必稱其人，朝夕祝之，升聞皇天，上神歆焉，故永其世而豐其年也。」

〈圖國〉吳子曰：「夫道者，所以反本復始。義者，所以行事立功。謀者，所以違害就利。要者，所以保業守成。若行不合道，舉不合義，而處大居貴，患必及之。是以聖人綏之以道，理之以義，動之以禮，撫之以仁。此四德者，修之則興，廢之則衰。故成湯討桀而夏民喜悅，周武伐紂而殷人不非。舉順天人，故能然矣。」〈盈虛〉文王問太公曰：「天下熙熙，一盈一虛，一治一亂，所以然者，何也？其君賢、不肖不等乎？其天時變化自然乎？」太公曰：「君不肖，則國危而民亂；君賢聖，則國安而民治。」

　　於上，我們看出吳子的「仁、義、禮、道」四德，是一種聖人的標準規範。可以保業守成、違害就利、行事立功、反本復始，應該是諸子百家共有的認知。這種「成湯討桀而夏民喜悅，周武伐紂而殷人不非」，乃是起因於一種不爲己而爲他人的善良道德，爲別人苦難而加以著想，進而興起因善意而行的戰事，是受到全天下人所擁戴與歡迎。以西方純粹理性判批的康得觀點

地、人、鬼、神、聖、賢」（280+8+245+5+25+22+103=713 次）。這種聖王正是儒家，千年來向來所推崇的政治制度。我們可以在孔子所刪訂的《尚書》遺留的篇章裡，看出夏、商、周的帝王們，是如何在「民本思想」的高度上作自我之要求！台灣當今政局混亂社會世風日下，譬如連一個十二年國教上下都無法擺平；眞正原因是自以爲主人的個別百姓，妄圖有一個適合與滿足最好超過自己與家人的能力之上，不用花心思金錢與勞力而獲得量身訂做的公平正義！不明瞭與誤解「主人」是一個集體不是單獨的個體，更不能也不願遵守民主只能是代議制度，沒辦法全民民主。想當主人從來就是要高度自制！不是沒思想家或哲學家告知，而是這個字眼太煽動，因爲台灣政府與民間深刻的受到美國於內戰與蘇聯冷戰時期，過度宣染與神化民主政治使然。還有更是政治野心家與媒體故意誤導操弄，是因爲缺乏聖人治理國政，抑或是眞正的民主制度使然？民主政治與共產社會都一樣，如孫中山先生所言，那是千百年後的事情！鬼谷子也與其他諸子一樣，渴望聖人降世如久逢甘露之殷切。

[27] 《大戴禮記》〈哀公問五義〉　哀公曰：「善！敢問：何如可謂聖人矣？」孔子對曰：「所謂聖人者，知通乎大道，應變而不窮，能測萬物之情性者也。大道者，所以變化而凝成萬物者也。情性也者，所以理然、不然、取、舍者也。故其事大，配乎天地，參乎日月，雜於雲蜺，總要萬物，穆穆純純，其莫之能循；若天之司，莫之能職；百姓淡然，不知其善。若此，則可謂聖人矣。」哀公曰：「善！」。

來說，成湯周武之興兵，是出自於內心的「善良意志」[28]，發動而出便是最好最高尚的道德與行為，也是一種責任，它並非純粹為滿足個人慾望的意志。故出自於「責任感」的善良行為，才是自古至今人類社會之中，所最被讚揚與推崇的。我想，這便是身為儒家集大成者孔子，一輩子所津津樂道的聖人之道，一種非常崇高又有深度的政治主張。

〈內楗第三〉：「事有不合者，聖人不為謀也」；〈權篇第九〉：「物有不通者，聖人故不事也」，「聖人無常與，無不與」。

《論語》〈衛靈公〉子曰：「直哉史魚！邦有道，如矢；邦無道，如矢。」君子哉蘧伯玉！邦有道，則仕；邦無道，則可卷而懷之。

加上以上兩則短文，對於「不合……不為謀，不通……不事也」和孔子曰：「邦無道，則可卷而懷之」同時可以看出儒、道與縱橫家的觀點，是相通的。但鬼谷有比老莊更積極之一面：「是以聖人居天地之間，立身、禦世、施教……」，所以〈忤合第六〉說：「非至聖達奧，不能禦世」。可說鬼谷子的聖德觀，比較老、莊起來是更親近世俗人文之社會。

太公曰：「天下有民，仁聖牧之。……聖人配之，以為天地經紀。故天下治，仁聖藏；天下亂，仁聖昌；至道其然也」，「聖人之在天地間也，……因其常而視之，則民安。……天下和之。……與天地同光。」[29]《文韜》〈文師〉：「微哉！聖人之德，誘乎獨見；樂哉！聖人之慮」。

---

[28] 陳光標　2011 年 1 月 25 日在大陸「高調行善」的企業家，來台改採「低調之旅」發放高達五億元新台幣紅包之行善行為招惹爭議。此來台高調撒錢，其行善作風各界毀譽不一，但身為致力慈善活動的監察院長王建煊則持肯定態定，直言他所做：「絕對是件好事」、「那炫耀一點也沒關係，我歡迎大家都出來像他一樣炫耀。」陳光標說：「做好事不傳播，憋得難過」，更希望「一個人做好事，告訴十個人就是做十件好事，傳播一萬人就是做萬件好事」，故對台灣媒體的大肆報導盛讚：「功德無量！」他是響應美國微軟電腦公司比爾蓋茲號召，決意身後財產完全裸捐的大善人陳光標，其「行善意志」，依康得高標準，則是為了滿足個人慾望的意志；依孔子標準言，也不算是聖人！但不管如何，他還是位大受窮困的百姓們，所歡迎的大善人！（以上資料消息，來自 2011 年 1 月 28 日中國時報報導之節錄。）

[29] 〈守國〉文王問太公曰：「守國奈何？」太公曰：「齋，將語君天地之經，四時所生，仁聖之道，民機之情。」王即齋七日，北面再拜而問之。太公曰：「天生四時，地生萬物。天下有民，仁聖牧之。故春道生，萬物榮；夏道長，萬物成；秋道斂，萬物盈；冬道藏，萬物尋。盈則藏，藏則復起，莫知所終，莫知所始。聖人配之，以為天地經紀。故天下治，仁聖藏；天下亂，仁聖昌；至道其然也。」「聖人之在天地間也，其寶固大矣。因其常而視之，則民安。夫民動而為機，機動而得失爭矣。故發之以其陰，會之以其陽。為之先唱，天下和之。極反其常，莫進而爭，莫退而讓。守國如此，與天地同光。」

　　《武韜》周文王在酆，召太公曰：「嗚呼！商王虐極，罪殺不辜，公尚助予憂民，如何？」太公回答：「大明發，而萬物皆照；大義發，而萬物皆利；大兵發，而萬物皆服。大哉！聖人之德。獨聞獨見，樂哉！」[30]以上，就是太公鼓勵周文王說：「您呀！除了要具有『大明、大仁、大義』，神聖的德操之外，還得必須掌握有實際的『大兵權』，才能做上一位真正擁有快樂幸福，德與威兼具的大聖人。」太公真是位實在的權謀家與真人，乃至於是仙人，不說假話。除驚嘆太公先生雖然夠老，但老人家始終不糊塗。針對於此，令我想起世上，僅存的「能說高話、也說老實話、不說做不到的假話」，世存於世的經典古書之一《鬼谷子》，也有絕響的一句老話，不厭其煩的再次引用上一遍，亦及所謂的：「主兵日勝，……聖人謀之於陰，故曰神；……積德也，而民安之，不知其所以利；積善也，……主兵日勝者，……而天下比之神明」；同孟子言：「聖而不可知之之謂神」（〈盡心下〉）；不正也是蘊釀出齊文化的太公言：「故道在不可見，事在不可聞，勝在不可知，微哉！微哉！」[31]，同樣的會使人拍案叫絕。

　　〈符言第十二〉：「人主不可不周，人主不周，則群臣生亂」，又「一曰長目，二曰飛耳，三曰樹明」，「高山仰之可極，深淵度之可測，神明之德術正靜，其莫之極歟。」

　　當眾人之主的領導者，雖不如古代之諸侯國，決策稍有不慎，就會有亡國之疑，但是今日之企業由於競爭過於激烈，也常會有垮臺關門之險境，所

30　《六韜、武韜》〈發啓〉：「文王在酆，召太公曰：「嗚呼！商王虐極，罪殺不辜，公尚助予憂民，如何？」太公曰：「王其修德，以下賢惠民。以觀天道。天道無殃，不可先倡；人道無災，不可先謀。必見天殃，又見人災，乃可以謀。必見其陽，又見其陰，乃知其心；必見其外，又見其內，乃知其意；必見其疏，又見其親，乃知其情。行其道，道可致也；從其門，門可入也；立其禮，禮可成也；爭其強，強可勝也。全勝不鬥，大兵無創，與鬼神通，微哉！微哉！與人同病相救，同情相成，同惡相助，同好相趨。故無甲兵而勝，無衝機而攻，無溝壍而守。」（下接註解之文）「鷙鳥將擊，卑飛斂翼；猛獸將搏，弭耳俯伏；聖人將動，必有愚色。今彼殷商，眾口相惑；紛紛渺渺，好色無極，此亡國之微也。吾觀其野，草菅勝穀；吾觀其眾，邪曲勝直；吾觀其吏，暴虐殘賊。敗法亂刑，上下不覺，此亡國之時也。**大明發而萬物皆照，大義發而萬物皆利，大兵發而萬物皆服。大哉！聖人之德。獨聞獨見，樂哉。」**
31　《六韜、武韜》〈發啓〉：「大智不智，大謀不謀；大勇不勇，大利不利。利天下者，天下啓之；害天下者，天下閉之。天下者，非一人之天下，乃天下之天下也。取天下者，若逐野獸，而天下皆有分肉之心。若同舟而濟，濟則皆同其利，敗則皆同其害。然則皆有啓之，無有閉之也。無取於民者，取民者也；無取於國者，取國者也；無取於天下者，取天下者也。無取民者，民利之；無取國者，國利之；無取天下者，天下利之。**故道在不可見，事在不可聞，勝在不可知，微哉！微哉！」**

以用人處事也不可不周密，在言行動靜之間「即欲捭之，貴周；即欲闔之，貴密」（〈捭闔第一〉）；都是隨時處在於考慮周詳與處事縝密的境界「周密之貴，微而與道相追」（同上）。否則國君底下的臣子們，或是當今企業集團的現代董事長、總經理的高級、中級等之幹部，如何彰顯其才華，得要有「無爲」之美德，且更必須要有聰明賢良之下屬，作出更多「有爲」的作爲來，以利國計民生才行，否則這個國家社會不就會崩潰瓦解了，不是嗎？「無爲」是世間的大組織裏頭最高領導者的「作爲」，其他的人都不可以無爲！中、小公司的小老闆當然沒資格談論「無爲」，假如每天對現金收入、現金支出傳票都不看上一眼，連支票印章也都丟給會計、出納員胡亂蓋章，或是營業客戶也不努力去拜訪開發，以爲交代給業務員就了事，這家公司準出事。若說是莊子的出世觀，那無爲則又不同了，不能於此相提並論。

　　《鬼谷子》於〈損兌第七〉言：「故聖人，以無爲待有德」。這就顯露出《鬼谷子》之作者，以道家「無爲」之「出世境界」，來接續儒家以超越個人生命，崇高道德的之政治（有爲）之「入世理想」。鬼谷子認爲必須要和有賢有能的人，共同合作加以配合演出，以擁有各項具專業又合乎「職業道德」的「操守行爲」，才得以配享。所謂「崇高聖潔」的聖人之美名，如此才能永遠爲人民，所愛載所歌唱與傳頌之，正是所謂大哉「聖德」之榮耀。但是鬼谷子的聖人，已經脫離了被神化的色彩，專指只會「爲民治國」、「有權有謀」能力高超不擇手段的領導者「故謀莫難於周密，說莫難於悉聽，事莫難於必成：此三者，唯聖人然後能任之」（〈摩篇第八〉）。

　　而《鬼谷子》後卷之聖人，可說是「有德有守」與「求和不爲」：「內修練而知之，謂之聖人」（〈盛神第一〉）；此句等幾乎同等於《黃帝陰符經》[32]：「知之修練，謂之聖人」（〈卷中、富國安人演法章〉）所言；又「故聖人以無爲待有德」（〈損兌第七〉）；「無窮者，必有聖人之心，以原不測之智」，「聖人

---

[32] 《黃帝陰符經》又稱《陰符經》舊提軒轅 黃帝撰，分一卷三篇，共四百六十一字褚遂良得自太極眞人註，上篇、中篇、下篇版；及三百餘字李荃得自驪山老母註，卷上、卷中、卷下版。版本、集註甚多，不下百家。《舊唐書、藝文志》將其列爲道家。在中國古代的哲學和兵學（兵家）中都佔有一定的地位。被道教立爲重要道經，歷代註解之多僅次《道德經》和《南華眞經》（清淨經）。廣成子、伊尹、姜太公、鬼谷子、範蠡、漢張良、三國諸葛亮、唐李荃（唐後流傳六家註本）、張果、宋夏元鼎、朱熹、俞琰、明焦竑、呂坤、清徐大春、劉一明……等儒釋道都註解過。呂坤斷言亦傳《易傳》《道德經》《清淨經》皆從出《陰符經》。（《黃帝陰符經集註》常秉義點批、中央編譯出版社、2011 年 6 月）。唐代甄昌仁根據《黃帝間玄女兵法》《玄女法》寫有《陰符經事蹟》說「……西王母再遣九天玄女授帝秘訣一十九條，《陰符經》三百餘言。至於金丹玉篆之文，寶符飛崖之術，入火履水之法無不備焉。」

懷此，用轉圓而求其合」，「聖人以道，先知存亡，乃知轉圓而從方」（〈轉圓第六〉）；「聖人所貴道微妙者」（〈中經〉）。是一種再往更高層次之境界，已是進階版的聖人了。一如乾卦上爻的九五與上九：「飛龍在天、亢龍有悔」；〈象傳〉：「亢龍有悔，盈不可久也」。〈文言〉：「貴而無位，高而無民，賢人在下位而無輔，是以動而有悔也。」

　　這就是鬼谷子的智慧：「轉圓求合、轉圓從方」，「事之危也，聖人知之，獨保其身」，「世無可抵，則深隱而待時」的聖德觀。抑是道學「持盈保泰」，儒學「極高明而道中庸」[33]的「聖賢氣象」充分的展示。在鬼谷子的「經世濟民」理念，得以由積極從政的實踐之中，造就理想人格「可進可退」之免於災難劫數，但卻明顯的與《淮南子》〈詮言訓〉：「聖人不爲名屍，不爲謀府，不爲事任，不爲智主。……故聖人掩明於不形，藏跡於無爲。」[34]道家強烈之色彩，非常之不同。無疑給了縱橫家子弟求聖求賢、求富求貴，在仕途一路上起到了指引的作用，畢竟是聖是凡本就難覓。

第二節　鬼谷子的賢人政治與人才培育之道

　　鬼谷子在聖人主張之外又以智者爲輔，如下言論：

　　　　〈飛箝第五〉：「先王之道，聖智之謀」；〈忤合第六〉：「己必自度材
　　　　能智睿」；〈揣篇第七〉：「故雖有先王道，聖智之謀」，「與賓客之智
　　　　慧，孰少孰多」；〈權篇第九〉：「是故與智者言，……故智貴不妄」，
　　　　「是故智者不用其短，而用愚人之所長」，「故與智者言，依於博」，

---

[33] 〈中庸〉：「大哉，聖人之道！洋洋乎發育萬物，峻極於天。優優大哉！禮儀三百，威儀三千，待其人然後行。故曰：苟不至德，至道不凝焉。故君子尊德性而道問學，致廣大而盡精微，**極高明而道中庸**。溫故而知新，敦厚以崇禮。是故居上不驕，爲下不倍；國有道，其言足以興，國無道，其默足以容。《詩》曰：『既明且哲，以保其身。』其此之謂與！」

[34] 《淮南子》〈詮言訓〉：「聖人不爲名屍，不爲謀府，不爲事任，不爲智主。藏無形，行無跡，遊無朕，不爲福先，不爲禍始，保於虛無，動於不得已。欲福者或爲禍，欲利者或離害。故無爲而寧者，失其所以寧則危；無事而治者，失其所以治則亂。星列於天而明，故人指之；義列於德而見，故人視之。人之所指，動則有章；人之所視，行則有跡。動有章則詞，行有跡則議。**故聖人掩明於不形，藏跡於無爲。**」《莊子、內篇》〈應帝王〉：「**無爲名屍，無爲謀府，無爲事任，無爲知主。**體盡無窮，而遊無朕，盡其所受於天，而無見得，亦虛而已。至人之用心若鏡，不將不迎，應而不藏，故能勝物而不傷。」《列子、九守》〈符言〉：「老子曰：**無爲名屍，無爲謀府，無爲事任，無爲智主。**藏於無形，行於無息，不爲福先，不爲禍始，始於無形，動於不得已，欲福先無禍，欲利先遠害。故無爲而寧者，失其所寧即危，無爲而治者，失其所治即亂，故『不欲碌碌如玉，落落如石。』其實好者皮必剝，其角美者身必殺，甘泉必竭，直木必伐，華榮之言後爲怨，石有玉傷其山，黔首之患固在言。」

「故智貴不忘，聽貴聰，智貴明」；〈謀篇第十〉：「智者達於數，明於理」，「智者事易，而不智者事難，……然而無爲而貴智矣」，「智用於眾人之所不能知」；〈符言第十二〉：「心貴智」。

《鬼谷子》〈抵巇第四〉寫到：「天下紛錯，士無明主，公侯無道德，則小人讒賊；賢人不用，聖人竄匿，貪利詐偽者作；君臣相惑，土崩瓦解而相伐射；……」及於〈捭闔第一〉：「夫賢不肖」，到〈揣篇第七〉：「揆君臣之親疏，孰賢孰不肖」。曾經年輕過，也曾是櫻下老師的鬼谷子，看盡世事、政局、人事之滄桑變化，人生可說是閱歷豐富。對於聖人之期待與看重自不在話下，然而那僅只是可遇不可求；更多的政事，還得必須是依靠賢能之人才，依目的堅持不懈的做了，且有所成就，才算數。孟子談治國之道亦曰：「莫如貴德而尊士，賢者在位，能者在職。」（〈公孫丑上〉）

國家治世不僅需要聖人，而聖人治國更是求賢才若渴。同爲計謀之書的《素書》〈上略〉言：「賢者所適，其前無敵」，「所任賢，則敵國畏」，「故祿賢不愛財，賞功不踰時」，「夫爲國之道，恃賢與民，信賢如腹心，使民如四肢，則策無遺」。〈中略〉言：「聖人體天，賢人法地，智者師古」，「故非計策，無以決嫌定疑；非譎奇無以破姦息寇，非陰謀無以成功」。賢智聖凡有別。

又〈下略〉言：「傷賢者，殃及三世。蔽賢者，身受其害。嫉賢者，其名不全。進賢者，福流子孫。故君子急於進賢，而美名彰焉」，「賢臣內，則邪臣外。邪臣內，則賢臣斃。內外失宜，禍亂傳世」，「故明君求賢，必觀其所以而致焉。致清白之士，修其禮；致節義之士，修其道。然後士可致，而名可保」，「夫能扶天下之危者，則據天下之安。能除天下之憂者，則享天下之樂。能救天下之禍者，則獲天下之福。故澤及於民，則賢人歸之。澤及昆蟲，則聖人歸之。賢人所歸，則其國強。聖人所歸，則六合同。求賢以德、致聖以道。賢去則國微，聖去則國乖。微者危之階，乖者亡之徵」，「賢人之政，降人以體，聖人之政，降人以心」[35]故：「夫聖人君子，明盛衰之源，通成敗之端，審治亂之機，知去就之節。」德才兼備之賢良人才多麼之重要。

聖人管理天下能處於無爲與無事之中，那表示必須有一群賢能有德之士

---

[35] 「賢人之政，降人以體，聖人之政，降人以心。體降可以圖始，心降可以保終。降體以禮，降心以樂。所謂樂者，非金，石，絲，竹也，謂人樂其家，謂人樂其俗，謂人樂其業，謂人樂其都邑，謂人樂其政令，謂人樂其道德；如此君人者，乃作樂以節之，使不失其和。故有德之君，以樂樂人，無德之君，以樂樂身。樂人者，久而長，樂身者不久而亡。」

爲其所用，才能有所表現。我國古來便有歷史記載之下，強調「賢」[36]人能貴爲聖人所用，才能充份彰顯出國泰民安。當然不只聖人需要賢人之輔佐，賢人亦需要聖人之信賴與發掘，自古即有言「士爲知己者死」[37]。賢人當然也不能例外。「溥天之下、莫非王土。率土之濱、莫非王臣。大夫不均、我從事獨賢。」[38]《六韜》：「舉賢而上功」[39]，「舉賢」終於成了我國政治的傳統。

雖然老子《道德經》〈第三篇〉卻說：「不尚賢，使民不爭」，但與縱橫家相同積極入世的儒家，卻也表現出許多歷史上有名的愛材惜材之典型範，例如：周公三次反哺之具體作爲[40]，及曹操之〈短歌行〉：「周公吐哺，天下歸心」，都是指出了爲政者惜才、求才若渴之高度表現。

> 《大戴禮記》〈哀公問五義〉哀公曰：「善！敢問：何如可謂賢人矣？」
> 孔子對曰：「所謂賢人者，好惡與民同情，取捨與民同統；行中矩繩，
> 而不傷於本；言足法於天下，而不害於其身；躬爲匹夫而願富貴，
> 爲諸侯而無財。如此，則可謂賢人矣。」

由此段文句，我們得以瞭解孔子對於賢人之定義。賢人平日在好惡取捨態度與追求富貴是如同百姓一般，唯舉足言行能不傷本害身，但當貴爲邦國所用之時，則便得專心於國事，不得爲己一人之私利，便得算是賢人了。而在〈憲問第十四〉子曰：「賢者辟世，其次辟地，其次辟色，其次辟言。」可以看出這裡，孔子指的賢者，則是隱藏式的道家賢者，他會逃避渾濁的社會，其次逃避動蕩的地域，再次避開鄙視的目光，最後則是逃避惡毒的人言。如此有才有德的賢能之士，孔子他說只有七個人（子曰：「作者七人矣。」）這

---

[36] 《說文解字》《貝部》賢：「多才也」。從貝臤聲。

[37] 《戰國策》〈趙策一〉豫讓遁逃山中，曰：「嗟於！士爲知己者死，女爲悅己者容。吾其報知氏之仇矣。」管仲哭鮑叔牙亦有此語。又司馬遷《報任安書》：「何則？士爲知己者死，女爲悅己者容。」

[38] 語出自《詩經、小雅》〈北山之什、北山〉。

[39] 〈舉賢〉太公曰：「將相分職，而各以官名舉人，按名督實，選才考能，令實當其名，名當其實，則得舉賢之道也。」

[40] 《史記》〈卷三十三〉、〈魯、周公世家〉：「然我一沐三捉髮，一飯三吐哺，起以待士，猶恐失天下之賢人。」《史記》寫周公一飯三吐哺，形容周公爲接見賢，才吃一頓飯中斷三次。而曹操〈短歌行〉：「對酒當歌，人生幾何？譬如朝露，去日苦多。慨當以慷，憂思難忘。何以解憂？唯有杜康。青青子衿，悠悠我心。但爲君故，沈吟至今。呦呦鹿鳴，食野之蘋。我有嘉賓，鼓瑟吹笙。明明如月，何時可掇？憂從中來，不可斷絕。越陌度阡，枉用相存。契闊談宴，心念舊恩。月明星稀，烏鵲南飛，繞樹三匝，何枝可依？山不厭高，海不厭深。周公吐哺，天下歸心。」句末「周公吐哺，天下歸心。」係模仿周公獲天下賢才心切之意，（吐哺是在口中含著嚼食之意）。

種超高標準的賢人，當然與戰國中後期的賢人大不相同。其它在《論語》上資料看來是指有才能、有德操與有學問之指稱[41]。

我們還可以從墨家〈尚賢上〉的經文中，獲悉那個時代，賢能之士多麼之重要。此外代表法家，素為孔子在《論語》〈憲問篇〉讚美說：「管仲相桓公，霸諸侯，一匡天下，民到於今受其賜。微管仲，吾其被髮左衽矣。」管子以尊王攘夷為對外的策略，對內大力倡導尚賢，內政外交大有斬獲，使齊國稱霸諸侯，見到了「西周的封建制度建立在親親之等，而不問賢與不賢。」

我們從儒家幾部經典之各角度，來看對賢人之重視：

> 《論語》〈為政第二〉子曰：「君子不器」；〈里仁第四〉子曰：「君子喻於義，小人喻於利」；〈子路第十三〉仲弓為季氏宰，問政。子曰：「先有司，赦小過，舉賢才。」曰：「焉知賢才而舉之？」曰：「舉爾所知。爾所不知，人其舍諸」；《孟子》〈萬章下〉：「欲見賢人而不以其道，猶欲其入而閉之門也。」

> 《荀子》〈榮辱第四〉：「材性知能，君子小人一也；……知慮材性，固有以賢人矣」；〈非相第五〉：「五帝之外無傳人，非無賢人也，久故也」；〈大略第廿七〉：「舜曰：『維予從欲而治。』故禮之生，為賢人以下至庶民也，非為成聖也；然而亦所以成聖也，不學不成；堯學於君疇，舜學於務成昭，禹學於西王國。」又「士有妒友，則賢

---

[41] 《論語》（772～221 BC），出現賢或賢人字一共有25次。〈學而〉子夏曰：「賢賢易色，事父母能竭其力，事君能致其身，與朋友交言而有信。雖曰未學，吾必謂之學矣。」〈里仁〉子曰：「見賢思齊焉，見不賢而內自省也。」〈雍也〉子曰：「賢哉回也！一簞食，一瓢飲，在陋巷。人不堪其憂，回也不改其樂。賢哉回也！」〈述而〉冉有曰：「夫子為衛君乎？」子貢曰：「諾。吾將問之。」入，曰：「伯夷、叔齊何人也？」曰：「古之賢人也。」〈先進〉子貢問：「師與商也孰賢？」子曰：「師也過，商也不及。」曰：「然則師愈與？」子曰：「過猶不及。」〈憲問〉子曰：「不逆詐，不億不信。抑亦先覺者，是賢乎！」〈衛靈公〉子貢問為仁。子曰：「工欲善其事，必先利其器。居是邦也，事其大夫之賢者，友其士之仁者。」子曰：「臧文仲其竊位者與？知柳下惠之賢，而不與立也。」〈季氏〉孔子曰：「益者三樂，損者三樂。樂節禮樂，樂道人之善，樂多賢友，益矣。樂驕樂，樂佚遊，樂宴樂，損矣。」〈陽貨〉子曰：「飽食終日，無所用心，難矣哉！不有博弈者乎，為之猶賢乎已。」〈子張〉曰：「異乎吾所聞：君子尊賢而容眾，嘉善而矜不能。我之大賢與，於人何所不容？我之不賢與，人將拒我，如之何其拒人也。」子貢曰：「文武之道，未墜於地，在人。賢者識其大者，不賢者識其小者，莫不有文武之道焉。夫子焉不學？而亦何常師之有？」叔孫武叔語大夫於朝，曰：「子貢賢於仲尼。」「他人之賢者，丘陵也，猶可踰也。」陳子禽謂子貢曰：「子為恭也，仲尼豈賢於子乎？」子貢曰：「君子一言以為知，一言以為不知，言不可不慎也。」以上分為三部分，孔子與學生輕鬆對話，部份是學生對話，部分為外人公孫朝、叔孫武叔、陳子禽批評孔子，學生維護老師言論等，對於賢一字之對話，大抵指有才、有德、有學問之士。

交不親；君有妒臣，則賢人不至。蔽公者謂之昧，隱賢者謂之妒，奉妒昧者謂之交譎。交譎之人，妒昧之臣，國之葳孼也。」又「古之賢人，賤爲布衣，貧爲匹夫，食則饘粥不足，衣則豎褐不完；然而非禮不進，非義不受，安取此」；〈哀公第卅一〉哀公曰：「善」，孔子曰：「人有五儀：有庸人，有士，有君子，有賢人，有大聖。」……哀公曰：「善！敢問何如斯可謂賢人矣？」孔子對曰：「所謂賢人者，行中規繩而不傷於本，言足法於天下而不傷於身，富有天下而無怨財，佈施天下而不病貧：如此則可謂賢人矣。」

以上，經典之言多表對賢人重視；可見國無賢人，無從行使良政。

又漢朝之《說苑》〈尊賢〉亦同：「夫朝無賢人，猶鴻鵠之無羽翼也」[42]；〈奉使七〉：「楚莊王欲伐晉，使豚尹觀焉。反曰：『不可伐也。其憂在上；其樂在下。且賢臣在焉，曰沈駒。』明年，又使豚尹觀，反曰：『可矣。初之賢人死矣。諂諛多在君之廬者，其君好樂而無禮；其下危處以怨上。上下離心，興師伐之，其民必反。』莊王從之，果如其言矣。」又〈奉使八〉言：梁王贊其群臣而議其過，任座進諫曰：「主君國廣以大，民堅而眾，國中無賢人辯士，奈何？」王曰：「寡人國小以狹，民弱臣少，寡人獨治之，安所用賢人辯士乎？」[43]

---

[42] 《說苑》西漢（206 BC～9 AD）劉向著。〈尊賢〉：「人君之欲平治天下而垂榮名者，必尊賢而下士。《易》曰：『自上下下，其道大光。』又曰：『以貴下賤，大得民也。』夫明王之施德而下下也，將懷遠而致近也。夫朝無賢人，猶鴻鵠之無羽翼也，雖有千里之望，猶不能致其意之所欲至矣；是故游江海者託於船，致遠道者託於乘，欲霸王者託於賢；伊尹、呂尚、管夷吾、百里奚，此霸王之船乘也。釋父兄與子孫，非疏之也；任庖人釣屠與仇讎僕虜，非阿之也；持社稷立功名之道，不得不然也。猶大匠之爲宮室也，量小大而知材木矣，比功效而知人數矣。是故呂尚聘而天下知商亡國破家亦固有人；桀用於莘，紂用惡來，宋用唐鞅，齊用蘇秦，秦用趙高，而天下知其亡也；非其人而欲有功，譬其若夏至之日而欲夜之長也，射魚指天而欲發之當也；雖舜禹猶亦困，而又況乎俗主哉！

[43] 任座曰：「不然」，昔者齊無故起兵攻魯，魯君患之，召其相曰：「爲之奈何？」相對曰：「夫柳下惠少好學，長而嘉智，主君試召使於齊。」魯君曰：「吾千乘之主也，身自使於齊，齊不聽。夫柳下惠特布衣韋帶之士也，使之又何益乎？」相對曰：「臣聞之，乞火不得不望其炮矣。今使柳下惠於齊，縱不解於齊兵，終不愈益攻於魯矣。」魯君乃曰：「然乎？」相即使人召柳下惠來。入門，袪衣不趨。魯君避席而立，曰：「寡人所謂飢而求黍稷，渴而穿井者，未嘗能以觀喜見子。今國事急，百姓恐懼，願藉子大夫使齊。」柳下惠曰：「諾。」乃東見齊侯。齊侯曰：「魯君將懼乎？」柳下惠曰：「臣君不懼。」齊侯忿然怒曰：「吾望而魯城，芒若類失亡國，百姓發屋伐木以救城郭，吾視若魯君類吾國。子曰不懼，何也？」柳下惠曰：「臣之君所以不懼者，以其先人出周，封於魯，君之先君亦出周，封於齊，相與出周

〈權謀六〉:「晉太史屠餘見晉國之亂,見晉平公之驕而無德義也,以其國法歸周。周威公見而問焉,曰:『天下之國,其孰先亡。』對曰:『晉先亡。』……賢良不與……居三年,晉果亡。……:『中山次之。』……居二年,中山果亡。……屠餘曰:『君次之。』威公懼,……屠餘曰:『……臣聞國之興也,天遺之賢人,與之極諫之士;國之亡也,天與之亂人與善諛者。』威公薨,九月不得葬。周乃分而為二,故有道者言,不可不重也。」[44]「賢人君子者,通乎盛衰之時,明乎成敗之端,察乎治亂之紀,審乎人情。知所去就,故雖窮不處亡國之勢,雖貧不受汙君之祿。」[45]

南門」剠羊而約曰:『自後子孫敢有相攻者,令其罪若此剠羊矣。臣之君固以剠羊不懼矣,不然,百姓非不急也。』齊侯乃解兵三百里。夫柳下惠特布衣韋帶之士,至解齊,釋魯之難,奈何無賢士聖人乎?」

[44] 〈奉使〉梁王贊其群臣而議其過,任座進諫曰:「主君國廣以大,民堅而眾,國中無賢人辯士,奈何?」王曰:「寡人國小以狹,民弱臣少,寡人獨治之,安所用賢人辯士乎?」
〈權謀〉晉太史屠餘見晉國之亂,見晉平公之驕而無德義也,以其國法歸周。周威公見而問焉,曰:「天下之國,其孰先亡。」對曰:「晉先亡。」威公問其說。對曰:「臣不敢直言,示晉公以天妖,日月星辰之行多不當」,曰:「是何能然?」示以人事多義,百姓多怨,曰:「是何傷?」示以鄰國不服,賢良不與,曰:「是何害?」是不知所以存,所以亡。故臣曰:「晉先亡。」居三年,晉果亡。威公又見屠餘而問焉。曰:「孰次之。」對曰:「中山次之。」威公問其故。對曰:「天生民,令有辨,有辨,人之義也。所以異於禽獸麋鹿也,君臣上下所以立也。中山之俗,以晝為夜,以夜繼日,男女切踦,固無休息,淫昏康樂,歌謳好悲,其主弗知惡,此亡國之風也。」臣故曰:「中山次之。」居二年,中山果亡。威公又見屠餘而問曰:「孰次之。」屠餘不對。威公固請。屠餘曰:「君次之。」威公懼,求國之長者,得錡疇、田邑而禮之,又得史理、趙巽以為諫臣,去苛令三十九物,以告屠餘。屠餘曰:「其尚終君之身。臣聞國之興也,天遺之賢人,與之極諫之士;國之亡也,天與之亂人與善諛者。」威公薨,九月不得葬。周乃分而為二,故有道者言,不可不重也。

[45] 語出〈雜言〉下接:「是以太公七十而不自達,孫叔敖三去相而不自悔;何則?不強合非其人也。太公一合於周而侯七百歲,孫叔敖一合於楚而封十世;大夫種存亡越而霸,句踐賜死於前;李斯積功於秦,而卒被五刑。盡忠憂君,危身安國,其功一也;或以封侯而不絕,或以賜死而被刑;所慕所由異也。故箕子去國而佯狂,範蠡去越而易名,智過去君弟而更姓,皆見遠識微,而仁能去富勢,以避萌生之禍者也。夫暴亂之君,孰能離縶以役其身,而與於患乎哉?故賢者非畏死避害而已也,為殺身無益而明主之暴也。比干死紂而不能正其行,子胥死吳而不能存其國;二子者強諫而死,適足明主之暴耳,未始有益如秋毫之端也。是以賢人閉其智,塞其能,待得其人然後合;故言無不聽,行無見疑,君臣兩與,終身無患。今非得其時,又無其人,直私意不能已,閔世之亂,憂主之危;以無貲之身,涉蔽塞之路;經乎讒人之前,造無量之主,犯不測之罪;傷其天性,豈不惑哉?故文信侯、李斯,天下所謂賢也,為國計揣微射隱,所謂無過策也;戰勝攻取,所謂無強敵也。積功甚大,勢利甚高。賢人不用,讒人用事,自知不用,其仁不能去;制敵積功,不失秋毫;避患去害,不見丘山。積其所欲,以至其所惡,豈不為勢利惑哉?《詩》云:『人知其一,莫知其他。』此之謂也。」

　　以上從春秋至戰國，乃至於漢朝，在在顯出國君或聖人在「擇人用賢[46]、夢得賢相[47]、野無遺賢、任賢勿貳[48]、佑賢輔德[49]、尚賢進賢、管理眾賢[50]、進賢見賢[51]、急親賢也[52]、任賢好賢[53]、選賢舉能、仁賢忠良[54]、趨在任賢[55]、降

---

[46]《管子》〈明法解第卅二〉：「明主之擇賢人也，言勇者試之以軍，言智者試之以官，試於軍而有功者則舉之，試於官而事治者則用之；故以戰功之事定勇怯，以官職之治定愚智，故勇怯愚智之見也，如白黑之分。亂主則不然，……故明主以法案其言而求其實，以官任其身而課其功，專任法不自舉焉；故明法曰：『先王之治國也，使法擇人，不自舉也。』」

[47]《商書、說命上》：「高宗夢得說，使百工營求諸野，得諸傳巖，作說命三篇。」孔安國傳：「盤庚弟小乙子名武丁，德高可尊，故號高宗。夢得賢相，其名曰說。」

[48]《尚書》〈虞書、大禹謨〉：曰若稽古大禹，曰：「文命敷於四海，祗承於帝。」帝曰：「俞，允若茲，嘉言罔攸伏，野無遺賢，萬邦咸寧。……」益曰：「都。帝德廣運，乃聖乃神，乃武乃文。皇天眷命，奄有四海，為天下君。」禹曰：「惠迪吉，從逆凶，惟影響。」益曰：「籲！戒哉，儆戒無虞，罔失法度；罔遊於逸，罔淫於樂；任賢勿貳，去邪勿疑，……無怠無荒，四夷來王。」

[49]《尚書》〈商書、仲虺之誥〉成湯放桀於南巢，惟有慚德，曰：「予恐來世以臺為口實。」仲虺乃作誥，曰：「……夏王有罪，矯誣上天，……簡賢附勢，實繁有徒；……民之戴商，厥惟舊哉，佑賢輔德，顯忠遂良，……永保天命。」

[50]《墨子》〈尚賢上〉子墨子言曰：「……況又有賢良之士厚乎德行，辯乎言談，博乎道術者乎，此固國家之珍，……是故古者聖王之為政也，言曰：「不義不富，不義不貴，不義不親，不義不近。」……故古者堯舉舜於服澤之陽，授之政，天下平；禹舉益於陰方之中，授之政，九州成；湯舉伊尹於庖廚之中，授之政，其謀得；文王舉閎夭泰顛於罝罔之中，授之政，西土服。故當是時，雖在於厚祿尊位之臣，莫不敬懼而施，雖在農與工肆之人，莫不競勸而尚意。……夫尚賢者，政之本也。」〈尚賢下〉子墨子言曰：「天下之王公大人皆欲其國家之富也，……然則此尚賢者也，與堯、舜、禹、湯、文、武之道同矣。……尚賢者，天鬼百姓之利，而政事之本也。」〈尚賢中〉子墨子言曰：「今王公大人之君人民，主社稷，治國家，……相率而為賢。者以賢者眾，而不肖者寡，此謂進賢。……凡所使治國家，官府，邑里，此皆國之賢者也。……賢者之治邑也，蚤出莫入，耕稼、樹藝、聚菽粟，……內者萬民親之，賢人歸之，以此謀事則得，舉事則成，入守則固，出誅則彊。故唯昔三代聖王堯、舜、禹、湯、文、武，之所以王天下正諸侯者，此亦其法已。子墨子言曰：「是在王公大人為政於國家者，不能以尚賢事能為政也。是故國有賢良之士眾，則國家之治厚，賢良之士寡，則國家之治薄。故大人之務，將在於眾賢而已。」

[51]《孟子》〈梁惠王下〉孟子見齊宣王曰：「所謂故國者，非謂有喬木之謂也，有世臣之謂也。王無親臣矣，昔者所進，今日不知其亡也。」王曰：「吾何以識其不才而舍之？」曰：「國君進賢，如不得已，將使卑踰尊，疏踰戚，可不慎與？左右皆曰賢，未可也；諸大夫皆曰賢，未可也；國人皆曰賢，然後察之；見賢焉，然後用之。左右皆曰不可，勿聽；……後可以為民父母。」

[52]《孟子》〈盡心上〉　孟子曰：「知者無不知也，當務之為急；仁者無不愛也，急親賢之為務。堯、舜之知而不遍物，急先務也；堯、舜之仁不遍愛人，急親賢也。不能三年之喪，而緦小功之察；放飯流歠，而問無齒決，是之謂不知務。」

[53]《韓非子》〈二柄第七〉人主有二患：「任賢，則臣將乘於賢以劫其君；妄舉，則事沮不勝。故人主好賢，則群臣飾行以要君欲，則是群臣之情不效；群臣之情不效，則人主無以異其臣矣。故越王好勇，而民多輕死；楚靈王好細腰，而國中多餓人；齊桓公妒而好內，故豎刁自宮以治內，……」故曰：「去好去惡，群臣見素。群臣見素，則大君不蔽矣。」

[54] 請參閱《韓非子》〈難言第三〉全文。

[55]《說苑》〈君道〉對曰：「人君之道清淨無為，務在博愛，趨在任賢；廣開耳目，以察萬方；

禮尊賢[56]、遠賢近讒[57]、簡賢附勢[58]……」等，有關用賢之各式典故，大量充斥於古史經籍之上，多方跟隨且不可迴避。《呂氏春秋》〈論人〉亦言：「通則觀其所禮，貴則觀其所進，富則觀其所養」[59]；「王者官人無私，唯賢是親」[60]已廣佈在我國的先聖先賢，與古代哲人之思想言論與實際作為的典籍之中。更

不固溺於流俗，不拘繫於左右；廓然遠見，踔然獨立；屢省考績，以臨臣下。此人君之操也。」

[56] 《韓詩外傳》〈卷一〉傳曰：「在天者、莫明乎日月，在地者、莫明於水火，在人者、莫明乎禮儀。故日月不高，則所照不遠；水火不積，則光炎不博：禮義不加乎國家，則功名不白。故人之命在天，國之命在禮。君人者，降禮尊賢而王，重法愛民而霸，好利多詐而危，權謀傾覆而亡。《詩》曰：「人而無禮，胡不遄死！」君人者、降禮尊賢而王，重法愛民而霸，好利多詐而危，權謀傾覆而亡。

[57] 《荀子》卷廿五〈成相〉請成相：「世之殃，愚闇愚闇墮賢良！人主無賢，如瞽無相，何悵悵！請布基，慎聖人，愚而自專事不治。主忌苟勝，群臣莫諫，必逢災。論臣過，反其施，尊主安國尚賢義。拒諫飾非，愚而上同，國必禍。曷謂『罷』？國多私，比周還主黨與施。遠賢近讒，忠臣蔽塞主勢移。曷謂『賢』？明君臣，上能尊主下愛民。主誠聽之，天下為一海內賓。主之孽，讒人達，賢能遁逃國乃蹙。愚以重愚，闇以重闇，成為桀。世之災，妒賢能，飛廉知政任惡來。」

[58] 《尚書、商書》〈仲虺之誥〉仲虺乃作誥，曰：「嗚呼！惟天生民有欲，無主乃亂，惟天生聰明時乂，有夏昏德，民墜塗炭，天乃錫王勇智，表正萬邦，纘禹舊服。茲率厥典，奉若天命。夏王有罪，矯誣上天，以布命於下。帝用不臧，式商受命，用爽厥師。簡賢附勢，實繁有徒。肇我邦於有夏，若苗之有莠，若粟之有秕。小大戰戰，罔不懼於非辜。矧予之德，言足聽聞。惟王不邇聲色，不殖貨利。德懋懋官，功懋懋賞。用人惟己，改過不吝。克寬克仁，彰信兆民。乃葛伯仇餉，初征自葛，東征，西夷怨；南征，北狄怨，曰：『奚獨後予？』攸徂之民，室家相慶，曰：『徯予後，後來其蘇。』民之戴商，厥惟舊哉！佑賢輔德，顯忠遂良，兼弱攻昧，取亂侮亡，推亡固存，邦乃其昌。德日新，萬邦惟懷；志自滿，九族乃離。王懋昭大德，建中於民，以義制事，以禮制心，垂裕後昆。予聞曰：『能自得師者王，謂人莫己若者亡。好問則裕，自用則小』。嗚呼！慎厥終，惟其始。殖有禮，覆昏暴。欽崇天道，永保天命。」

[59] 「何謂求諸人？人同類而智殊，賢不肖異，皆巧言辯辭，以自防禦，此不肖主之所以亂也。凡論人，通則觀其所禮，貴則觀其所進，富則觀其所養，聽則觀其所行，止則觀其所好，習則觀其所言，窮則觀其所不受，賤則觀其所不為，喜之以驗其守，樂之以驗其僻，怒之以驗其節，懼之以驗其特，哀之以驗其人，苦之以驗其志，八觀六驗，此賢主之所以論人也。論人者，又必以六戚四隱。何謂六戚？父母兄弟妻子。何謂四隱？交友故舊邑里門郭。內則用六戚四隱，外則用八觀六驗，人之情偽貪鄙美惡無所失矣，譬之若逃雨，汙無之而非是。此聖王之所以知人也。」

[60] 《昌言》：「王者官人無私，唯賢是親；勤恤政事，屢省功臣，賞賜期於功勞，刑罰歸乎罪惡。政平民安，各得其所。則天地將自從我而正矣，休祥將自應我而集矣，惡物將自舍我而亡矣。」中國東漢末哲學家仲長統的哲學政治著作。《後漢書、仲長統傳》載，仲長統：「每論說古今及時俗行事，恒發憤歎息。因著論名曰《昌言》，凡三十四篇，十餘萬言」。原書已佚，《後漢書》「本傳」，錄有《理亂》、《損益》、《法誡》三篇。此外，《群書治要》、《意林》、《齊民要術序》、《文選》、《太平禦覽》等書中保存有某些片斷。《昌言》針對東漢末年的社會弊病，主張「限夫田以斷並兼，急農桑以豐委積，嚴禁令以階儹差，察苛刻以絕煩暴」；「政不分于外戚之家，權不入於宦豎之門」。反對「選士而論族姓閥閱」，主張「核才藝以敘官宜」。在哲學上，提出「人事為本，天道為末」的觀點，反對迷信天道而背人事。《昌言》的輯本，見清嚴可均《全上古三代秦漢三國六朝文》中的《全後漢文》和馬國翰的《玉函山房輯佚書》。

是在當今西方資本主義物欲橫流、唯利是圖的經濟社會環境衝擊之下，做爲東方社會高度重視管理者與幹部之私德上，各級政府領導與企業集團等經營管理的用人參考範本。乃至於清末李鴻章、曾國藩手握國家大權的重臣，對於選賢舉能無不有一套方法。誠然古代社會一切資源物質都相當匱乏之下，交通不方便，制度又不完善，要使用一個人賦予重責大任以及給於相當的權力，都是要冒很大的風險。當然與社會脈動活動頻繁的墨家，這方的意見也不少。

> 子墨子言曰：「是在王公大人爲政於國家者，不能以尚賢事能爲政也。是故國有賢良之士眾，則國家之治厚；賢良之士寡，則國家之治薄。故大人之務，將在於眾賢而已。」「故古聖王以審以尚賢使能爲政，而取法於天。……伯夷降典，哲民維刑。禹平水土，主名山川。稷隆播種，農殖嘉穀。三後成功，維假於民。」則此言三聖人者，謹其言，慎其行，……則萬民被其利，終身無已。」周頌道之曰：「聖人之德，……若月之明，與天地同常。」則此言聖人之德，章明博大，埴固，以脩久也。故聖人之德蓋總乎天地者也。……故不察尚賢爲政之本也。此聖人之厚行也。

　　以上所揭露《墨子》對當時國君尚賢之好處與重要性，可說已非常的完整。這也是亂世求才若渴之寫照。所謂「治國之難，在於知賢」（《列子、說符》）。當然富國強兵之兵家、法家、儒家……無一避免，都是繞著此一目的而打轉。及於法家說到賢良之士，我們在《韓非子》，其中之〈難言第三〉中，看到了韓非子愛材惜材，痛惜賢才死於非命，一片充滿著血淚的史實[61]。

　　當各家各派之大宗師，卯足全勁、窮經皓首，並發表學說主張，創建經

---

[61] 〈難言第三〉：「故度量雖正，未必聽也；義理雖全，未必用也。大王若以此不信，則小者以爲毀譽誹謗，大者患禍災害死亡及其身。故子胥善謀而吳戮之，仲尼善說而匡圍之，管夷吾實賢而魯囚之。故此三大夫豈不賢哉？而三君不明也。上古有湯至聖也，伊尹至智也；夫至智說至聖，然且七十說而不受，身執鼎俎爲庖宰，昵近習親，而湯乃僅知其賢而用之。故曰以至智說至聖，未必至而見受，伊尹說湯是也；以智說愚必不聽，文王說紂是也。故文王說紂而紂囚之，翼侯炙，鬼侯臘，比干剖心，梅伯醢，夷吾束縛，而曹羈奔陳，伯里子道乞，傅說轉鬻，孫子臏腳於魏，吳起收泣於岸門、痛西河之爲秦、卒枝解於楚，公叔痤言國器、反爲悖，公孫鞅奔秦，關龍逢斬，萇宏分胣，尹子阱於棘，司馬子期死而浮於江，田明辜射，宓子賤、西門豹不鬥而死人手，董安於死而陳於市，宰予不免於田常，范雎折脅於魏。此十數人者，皆世之仁賢忠良有道術之士也，不幸而遇悖亂闇惑之主而死，然則雖賢聖不能逃死亡避戮辱者何也？則愚者難說也，故君子不少也。且至言忤於耳而倒於心，非賢聖莫能聽，願大王熟察之也。」

國治世[62]之各類思想，大力培育門生成爲有用之賢士，以做爲各國之國君管理重量級的賢人參考[63]，貴爲時代所用，無不人才倍出呀！此時之縱橫家對於賢人之定義，卻是相當的含蓄，僅於〈抵巇第四〉寫到：「天下紛錯，士無明主，公侯無道德，則小人讒賊；**賢人不用**，聖人竄匿，貪利詐僞者作；君臣相惑，土崩瓦解而相伐射」；及於〈捭闔第一〉：「夫賢不肖」到〈揣篇第七〉：「揆君臣之親疏，孰賢孰不肖」；三處均是輕描淡寫。此並非鬼谷子故意鄙夷之，而是另有主張。認爲有才能的賢人除「策無失計」，以「立功建德」，還得懂得財政經濟建設「治名入產業」。最重要也就是〈中經〉：「故小人比人，則左道而用之，至能敗家奪國。非賢智不能守家以義，不能守國以道」。也就是有德、有能，還要有才，還得不失計、不失策才行，立功建德才算是有功勞。

　　鬼谷子使用人才，也並非來者不拒。他強調聖德之君，還必須懂得分辨有才能的人是否爲小人？因爲假如使用了這種無義無道之人，家可能便會被其所敗光、國也會被其所奪或毀壞；世風日下，不可不小心謹愼才行。除了鬼谷子所言「賢人不用」；我們也在唐《群書治要》[64]之「六韜逸文」看到姜太公對周武王之建言，所謂「賢者七不用」曰：「主弱親強；主不明、正者少、

---

62 《中庸》子曰：「好學近乎知，力行近乎仁，知恥近乎勇。知斯三者，則知所以修身；知所以修身，則知所以治人；知所以治人，則知所以治天下國家矣。凡爲天下國家有九經，曰：修身也，尊賢也，親親也，敬大臣也，體群臣也，子庶民也，來百工也，柔遠人也，懷諸侯也。修身則道立，尊賢則不惑，……」。

63 《禮記》〈緇衣〉子曰：「輕絕貧賤，而重絕富貴，則好賢不堅，而惡惡不著也。人雖曰不利，吾不信也。」《詩》云：「朋有攸攝，攝以威儀。」〈主言〉曾子曰：「弟子則不足，道則至矣。」孔子曰：「參！姑止！又有焉。昔者明主之治民有法，必別地以州之，分屬而治之，然後民無所隱，暴民無所伏；使有司日省如時之，歲誘賢焉，則賢者親，不肖者懼；使之哀鰥寡，養孤獨，恤貧窮，誘孝悌，選賢舉能。此七者脩，則四海之內無刑民矣。」

64 《群書治要》據《新唐書》載：「太宗欲知前世得失，詔魏徵及虞世南、褚遂良及蕭德言，裒次經史百氏帝王所以興衰者上之，帝愛其書博而要，曰：『使我稽古臨事不惑者，公等力也』賚賜尤渥。」爲唐太宗「偃武修文、治國安邦」創建貞觀之治，提供警示匡政的巨著。又《大唐新語》劉肅亦言：「太宗欲見前代帝王事得失以爲鑒戒，魏征（580～643 AD）乃以虞世南（558年～638 AD）、褚遂良（596年～658 AD）、蕭德言等采經史百家之內嘉言善語，明王暗君之跡，爲五十卷，號《群書理要》上之。太宗手詔曰：朕少尚威武，不精學業，先王之道，茫若涉海。覽所撰書，博而且要，見所未見，聞所未聞，使朕致治稽古，臨事不惑。其爲勞也，不亦大哉！以「務乎政術、本乎治要」爲原則，書上起五帝、下迄晉代，從一萬四千多部、八萬九千多卷古籍中擷取彙編，全書總計六十五部約五十多萬字，五十卷珍本。魏征序：「用之當今，足以鑒覽前古；傳之來葉，可以貽厥孫謀的經典之作」收錄不少逸文。我國歷史上第一套按經、史、子分類的類書，可說是唐朝「四庫全書」。隨唐朝的滅亡而一度在中國失傳達千年之久，所幸被日本的遣唐使帶回國後，歷代天皇及大臣奉爲寶典，不傳之秘得以保存下來。是君王修身、治國、平天下的教科書，比《資治通鑑》更全面的治國寶典。習仲勳親自題詞。馬英九總統送民意代表、淨空法師推薦；中共前總理溫家寶反復引用、高層熱讀、中央黨校讀物。

邪者眾；賊臣在外、奸臣在內；法政阿宗族；以欺爲忠；忠諫者死；貨財上流」[65]（〈文韜〉）。

　　國家在聖人與賢能之人等菁英共同經營之下，政治能清明、外交有實力、士農工商百業俱興經濟繁榮，才能眞正國富民強。因爲鬼谷子認爲的聖人：「聖人立事，以先知而捷萬物」（〈內揵第三〉）。我們可以從《詩經》的一段詩文看出一位賢人，是如何的憂心國事與得力於王的賞識，〈北山〉曰：「陟彼北山、言采其杞；偕偕士子、朝夕從事。王事靡盬、憂我父母」，「溥天之下、莫非王土。率土之濱、莫非王臣。大夫不均、我從事獨賢」[66]，「四牡彭彭、王事傍傍。嘉我未老、鮮我方將。旅力方剛、經營四方」，「或燕燕居息、或盡瘁事國。或息偃在床、或不已於行。或不知叫號、或慘慘劬勞」，「或棲遲偃仰、或王事鞅掌。或湛樂飲酒、或慘慘畏咎。或出入風議、或靡事不爲」。這不就眞是，如曾子所言，一生：「戰戰兢兢，如臨深淵、如履薄冰」[67]呀！

　　聖人，還必須是位知曉萬事萬物的智者[68]，也還得知人用人善於管理賢才之士，並且要他們也富而好禮知禮[69]。鬼谷子又言：「聖人居天地間，……必

---

[65] 語出《群書治要》〈卷三十一、六韜〉武王問太公曰：「桀紂之時，獨無忠臣良士乎。」太公曰：「忠臣良士，天地之所生，何爲無有。」武王曰：「爲人臣而令其主殘虐，爲後世笑，可謂忠臣良士乎。」太公曰：「是諫者不必聽，賢者不必用。」……武王武王曰：「願聞六不聽，四必亡，七不用。」太公曰：「主好作宮室臺池，諫者不聽，主好忿怒妄誅殺人，諫者不聽；主好所愛無功德而富貴者，諫者不聽；主好財利巧奪萬民，諫者不聽，主好珠玉奇怪異物，諫者不聽；是謂六不聽。四必亡：一曰強諫不可止，必亡；二曰強諫知而不肯用，必亡；三曰以寡正強正眾邪，必亡；四曰以寡直強正眾曲，必亡。七不用：一曰主弱親強，賢者不用；二曰主不明，正者少，邪者眾，賢者不用；三曰賊臣在外，奸臣在內，賢者不用；四曰法政阿宗族，賢者不用；五曰以欺爲忠，賢者不用；六曰忠諫者死，賢者不用；七曰貨財上流，賢者不用。」

[66] 語見《詩經小雅》〈北山之什、北山〉：「陟彼北山、言采其杞；偕偕士子、朝夕從事；王事靡盬、憂我父母。」「溥天之下、莫非王土；率土之濱、莫非王臣；大夫不均、我從事獨賢。」「四牡彭彭、王事傍傍；嘉我未老、鮮我方將；旅力方剛、經營四方。」「或燕燕居息、或盡瘁事國；或息偃在床、或不已於行；或不知叫號、或慘慘劬勞。」「或棲遲偃仰、或王事鞅掌；或湛樂飲酒、或慘慘畏咎；或出入風議、或靡事不爲。」

[67] 語見《論語》〈泰伯〉：「曾子有疾，召門弟子曰：『啓予足！啓予手！』《詩》云：『戰戰兢兢，如臨深淵，如履薄冰。』而今而後，吾知免夫！小子！」

[68] 鬼谷子認爲在聖人的修爲道行外，對老子「反智」持相反看法，處處要求充滿智慧的賢能之士爲之輔佐，言論如〈飛箝第五〉：「先王之道，聖智之謀」。〈忤合第六〉：「己必自度材能智睿」。〈揣篇第七〉：「故雖有先王道，聖智之謀」，「與賓客之智慧，孰少孰多」。〈權篇第九〉：「是故與智者言，……故智貴不妄」，「是故智者不用其短，而用愚人之所長」，「故與智者言，依於博」，「故智貴不忘，聽貴聰，智貴明」。〈謀篇第十〉「智者達於數，明於理」，「智者事易，而不智者事難，……，然而無爲而貴智矣」，「智用於眾人之所不能知」。〈符言第十二〉「心貴智」。

[69] 語見《荀子》第十卷〈國富篇〉：「禮者，貴賤有等；長幼有差，貧富輕重皆有稱者也。故天

因事物之會，……因之所知所少，以此先知之，與之轉化。」要求聖人要有智慧，以：「化轉環屬，各有形勢」（〈內揵第三〉）。提倡並鼓勵上下都要用智慧，以化解矛盾，或以遊說謀術轉加以變化情勢。但後人以鬼谷子提倡智謀爲惡，這當然也因鬼谷子處於亂世，清楚世局興衰，倡明「五帝[70]之政，抵而塞之；三王[71]之事，抵而得之；諸侯相抵，不可勝數」[72]，此言無不將春秋，戰國，當是時之政治氛圍完全表露無餘。陶弘景註解爲：「五帝之政，世猶可理，故日抵而塞之，是以有禪讓之事」，又：「三王之事，世猶可理，故日抵而得之，是以有征伐之事。」明白告訴弟子：「世可以治則抵而塞之；不可治則抵而得之」（〈抵巇第四〉）。鬼谷子如此賦予弟子，抗衡權勢人格的個性，也由此孕育出縱橫家，敢以向昏君與腐臣，相予鬥爭的堅強意志。

事實上處於春秋、戰國，所謂「君不君、臣不臣」，「百姓朝不夕保」之亂世，持鬼谷子之主張者，亦不乏其人。孟子亦言「聞誅一夫紂矣」[73]，「四境之內不治，則如之何」[74]，「反覆之而不聽，則易位」[75]。

> 〈梁惠王下、第十七〉：「齊人伐燕，勝之。」宣王問日：「或謂寡人勿取，或謂寡人取之。以萬乘之國伐萬乘之國，五旬而舉之，人力不至於此。不取，必有天殃。取之，何如？」孟子對日：「取之而燕

子裘裷衣冕，諸侯玄裷衣冕，大夫裨冕，士皮弁服。德必稱位，位必稱祿，祿必稱用，由士以上則必以禮樂節之，眾庶百姓則必以法數制之。」

70 五帝有幾個說法：《易繫辭》〈下〉五帝指：「伏羲、神農、黃帝、堯、舜」；《史記》〈五帝本記〉五帝：「指黃帝、顓頊、帝嚳、堯、舜」；《呂氏春秋》、《淮南子》指：「太昊、炎帝、黃帝、少昊、顓頊」；《白虎通義》和《尚書序》指：「少昊、顓頊、帝嚳、帝堯、帝舜」；《帝王世紀》西晉、皇甫謐編寫，關於我國自古至今所有朝代的世系王統的一本書，指：「太昊（伏羲）、炎帝、黃帝、高辛（帝嚳）、堯、舜」。

71 三王則指夏、商、週三朝，第一位帝王大禹、商湯、周武王的合稱。

72 晉南朝，陶宏景註：「五帝之政，世尤可理，故日抵而塞之，是以有禪讓之事。三王之事，世不可治，故日抵而得之，是以有征伐之事。」清末民初，尹桐陽註：「三王之時，世不可治，則當征伐誅，以取國，故日抵而得之」《鬼谷子新釋》三卷，上海：文明印刷所，1931年。

73 《孟子》〈梁惠王下、第十五〉宣王問日：「湯放桀，武王伐紂，有諸？」孟子對日：「於傳有之。」曰：「臣弒其君可乎？」曰：「賊仁者謂之賊，賊義者謂之殘，殘賊之人謂之一夫。聞誅一夫紂矣，未聞弒君也。」

74 〈梁惠王下、第十三〉孟子謂齊宣王曰：「王之臣有託其妻子於其友，而之楚遊者。比其反也，則凍餒其妻子，則如之何？」王曰：「棄之。」曰：「士師不能治士，則如之何？」王曰：「已之。」曰：「四境之內不治，則如之何？」王顧左右而言他。

75 〈萬章下、第十八〉齊宣王問卿。孟子曰：「王何卿之問也？」王曰：「卿不同乎？」曰：「不同。有貴戚之卿，有異姓之卿。」王曰：「請問貴戚之卿。」曰：「君有大過則諫，反覆之而不聽，則易位。」王勃然變乎色。曰：「王勿異也。王問臣，臣不敢不以正對。」王色定，然後請問異姓之卿。曰：「君有過則諫，反覆之而不聽，則去。」

民悅，則取之。古之人有行之者，武王是也。取之而燕民不悅，則勿取。古之人有行之者，文王是也。以萬乘之國伐萬乘之國，簞食壺漿，以迎王師。」這是什麼原因？孟子接著說：「豈有他哉？避水火也。如水益深，如火益熱，亦運而已矣。」

〈梁惠王下、第十八〉齊人伐燕，取之。諸侯將謀救燕。宣王曰：「諸侯多謀伐寡人者，何以待之？」孟子對曰：「臣聞七十里爲政於天下者，湯是也。未聞以千里畏人者也。」《書》曰：「湯一征，自葛始。」天下信之。「東面而征，西夷怨；南面而征，北狄怨。」曰：「奚爲後我？」民望之，若大旱之望雲霓也。歸市者不止，耕者不變。誅其君而弔其民，若時雨降，民大悅。《書》曰：「徯我後，後來其蘇。」

「今燕虐其民，王往而征之。民以爲將拯己於水火之中也，簞食壺漿，以迎王師。若殺其父兄，係累其子弟，毀其宗廟，遷其重器，如之何其可也？天下固畏齊之彊也。今又倍地而不行仁政，是動天下之兵也。王速出令，反其旄倪，止其重器，謀於燕眾，置君而後去之，則猶可及止也。」

當代新儒學大師之一的徐復觀先生亦言：「他（指孟子）堅持政治應以人民爲出發點……明白確定政權的移轉應由人民來決定。他提出『天與』的觀念來否定統治者，把政權當作私產來處理的權利；而他之所謂『天與』實際便是民與。所以當齊宣王伐燕勝利，想援傳統天命觀念來作取燕的根據時（「不取必有天殃」），孟子乾脆告訴他『取之而燕民悅，則取之；……取之而燕民不，則勿取』。即是說，這應當是由民意來決定的事，與天命無關。正因爲他認定政權應由人民來決定，所以他便在二千年已經肯定了政治的革命權利及人民，對統治者的報復權利，或將人君加以更換的權利。」[76]

這種將昏君取而代之事實與思想，當然不止是上古有之，戰國時代有之，春秋時代當然也發生過。在《左傳》就有此記載：

趙簡子問於史墨曰：「季氏出其君，而民服焉，諸侯與之，君死於外，而莫之或罪也」。史墨對曰：「物生有兩，有三有五，有陪貳。故天

---

[76] 徐復觀著《孟子政治思想的基本結構及人治與法治問題》，臺北：臺灣學生書局，1988 年增定再版，頁 124。

有三辰，地有五行，體有左右，各有妃耦。王有公，諸侯有卿，皆
有貳也，天生季氏，以貳魯侯，爲日久矣，民之服焉，不亦宜乎！
魯君世從其失，季氏世脩其勤，民忘君矣，雖死於外，其誰矜之！
社稷無常奉，君臣無常位，自古以然」[77]。

以上史墨的「物生有兩……有陪貳……皆有貳」[78]，相反相成的陰陽思想，
發展到「季氏，貳魯侯……魯君世從其失……雖死於外，其誰矜之」，季氏用
心於國事，而魯君疏於朝政，久了大家當然都接受這種事實（人民向來有天
高皇帝遠之心態），遺忘了魯侯這位領導者（人民生活還不錯）；至於季大夫
趕走此人（政治權利的鬥爭）致死它鄉，百姓早對於魯侯從來就沒感覺，最
後當然也都毫無意見；所以「社稷無常奉，君臣無常位，自古以然」，史墨認
爲邦國社稷家廟，乃至於國君或爵位，根本沒有長久受到奉祀與永遠存在不
變的道理呀！

〈八佾第三〉孔子謂季氏：「八佾舞於庭，是可忍也，孰不可忍也？」
「季氏旅於泰山。子謂冉有曰：「女弗能救與？」對曰：「不能。」
子曰：「嗚呼！曾謂泰山，不如林放乎？」〈先進第十一〉：「季氏富
於周公，而求也爲之聚斂而附益之。子曰：「非吾徒也。小子鳴鼓而
攻之，可也。」〈子路第十三〉：「仲弓爲季氏宰，問政。」子曰：「先
有司，赦小過，舉賢才。」曰：「焉知賢才而舉之？」曰：「舉爾所
知。爾所不知，人其舍諸？」

史墨對於季氏滅掉魯國之看法，明顯與身爲魯國人的孔子大不相同，這

---

[77] 語出《左傳》趙簡子問於史墨（後文接續如下），故《詩》曰『高岸爲谷，深谷爲陵』。三後
之姓，於今爲庶，王所知也。在《易》卦，雷乘乾曰：『大壯，天之道也。』昔成季友，桓
之季也，文姜之愛子也。始震而蔔。蔔人謁之曰：『生有嘉聞，其名曰友，爲公室輔。』及
生，如蔔人之言，有文在其手，曰『友』，遂以名之。既而有大功於魯，受費以爲上卿。至
於文子，武子，世增其業，不費舊績。魯文公薨，而東門遂殺適立庶。魯君於是乎失國，政
在季氏，於此君也，四公矣！民不知君，何以得國。是以爲君，慎器與名，不可以假人。』
〈昭公三十二年〉註《春秋》「三十有二年，春，王正月，公在乾侯取闞。……十有二月，
己未，公薨于乾侯。」十二月，公疾，遍賜大夫，大夫不受。賜子家子雙琥，一環，一璧，
輕服，受之。大夫皆受其賜。己未，公薨。子家子反賜於府人曰：『吾不敢逆君命也，大夫
皆反其賜。』書曰：『公薨于乾侯，言失其所也。』蔡墨爲晉國之太史。

[78] 貳 在古代有副的意義，但更多有卻是兩者相異、相反的意思。例如一、貳心《國語、晉語》
「從君而貳」「何貳之有」。二、貳柄《韓非子》〈二柄〉「二柄刑德也」。三、陰陽二氣《易》。
四、與乾爻相對立之陰爻。史墨之「貳」即相反相異也。以上見關鋒、林聿時著《春秋哲學
史論集》人民出版社，1963 年 6 月。頁 206～207〈史墨、物生有兩〉。

也就是春秋戰國時期，因有自由思想而學術之風頂盛之因。這種取而代之的
政治思想主張，完全如同當今之民主政治選戰之一般，政黨輪替或那位政客
下臺，對於活在這種社會制度下的我們來說，絕不陌生，當然更不會感到驚
奇；但是早在兩千多年前的封建時代來說，那絕對會是大逆不道之事。

　　超越二千多年的前衛思想，早在那個時代發生了，並且成功了也廣泛的
被接受，爲什麼？因爲可以息戰事，也能讓有能力治國做事的聖賢們，出人
頭地，合乎人性需求！兵不血刃，也能使百姓脫離統治者昏庸與無能，所引
起的政治社會之黑暗所產生痛苦的生活，不是文明多了嗎？然而在帝王們一
統天下，事成之後，便將之束諸高閣，號稱思想毒素，是國家必然絕對查禁
的第一級思想毒素的違禁品！使得我國學術文化進程爲之落後甚至於導退。

　　〈符言第十二〉說：「用賞貴信，用刑貴正。」也是鬼谷子對於志在統領
天下，有爲有守的聖人們（爲民爲理想的爲政者、爲利的企業領導者、爲名
的社會民間或宗教團體的理事長們），對於有才與有德之賢士（有能力有學
識，又肯認眞工作貢獻所學的人才經理們）。鬼谷子的聖賢之人，全部都並不
強調是君子，《鬼谷子》通篇無一詞是有關「君子」的言詞，這和《荀子》一
書也同樣不提「君子」，只提自創名詞「士君子」之一般；因爲「君子」定義
相當之含糊與籠同[79]，難以識別與受到認同，恐流於僞君子之虞，故居於方便
管理上所當堅持之原則，從「小人、百姓」過渡到「大人、聖人」之「君子」
階級，也就瓦解不見了，所以與孔子的聖人是君子說截然不同。取而代之是
「名」、「利」與「功」勳、爵「位」（封邑），以上當之爲「獎賞」以鼓勵賢
能之士效勞爲誘因（現代資本主義經濟結構下，企業集團以豐厚薪資與入股
條件，吸引人才幹部之手法相同）；例如「聖人以思賢繼治，……以求賢代
明，……以禮下賢智，……以訪求賢隱，……以振財祿賢」，「爾分爵祿、賢
智，爾謀爾行，無掩大賢以恈財」（《三墳》）；「天下有地，賢者得之；天下有
粟，賢者食之；天下有民，賢者收之」（《群書治要》〈武韜〉）；與可能犯法或
犯罪之下，進而採取「用刑」。其實這種人性的弱點，在鬼谷子年代的千年以
前，也就早已是統治者之聖人們，需賢孔急之下所用之最簡易的管理方法了，
享極大之權利，必得負極重之義務與可能之刑罰。

---

[79]《荀子》〈非十二子〉：「略法先王而不知其統，然而猶材劇志大，聞見雜博。案往舊造說，謂
　　之五行（指孟子之仁義禮智聖），甚僻違而無類，幽隱而無說，閉約而無解。案飾其辭，而
　　祇敬之，曰：此眞先君子之言也。子思唱之，孟軻和之。世俗之溝猶瞀儒，嚾嚾然不知其所
　　非也，遂受而傳之，以爲仲尼子弓爲茲厚於後世：是則子思、孟軻之罪也。」

　　至於需才恐急、用材甚多，相當講究領導統禦的兵家而言，以《孫子兵法》全書來看，只於最後一篇，才約略提起兩處賢將，其它均無未得查出。孫子統領百萬雄師，其間「打戰、著書、操兵、練將」，當然必須選賢與能，能人志士亦必充斥於營房，自必不在話下。

　　　　〈用間第十三〉「故明君賢將，所以動而勝人，成功出於眾者，先知也；先知者，不可取於鬼神，不可象於事，不可驗於度；必取於人，知敵之情者也。」「故明君賢將，能以上智爲間者，必成大功，此兵之要，三軍之所恃而動也。」

　　　　《六韜》〈龍韜、奇兵〉：「得賢將者，兵疆國昌；不得賢將者，兵弱國亡。」

　　以上，雖然從各家子書之中，看得出對於賢人有「大同而小異」的定義與主張，但是在治國的理想性與現實面上，卻存在著許多的衝突與無奈。人們與生俱來的生命之中，向來擁有無比堅定的意志，在苦難的歲月中一樣都能發光發熱。百姓不僅能在夾縫中生存，還能更有智慧的發展出對於問題的另類處理辦法。在歷史長河裡，中華民族英雄輩出前僕後繼，彷彿梅花一般越冷越開花。當然除了時代創造英雄之外，英雄也創造了時代。在發掘與培養人才方面，倡議節用之墨子也從來就不曾吝嗇過，也不拘泥於是貴族或平民或是奴隸身份之不同，還建議君王需：「有能則舉之，高予之爵，重予之祿，任之以事，斷予之令。」（《墨子》〈尚賢上〉）。

　　　　曰：「然則眾賢之術將奈何哉？」子墨子言曰：「……況又有賢良之士厚乎德行，辯乎言談，博乎道術者乎，此固國家之珍，而社稷之佐也，亦必且富之，貴之，敬之，譽之，然後國之良士，亦將可得而眾也。」是故子墨子言曰：「得意賢士不可不舉，不得意賢士不可不舉，尚欲祖述堯舜禹湯之道，將不可以不尚賢。夫尚賢者，政之本也。」

　　試問，以經濟掛帥的資本主義工商業社會裡，企業集團之董事會，在聘任合適的誇國 CEO（執行長）或總經理或高級專業經理……等人才之際，那一家不都要同墨子之主張，給予「富之，貴之，敬之，譽之」，充份給予高位之尊榮，高度肯定其專業的能力、不僅有美屋豪宅居住、且享有極高的薪水待遇、給予股東名份及優渥分紅配股！所以說「故當是時，以德就列，以官

服事，以勞殿賞，量功而分祿。」不有著異曲同工之妙！因此鬼谷子的縱橫家弟子或不管是貴族後裔、落魄官員、上進士徒，所當為名為利，以努力向上爬昇的機會？「得意賢士不可不舉，不得意賢士不可不舉，尚欲祖述堯、舜、禹、湯之道，將不可以不尚賢。」因此「夫尚賢者，政之本也。」企業之「企」字，不就作止於「人」解，所以企業同政治管理一樣，人也是企業的根本。不管是否已經很有知名度了（同行中某某赫赫有名的管理長才），或是默默無聞的專業人士（衛星廠商的廠長、經理或年輕工程師）都將是可以挖角及栽培的對象，為了人才這乃是治理國家、經營企業、組織團體之運作成功重要的要素。就如中共國家主席習近平在一次國際會議上就講出：「中國擁有 4200 多萬人的工程科技人才隊伍，這是中國開創未來最寶貴的資源。」[80]如此高調的開口將擁有多少科技人才之人數大聲的說出來，可見位為國家領導人對於人才是多麼的高度重視，絕對是千古不易的大道理！

　　我們接著從《周易》，中華民族的哲學思想、倫理道德、文學藝術乃至於自然科學領域，最巨大而又深遠地影響的「群經之首」，我國最古老的典籍之一，來談「賢人」這項課題。子曰：「貴而無位，高而無民，賢人在下位而無輔，是以動而有悔也。」[81]這不正是一位高居上位的人，不管是古是今，所該煩惱之事！一概必需重用人才的寫照嗎？又《象傳》言：「天地養萬物，聖人養賢，以及萬民」這也表示了天地頤養萬物，聖人或領導者或管理者，便有義務養賢能之士，更須養所有百姓，正所謂的「頤之時義大矣哉！」[82]〈鼎卦〉

---

[80] 習近平在中共全國組織工作會議上講話：「要樹立強烈的人才意識，尋覓人才求賢若渴，發現人才如獲至寶，舉薦人才不拘一格，使用人才各盡其能。」（〈要樹立強烈的人才意識〉2013年 06 月 28 日）。並另於一次大會上講到「中國擁有 4200 多萬人的工程科技人才隊伍，這是中國開創未來最寶貴的資源。我們把創新驅動發展戰略作為國家重大戰略，著力推動工程科技創新，……造福中國和世界人民，造福子孫後代」。又於 2014 年國際工程科技大會言：「工程科技人才隊伍是開創未來最寶貴的資源，創新的事業呼喚創新的人才」（2014 年 6 月 3 日）。於中國科學院第十七次院士大會講話：「創新的事業呼喚創新的人才。實現中華民族偉大復興，人才越多越好，本事越大越好。知識就是力量，人才就是未來。我國要在科技創新方面走在世界前列，必須在創新實踐中發現人才、在創新活動中培育人才、在創新事業中凝聚人才，必須大力培養造就規模宏大、結構合理、素質優良的創新型科技人才。要把人才資源開發放在科技創新最優先的位置，改革人才培養、引進、使用等機制，努力造就一批世界水準的科學家、科技領軍人才、工程師和高水準創新團隊，注重培養一線創新人才和青年科技人才。」（〈創新的事業呼喚創新的人才〉2014 年 6 月 9 日）

[81] 《周易》：《文言》〈乾卦〉上九曰：「『亢龍有悔』，何謂也？」子曰：「貴而無位，高而無民，賢人在下位而無輔，是以動而有悔也。」此句，是孔子對於位居高位的最高領導者，所該注意的問題之回答。

[82] 語見〈頤卦〉：「貞吉。觀頤，自求口實。」〈象傳〉：「頤貞吉，養正則吉也。觀頤，觀其所養也；自求口實，觀其自養也。天地養萬物，聖人養賢，以及萬民；頤之時義大矣哉！」

《彖傳》：「聖人亨以享上帝，而大亨以養聖賢。……是以元亨。」[83]〈大畜卦〉
《彖傳》：「大畜……剛上而尚賢。……養賢也。利涉大川，應乎天也。」由此看出，聖人與賢人這種相依相存的關係是天經地義。

　　一個富可敵國的大企業大集團，想要更加剛健精進，就必須重視培育人才之風氣，以專職訓練各類專才通才（尚賢養賢）為常態，以隨順天地之變化（才能因應當今以工商業社會為主，充滿殘酷競爭之人才濟濟的經濟環境），以「利涉大川，應乎天地也」[84]才能進入跨國之林，立足於競爭激烈的國際貿易市場，終能持續賺進大筆外匯，也才能向董事會與股東會有所交待。民間都如此了，那何況是龐大得要養活眾多百姓的國家，還要千百萬倍之戰戰兢兢，更需要眾多能夠為自己政策辯護，遊說群眾堅信自己的政黨理念的賢能之士的「政務官」、愛國愛民的「事務官」以及各類學有專精的「技術官僚」，克服一切困難與挑戰，以盡國計民生之國民義務，以盡保家衛國延續民族命脈公務員應有之職責。這是世界上每一個國家民族之政府與領導者，應盡之各自的重責大任，古今中外所有國家級政府，從沒有一個是例外。

> 「故古者聖王之為政，列德而尚賢，雖在農與工肆之人，有能則舉之，高予之爵，重予之祿，任之以事，斷予之令，曰：『爵位不高則民弗敬，蓄祿不厚則民不信，政令不斷則民不畏』，舉三者授之賢者，非為賢賜也，欲其事之成。……故得士則謀不困，體不勞，名立而功成，美章而惡不生，則由得士也。」[85]

　　出書較晚的《鬼谷子》，提及賢人之著墨不如《墨子》〈尚賢篇〉上、中、下文字與理論之多。筆者認為：一來、因為尚賢思想已歷經戰國初期，由於各家大力的推廣，早為霸權國家之君王所樂以接受；二來、乃是戰國中晚期之後社會的成熟，因此也就不必多做尚賢理論推廣的建樹了，直接跳躍到賢士之培育的實務經驗之傳授。國父孫中山先生嘗言：「故教養有道，則天無枉生之才；鼓勵有方，則野無鬱抑之士；任使得法，則朝無倖進之徒；斯三者不失其序，則人能盡其才矣。人既盡其才，則百事俱舉；百事舉矣，則富強

---

[83] 語見〈鼎卦〉：「元吉，亨。」〈彖傳〉：「鼎，象也。以木巽火，亨飪也。」「聖人亨以享上帝，而大亨以養聖賢。巽而耳目聰明，柔進而上行，得中而應乎剛，是以元亨。」〈象傳〉：「木上有火，鼎；君子以正位凝命。」

[84] 語見〈大畜卦〉：「利貞，不家食吉，利涉大川。」〈彖傳〉：「大畜，剛健篤實輝光，日新其德，剛上而尚賢。能止健，大正也。不家食吉，養賢也。利涉大川，應乎天也。」

[85] 《墨子》〈尚賢上〉。

不足謀也。秉國鈞者，盍於此留意哉？」[86]。

〈忤合第六〉：「非至聖達奧，不能禦世；非勞心苦思，不能原事；不悉心見情，不能成名；材質不惠，不能用兵；忠實無眞，不能知人」作爲教授學生爲後半生多年的鬼谷子，說出對於眞正的領導之人才必備條件，如此眞心貼切的話，可見他的確是位深明大義、了悟眞理，又具人間智慧、才夠格身爲不說假話又有本事的眞人。他接著，又語重心長且誠懇的向學生與世人說：「故忤合之道，己必自度材能智睿，量長短遠近孰不如」，眞要有本領、眞本事，才能進行充滿風險的「忤合之道」的遊說之術！也才能享受到：「乃可以進，乃可以退；乃可以縱，乃可以橫」的樂趣，成爲一位萬千出眾，完整擁有既實在又有眞本事的人。

第三節　鬼谷子牧民之主張

〈反應第二〉：「以象動之，以報其心；見其情，隨而牧之」，「其變當也，而牧之審也。牧之不審，得情不明；得情不明，定基不審。」，「欲開其辭，象而比之，以牧其辭」，「或因此，或因彼，或以事上，或以牧下」，「己先不定，牧人不正。事用不巧，是謂忘情失道，己先審定以牧人」[87]。〈內揵第三〉：「合於陰陽，而牧人民」聖人代天養育萬民，也由此之中培育出賢能良才。《鬼谷子》這本小書，雖以遊說計謀之姿現世，但字字句句裡面其文辭許多都是採用精簡韻文與規律古語之韶音雅文，善用譬喻、文情並貌、循循善誘，活

---

86 語見孫中山〈上李鴻章書〉：「宮太傅爵中堂鈞座：敬稟者，竊文籍隸粵東，世居香邑。曾于香港考授英國醫士。幼嘗遊學外洋，於泰西之語言、文字、政治、禮俗，與夫天算、輿地之學，格物化學之理，皆略有所窺；而尤留心於其富國強兵之道，化民成俗之規。至於時局變遷之故，睦鄰交際之宜，輒能洞其竅奧。當今民氣日開，四方畢集，正值國家勵精圖治之時，朝廷勤求政理之日，每欲以管見所知，指陳時事，上諸當道，以備芻蕘之採。……竊嘗深維歐洲富強之本，不盡在於船堅砲利，壘固兵強；而在於『人能盡其才，地能盡其利，物能盡其用，貨能暢其流』。此四事者，富強之大經，治國之大本也。我國家欲恢擴宏圖，勤求遠略，仿行西法，以籌自強，而不急於此四者，徒惟堅船利砲之是務，是舍本而圖末也。……伏維中堂佐治以來，無利不興，無弊不革，艱鉅險阻，在所不辭。如籌海軍、鐵路之難，尚毅然而成之；況於農桑之大政，……用敢不辭冒昧，侃侃而談，爲生民請命。伏祈採擇施行，天下幸甚，肅此具稟，恭叩　鈞綏，伏維垂鑒！文謹稟。」以上乃國父於1894年6月上書李鴻章，達7939字之宏偉的萬言書。國父年輕時已洞悉國政，深謀遠慮。早就能夠知道「尚賢」對於國家興利除弊上是非常之重要，雖然不爲所用，乃學習朱元璋提出「驅除胡奴，恢復中華」，趕走蒙古人建立明朝。提出「驅除韃奴，恢復中華」的革命口號，用以推翻帝制建立民國，推動歷史的進步！

87 陶弘景注《鬼谷子》〈反應第二〉，「牧養」。俞樾：《方言》：「牧，察也」。尹桐陽：「牧，伺察也」。

潑見出眞情、眞意與眞理。依此入世的人間之現實自由之教材，其經世濟人不落人後，甚至於足堪相比，時時以周王朝封建政治思想之社會，爲泛道德之標準的人倫模本的理想世界之教誨，而自居的《論語》。

我們從以下之兩篇文章中，可以看出我國從古自今之政治與教育之角度都是站在統治者之立場。首先是《管子》[88]〈牧民第一〉、〈國頌〉：

> 「凡有地牧民者，務在四時，守在倉廩。國多財，則遠者來；地辟舉，則民留處；倉廩實，則知禮節；衣食足，則知榮辱；上服度，則六親固；四維張，則君令行。……四維不張，國乃滅亡。」

《晏子春秋》〈內篇、諫篇、諫下、景公登射思得勇力士與之圖國晏子諫〉：

> 公曰：「選射之禮，寡人厭之矣！……」晏子對曰：「君子無禮，是庶人也；庶人無禮，是禽獸也。……禮者，所以禦民也，……無禮而能治國家者，晏未之聞也。」

鬼谷子亦言：「善變者：審知地勢，乃通於天，以化四時，使鬼神，合於陰陽，而牧人民。」認同於《管子》、《晏子春秋》秉持國家主義的禮治之牧民思想。鬼谷子當然知道「爭天下者，必先爭人」[89]，此言與〈六韜逸文、虎韜〉文王枉岐周，召太公曰：「爭權於天下者，何先？」太公曰：「先人！……則君以得天下矣」意思是相同的。太公又對文王的提問回答：「天下有地，賢者得之；天下有粟，賢者食之；天下有民，賢者牧之」。鬼谷子於《捭闔》、《反應》、《內揵》、《飛箝》、《揣篇》、《摩篇》等篇之牧人、牧民主張，卻認爲有良好牧民能力之統治者（聖賢），必是鬼谷子所言之「善變者」，以「遠舉賢人」，才能達成「慈愛百姓」[90]的境界。

---

[88] 《管子》書名最早見於《韓非子、五蠹》說：「今境內之民皆言治，藏商、管之法者家有之」。《史記》肯定《管子》爲管仲之作：「讀管氏〈牧民〉、〈山高〉、〈乘馬〉、〈輕重〉、〈九府〉，……其書世多有之」（〈管晏列傳〉）。《管子》一書共八十六篇，其中有十篇文已佚。《管子》全書十六萬言，內容可分八類：《經言》九篇，《外言》八篇，《內言》七篇，《短語》十七篇，《區言》五篇，《雜篇》十篇，《管子解》四篇，《管子輕重》十六篇。《管子》內容很龐雜，文章有很強的法家色彩，包括大量具體的治國方術。但同時也揉合了儒家思想，例如《管子》認爲「凡治國之道，必先富民。民富則易治也，民貧則難治也」《管子》也有道家思想，例如在〈內業章第四十九〉中就有最古老道教修行的記載。《漢書、藝文志》列入道家類，《隋書、經籍志》改列法家類。

[89] 〈霸言第廿三〉：「夫爭天下者，必先爭人。明大數者得人，審小計者失人。得天下之眾者王，得其半者霸。」

[90] 管子之治國主張「遠舉賢人，慈愛百姓，外存亡國，繼絕世，起諸孤」（〈中匡第十九〉）；治軍作戰，要「收天下之豪傑，有天下之駿雄」（〈七法第十六〉）；成霸業要「始於人」，「與其

　　他也認爲善變者之牧民觀念是可以培養，鬼谷子認爲此捷徑，必須是以個人之私利爲出發點，先成就出通曉瞬息萬變之人心與國際視野「諸侯之交，孰用孰不用？百姓之心，去就變化」（〈揣篇第七〉）；善於言語表達，諳於心思轉變，不可多得的外交專業人才，才有可能。在眾多主張尚賢的論調之中，我們看見了鬼谷子的擇人、牧人之用心。〈中經〉言：「有守之人，目不視非，耳不聽邪」，「言必《詩》《書》，行不淫僻」，「以道爲形，以德爲容」，「貌莊色溫，不可象貌而得之」，「如是隱情塞隙而去之」。故《鬼谷子》句句無不站在指導志士能人，如何自我學習？如何自我管理？如何自我經營？以便眞正成爲一位正正當當的、傑出的、夠格的，能呼風喚雨、變化風雲，貴爲時代之所需要，而立志、而努力。鬼谷子以「民不知所以服，不知所以畏」（〈摩篇第八〉）鼓勵立志成聖成賢的縱橫家子弟，最終牧民與養民的原則。

　　鬼谷子對於人才的憐惜，全盤出諸於內心：「施之能言，厚德之人；救拘執，窮者不忘恩也。能言者，儔善博惠；施德者，依道；而救拘執者，養使小人。」希望他們能夠脫離困厄：「蓋士遭世異時危，或當因免填坑，或當伐害能言，或當破德爲雄，或當抑拘成罪，或當戚戚自善，或當敗敗自立。」（〈中經〉）

　　在他的《鬼谷子》縱橫術裡面，訓練一位具有良能賢才，是可行的。這些有外交口才，兼具一肚子書香學問以及滿腔熱血謀略的人才，晉升爲一人之下萬人之上，主宰一國之內政、外交的相國大位，不絕如縷，如張儀之人爲秦惠文王所重用。同一時間，公孫衍也提出合縱策略，取得趙、韓、魏、楚、燕等國之信任，配上五國相印，發動戰爭，合力指揮對抗秦國，函谷關一役雖未成功，被張儀的連橫之外交策略所破壞（燕、楚退兵）。更有甚者是蘇秦「於是六國從合而並力焉。蘇秦爲從約長，並相六國」（《史記》〈蘇秦列傳卷六十九〉），配六國相印爲謀六國之共同利益而縱橫列國、奔走呼號，謀使六國合作一致對抗秦國。又「張儀已卒之後，犀首[91]入相秦。嘗佩五國之相印，爲約長」（《史記》〈張儀列傳卷七十〉）；范雎、蔡澤也都是出色的縱橫家。如此「布衣卿相」，莫非是雄才大略的經國治世人才？鬼谷子是以要求子弟自

厚於兵，不如厚於人」〈大匡第十八〉；而要顯於天下，「爭天下者，必先爭人」（〈霸言第廿三〉）。這也是鬼谷子深明身爲英明的統治者，必須懂得的道理。

[91] 《史記》〈張儀列傳卷七十〉：「犀首者，魏之陰晉人也，名衍，姓公孫氏。與張儀不善。」「太史公曰：三晉多權變之士，夫言從衡彊秦者大抵皆三晉之人也。夫張儀之行事甚於蘇秦，然世惡蘇秦者，以其先死，而儀振暴其短以扶其說，成其衡道。要之，此兩人眞傾危之士哉！」司馬遷並未特別爲公孫衍立傳，而是將之附於張儀列傳之中。

我學習，學聖學賢以成就之。不正也是，其一貫的教育精神，如同管仲之苦心「終身之計，莫如樹人。……唯王之門」[92]。

以上，諸多縱橫家賢才的帷幄運籌、成就奇功偉業，可說是《鬼谷子》一書本來的效用與原意。在該書寫就完成之後，幾百年的歲月裡，正值兵荒馬亂的時代，此一階段不僅人才濟濟，也因為當時特殊的環境條件，才能成就許多豐功偉業，可說是縱橫家理論與實踐的最佳時期。鬼谷子的直傳弟子，張儀、蘇秦、孫臏、龐涓，或其它策士，以及縱橫家協助秦始皇併吞六國、統一中國之時，其實對鬼谷子的心願來說，便算已是達成。也就是說，《鬼谷子》這本書之初始使命「結束戰亂」，雖僅只是短暫的解除諸子百家之痛，但在那個階段裡，已然部分實現。而後半段「聖人治世」制度，及「王道精神」理論，未竟全功。

回首，二千多年前的中原世局，最後顛覆於縱橫杯葛之術！而於二千年後的今天，乃適逢國際局勢詭譎多變，各國無不戮力折衝於外交、軍事、經貿、文化…相互結盟，彷彿一部《鬼谷子》重現江湖，絲毫未稍減其魅力，這會是什麼道理？因為各國領導者深知肚明，自己國家的內政外交之實力，也熟稔國際局勢冷酷嚴峻及世勢趨背，必須做出了正確的判斷；直覺性之選擇，對於洞悉人性的鬼谷子有效的領導統馭之術，所謂：「愚者易蔽也，不肖者易懼也，貪者易誘也」，對內對外，均才能充分掌握貴我與敵我之共同利益關係，加以肯定和利用。話說尉繚子獻策於秦始皇－遊說各國權臣，「遊說間諜無百入，正議之術也」（原官第十）。又鬼谷子言：「夫仁人輕貨……可使出費；勇士輕難……可使據危；智者……可使立功」（〈謀篇第十〉），不正也是當今，各國相互花錢捐款，例如以收買美國智庫學人、國會議員、政治人物，各種基金會或學術團體，發表研究論文、學術著作與各式演說或證詞輿論，成為依附於出資國家之說客，以影響或左右規避該國政府決策施政、司法判決之一般。

總之，鬼谷子之學問，在於鼓勵飽讀書詩的賢能之士學習聖人心思，以堅定的心志和柔軟靈活的身段，與時精進、不眠不休的自我修鍊之下；為國為民為己，積極主動的參與政治、軍事、外交、公關運作，窮耗智慧、變通心力、努力溝通協調：「計謀之用，公不如私，私不如結；結比而無隙者也」

---

[92]《管子》〈權修第三〉：「一年之計，莫如樹穀；十年之計，莫如樹本；終身之計，莫如樹人。一樹一獲者，穀也；一樹十獲者，木也；一樹百獲者，人也。我苟種之，如神用之；舉事如神，唯王之門。」

（〈謀篇第十〉）完成中華民族的統一大業。最終，使左右政局的最高權利核心與領導者，正視其利害得失，從而扭轉乾坤達成目的，終至以成就保國衛民之大業，名揚鄉閭國際。當今之世，雖然封建與專制制度早已遠離，卻處於民智已開，科學昌明的廿一世紀，政治與社會問題一點都沒有減少，可說反而是不減反增，所以舉聖用賢的大學問，尤其對當今中、美兩大強國外交勢力之下，難以自外於世局詭譎多變的重大影響。

　　所以，身為文明古國，文化源遠流長的中華民族之一員，如何善用以上諸子聖人救國濟世理論與鬼谷子精神之實用學說，發揮我老祖宗「善於拔識與栽培人才、使用人才和重用優秀人才」，其實寰宇之內人才濟濟！只要講究**以賢治國、以德治國**「自天子（領導者）以至於庶人（人民百姓），一是以修身為本。」擷取各家學說菁華，例如：道家法天道自然，**以道治國、**儒家教化**以禮治國**（鬼谷子也主張「己不先定，牧人不正，事用不巧，是謂忘情失道。」）、**以法治國**（法家教化以法治治國，並非歐美專利）、**以藝治國**（墨家以工藝科技治國），再以鬼谷子之縱橫家的遊說溝通、計謀競爭等**以智治國**（這是我國所最欠缺，原是大一統國家的弊病。正如當今台灣強調十二年國民義務教育，竟因民粹主義的「公平正義」之假命題作祟，而治國者一時失心失智，惶恐害怕不察，欲將菁英式的競爭教育給加以完全忽略與剷除）；如是上下一心的堅持找回優良傳統智慧，便能夠足以攜手應對全球性問題和挑戰歐美科技與經濟獨霸之迷失，才能不枉費先聖先賢之企盼。

　　否則當今世界持續的混亂根源，所謂歐西的國際紛爭理論「文明衝突」（完全以西式意識形態，用武力為後盾來竊取世界資源執行經濟侵略，再用思想嚴重矮化汙辱他國民族精神文明，標舉其生活物質型態落後，自覺可恥並加以分化其國家自我對立相互慘殺，以便獨霸全球，控制經濟以營利並壯大）；許多民族不察究理，終將會使地球上所有弱小的國家與民族被其所湮滅而不自知，因為其本質正是「種族滅絕」的美化假借之詞。中國也深受其害，自清末以降百多年以來，朝野上下完全自我否定了傳統文化思想，使民族自信心盪到最谷底，進而自戕五千多年來的文明。誠然長久以來，因其專制政治為力保皇室政權，特別強力壓制人才、箝制思想、奴化百姓……等治國理政原則疏失之所致，但也並非全盤皆非。唯有秉持鬼谷子正視現實、重用人才、自由競爭、善於溝通、巧用計謀、善於營生、情理法並重……（諸如姜太公、管仲之傳承）實現儒道等諸子百家傳統正確之理想。切莫忘記，我國數千年來本就是以文明古國、禮

儀之邦，非常靈活又彈性合乎人性的天道和諧、王道民本、人道節制模式而名滿全球，不是依靠以「軍隊、員警和法制」，那種暴力為主體而治國的西方，鼓勵朝野黨派等利益相對立，僵化的樣板政治模式。